Johann Ceh

Entspannen jederzeit!

Weitere bei der Modernen Verlagsgesellschaft erschienene Titel von Dr. Johann Ceh:

Therapie-Programme:

Prüfungsangst überwinden
Entspannt und ohne Streß meistern Sie jede Prüfung
Arbeitsbuch mit Toncassette
ISBN 3-478-05910-0

Selbstbewußtsein lernen
So trainieren Sie Selbstsicherheit und Selbstbehauptung
Arbeitsbuch mit Toncassette
2. Auflage
ISBN 3-478-05810-4

Buchveröffentlichungen:

Konflikte und Aggressionen bewältigen
2. Auflage
ISBN 3-478-02290-8

Optimales Lernen
Tips und Kniffe für geistiges Arbeiten
ISBN 3-478-04840-0

Besser denken, besser lernen
So meistern Sie jede Prüfung
ISBN 3-478-03980-0

Ihr Weg zu mehr Selbstbewußtsein
So bringen Sie sich wirksam auf Erfolgskurs
ISBN 3-478-08415-6

Ergänzend zum vorliegenden Buch hat der Autor auch ein Toncassettenprogramm entwickelt:

Gelassenheit trainieren
Das Anti-Streß-Programm: Entspannung, Eutonie, Meditation
Arbeitsbuch mit Toncassette
2. Auflage
ISBN 3-478-06250-0

Johann Ceh

Entspannen jederzeit!

Techniken zur besseren Streßbewältigung

mvg verlag

CIP-Titelaufnahme der Deutschen Bibliothek

Ceh, Johann:
Entspannen jederzeit! : Techniken zur besseren
Stressbewältigung / Johann Ceh. – München : mvg-Verl., 1991
(mvg-Paperbacks ; 428)
ISBN 3-478-08428-8
NE: GT

*Meinen Söhnen Patrick
und Johannes*

*„Wer glaubt, er könne ohne die Welt
auskommen, der irrt sich.
Wer glaubt ohne ihn könne die Welt
nicht auskommen, der irrt sich noch mehr."*
François de La Rochefoucauld

*„Wenn man die Ruhe nicht in sich selbst findet,
ist es vergeblich, sie anderswo zu suchen."*
François de La Rochefoucauld

Umschlaggestaltung: Gruber & König, Augsburg
Satz: Fotosatz Buck, 8300 Kumhausen
Druck- und Bindearbeiten: Presse-Druck Augsburg
Printed in Germany 080 428/2911002
ISBN 3-478-08428-8

Inhalt

Vorwort

Es ist nicht genug zu wissen –
man muß es auch anwenden.
Es ist nicht genug zu wollen –
man muß es auch tun.
J. W. v. Goethe

Streß ist ein Ungleichgewichtszustand zwischen den Anforderungen der Umwelt und den persönlichen Leistungsvoraussetzungen. Dieser Ungleichgewichtszustand ist persönlich bedeutsam und wird von der betroffenen Person als unangenehm empfunden.

In seinem Buch „The Stress of Life" hat der 1907 in Wien geborene kanadische Arzt Hans Selye – schon in den fünfziger Jahren – Streß als *universales Lebensphänomen* angesprochen. Was wir meinen, wenn wir landläufig von Streß sprechen, ist der Dys-Streß (Distreß), die Überforderung – also nicht Reize und Belastungen schlechthin, sondern zu starke oder so lang andauernde Beanspruchungen, daß sich der Organismus nicht erholen kann. Der Zivilisationsmensch kann dieser Bedrohung nur dadurch begegnen, daß er so viel wie möglich nach körperlichem und seelischem Ausgleich seiner Belastungen strebt.

Meistens ist man kaum in der Lage, einen Dys-Streß auslösenden Lebensstil radikal zu ändern, indem man etwa den Beruf oder den Bekanntenkreis wechselt oder sich andere Lebensziele setzt. Die häufigste Reaktion auf Streß besteht leider darin, seine Auswirkungen zu ignorieren. Vielfach wird Erleichterung im Alkohol gesucht, man greift zur Zigarette oder schluckt Beruhigungsmittel. Dadurch werden Symptome – Signale krankmachender Ursachen – zugedeckt, die, um eine Besserung auf Dauer einleiten zu können, der Beachtung bedürften.

In der permanent Streß ausübenden Umwelt, in der viele Menschen heute leben (müssen), ist es von unschätzbarem Wert, eine Entspannungs- oder Spannungsausgleichs-Technik zu beherrschen. Entspannung löst eindeutig streßreduzierende organische Veränderungen aus. In Gegenwart von Reizen, die als beängstigend empfunden werden, vermindert die Herbeiführung des entspannten Zustands die Streßreaktivität. Wer sich in bedrohlichen Situationen entspannt, kann nicht gleichzeitig Angst haben.

Der streßgeplagte Mensch unserer Tage ist aus seiner „Mitte" herausgefallen, und er fühlt sich durch den „Sog an die Peripherie" (Klemens Tilmann) überfordert. Die heilende Kraft der inneren Stille – in den Kulturen des fernen Ostens seit Jahrhunderten erprobt und bewährt – bietet auch dem Menschen in unserer schnellebigen, hektischen Zeit die Chance, zu seiner Mitte zurückzufinden, um sich dort zu regenerieren und körperliche Gesundheit, seelische Stabilität, geistige Klarheit und schöpferische Spontaneität zu gewinnen. Wer in seine Mitte kommt und in seiner Mitte bleibt, hält sich in den „Wirbelstürmen" des Alltags gleichsam im Zentrum des „Orkans" – im „Auge des Hurrikans" – auf, in dem es „windstill" ist.

Dieses Buch will Sie durch Fakten, Perspektiven und Methoden anregen, sich selbst neu zu entdecken; es fordert dazu auf, die eigene Lebensführung zu überdenken und Konsequenzen zu ziehen. Notwendig ist dazu Ihre Bereitschaft, sich auch auf Unbekanntes einzulassen. Ein besonderer Akzent wird auf die Begründung der den einzelnen Verfahren zugrunde liegenden Prinzipien gelegt. Techniken zur Entspannung und Versenkung aus verschiedenen Kulturkreisen werden erklärt und gegeneinander abgegrenzt.

Bei den Körpertherapien stehen das Wahrnehmen, das Erfühlen und Erleben des eigenen Körpers im Mittelpunkt. Bei diesen Übungen können wir die Erfahrung machen, „ganz und gar unserem Handeln innezuwohnen" (Saint-Exupéry). Körpererfahrungen stellen uns gelegentlich vor ein Paradoxon: Es wird einem bewußt, daß der Körper weiter reichen kann als es der Ausdehnung seiner Glieder entspricht.

Unabdingbare Voraussetzung für Erfahrungen der Entspannung, der inneren Stille und des eigenen Körpers ist das regelmäßige und systematische Üben. Wichtig ist es, daß Sie sich dabei nicht selbst unter Druck setzen, um eine bestimmte Leistung zu erreichen.

Bewegungslosigkeit in Streßsituationen kann in unserem Innern zu schlimmen Folgen führen. Beispielsweise werden überschüssige Fettsäuren in Cholesterin umgewandelt und in die Gefäßwände eingebaut, der Hormonhaushalt kommt aus dem Gleichgewicht, der Magen produziert zuviel Salzsäure, der Darm verkrampft. Die durch Streßanforderungen mobilisierte Energie kann durch körperliche Bewegung nach außen gelenkt werden. Körperliche Aktivität durch sportliche Betätigung kann uns aus dem Teufelskreis des Psychostresses herausreißen. Sie ist damit eine der wirksamsten Möglichkeiten zur Vorbeugung von Streßkrankheiten.

Zu den psychohygienischen Maßnahmen, die sich vorteilhaft auf die Streßbekämpfung auswirken, gehört das Positive Denken. Auch der Streßproblematik kann man eine positive Sichtweise abgewinnen, denn: Streß ist Lebendigkeit. Ein Leben ohne Streß bedeutet Tod. ,,Als die Menschen die Qualen der Erde in die Hölle verbannten, blieb für den Himmel nichts übrig als Langeweile" (Arthur Schopenhauer).

Oft können wir es nicht vermeiden, uns hohen Streßbelastungen auszusetzen. Eins aber können wir weitgehend verhindern: durch Streß krank zu werden.

Wer einen langen Weg vor sich hat, ist gut beraten, sich nicht in gewaltigen Sprüngen vorwärts zu bewegen, sondern stetig einen Fuß vor den anderen zu setzen; so kommt er Schritt für Schritt voran beim Erlernen von Verfahren, die er bereits von den ersten Übungen an als angenehm und wohltuend empfinden wird. Dem ersten Schritt muß der Entschluß vorausgehen, sich auf den Weg zu machen. Gute Vorsätze allein ändern noch kein Verhalten. Lassen Sie sich nicht durch ,,Wenn" und ,,Aber" blockieren. Ich meine, daß die Mühe sich für ein bewußteres und gesünderes Leben lohnen wird.

Biberach an der Riß *Dr. Johann Ceh*

Teil 1
Streß beherrscht unser Leben

Kapitel 1: Was ist das eigentlich – Streß?

Auf den Physiologen Hans Selye, der als Begründer der Streß-Forschung gilt, geht folgende Definition des Begriffes zurück: *„Streß ist die unspezifische Reaktion des Körpers auf jede Anforderung, die an ihn gestellt wird“* (Selye, 1977, S. 38). Körperliche Streß-Reize sind zum Beispiel: Hitze, Kälte, Hunger, Krankheit, Verletzungen, . . .; seelische Stressoren sind etwa Ängste oder Schwierigkeiten im privaten bzw. beruflichen Bereich. Bedingt durch die Leib-Seele-Einheit des Menschen löst jedoch jeder Streß-Reiz körperliche *und* seelische Reaktionen aus, da psychische Vorgänge nicht unabhängig vom organischen Substrat ablaufen können.

Das Wort Streß stammt aus dem Englischen und bedeutet soviel wie Anspannung, Druck, Beanspruchung, Belastung, sowohl im positiven wie im negativen Sinn. Demgemäß unterscheidet man zwei Formen von Streß:

– Eustreß (griech. eu = gut), der mit Freude und Begeisterung zusammenhängt und dem Menschen gut tut, ihn anspornt und ihm Befriedigung verschafft.
– Distreß (lat. dis = schlecht), der mit Bedrohung und Angst verbunden ist und den Menschen in seiner Gesundheit beeinträchtigt oder ihn sogar vernichten kann.

Beispiel:
Die trockene Hitze der Sauna stellt für den menschlichen Organismus einen Streß-Reiz dar. Ein Sauna-Aufenthalt von fünf Minuten wird von den meisten Menschen als angenehm und anregend erlebt. Ein übermäßig langer Saunagang wird jedoch nicht als wohltuend, sondern als gesundheitlich belastend empfunden und kann zu Herz- und Kreislaufbeschwerden führen.

An diesem Beispiel wird klar, daß Eu- und Distreß nur in bezug auf den Menschen zu definieren sind, der den jeweiligen Stressoren ausgesetzt ist. Inwieweit ein Reiz oder eine Situation für jemanden eine Belastung darstellt, hängt sowohl von objektiven Bedingungen (etwa der Reizstärke), als auch von der individuellen Konstitution und den in der Interaktion mit der Umwelt gemachten Erfahrungen des mit Streß konfrontierten Menschen ab.

Die Lebensvorgänge im menschlichen Organismus werden vom Nervensystem gesteuert und reguliert. Dabei unterscheidet man aus der Sicht der Biologie zwei Anteile: Das motorische und das vegetative Nervensystem. Das motorische Nervensystem steuert Tätigkeiten des Bewegungsapparates. Der Funktionsbereich des vegetativen Nervensystems, das dem Einfluß des Willens nicht zugänglich ist, umfaßt die Steuerung und Regulation der inneren Organe. Im vegetativen Nervensystem lassen sich unter anatomischen und funktionellen Aspekten zwei antagonistisch wirkende Anteile erkennen: Der Sympathikus und der Parasympathikus (Vagus). Der ,,sympathische" Anteil des vegetativen Nervensystems steuert die Organfunktionen in der Weise, daß der Organismus leistungsbereit und leistungsfähig wird. Im Gegensatz dazu sorgt der Parasympathikus für die Erholung des Körpers und ist zuständig für den Aufbau neuer Reserven. Entsprechend dominiert tagsüber die Aktivität des Sympathikus und nachts die des Parasympathikus.

Im übertragenen Sinn wirken Sympathikus und Parasympathikus ähnlich wie Gaspedal und Bremse beim Auto. Solange sich die Einflüsse beider Systeme die Waage halten, arbeitet zum Beispiel das Herz mit normaler Frequenz. Bei zunehmendem Einfluß des Sympathikus wird sich der Herzschlag beschleunigen, bei stärkerem Einfluß des Parasympathikus wird sich die Herzfrequenz verringern. Einige Wirkungen der Erregung des sympathischen und des parasympathischen Teils des Nervensystems sind in Tabelle 1 zusammengestellt:

Organ oder Funktion	Erregung des sympathischen Teils	Erregung des parasympathischen (vagotonen) Teils
Herzfrequenz	Beschleunigung	Verlangsamung
Herzkranzgefäße	Erweiterung	Verengung
Blutgefäße	Verengung	Erweiterung
Luftwege	Erweiterung	Verengung
Atmung	Beschleunigung	Verlangsamung
Körpertemperatur	Erhöhung	Erniedrigung
Blutzuckerspiegel	Erhöhung	Erniedrigung
Pupillen	Erweiterung	Verengung
Harnblase	Harnverhaltung	Harnentleerung
Verdauung	Hemmung	Förderung

Tabelle 1: Beispiele für die Tätigkeit des vegetativen Nervensystems

Der Optimalzustand der inneren Ordnung des Organismus ist dann gegeben, wenn Aktivierung und Entspannung beider Anteile des vegetativen Nervensystems sich in sinnvollem Rhytmus abwechseln.

Welcher Teil des vegetativen Nervensystems eines Menschen in Streßsituationen jeweils dominiert, hängt von anlagebedingten Faktoren und individuellen Lernerfahrungen ab. Idealtypisch gesehen unterscheidet man in diesem Zusammenhang zwischen *Sympathikotonikern* und *Vagotonikern*. Der typische Sympathikotoniker steht meist unter Überspannung, ist ,,ständig auf dem Sprung", neigt zu Unruhe, Nervosität und Reizbarkeit, bekommt häufig ,,Herzklopfen" und klagt oftmals über Kopfschmerzen und zu hohen Blutdruck. Der idealtypische Vagotoniker zeigt gegensätzliche Reaktionstendenzen. Er reagiert auf

Belastungssituationen häufig mit Schwäche-, Hilflosigkeits- und Angstzuständen. Weitere Kennzeichen der vagotonen Fehlsteuerung in Streßsituationen sind das Absinken des Blutdrucks durch Weitstellung der Blutgefäße („Blutleere im Gehirn"), die Verkrampfung der Muskulatur von Magen und Harnblase und Atemnot (bedingt durch Kontraktionen der Bronchien).

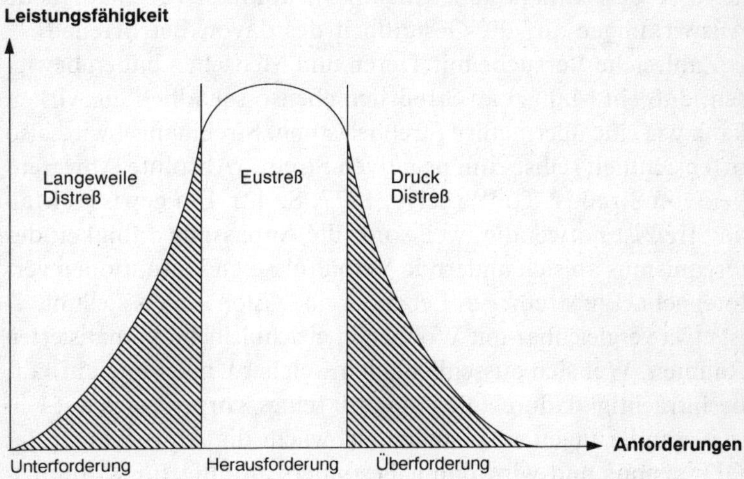

Abbildung 1: Eustreß als vitalisierende Herausforderung

Neuere Untersuchungen zur Streßproblematik, die von Richard Lazarus an der Universität Berkeley in Kalifornien durchgeführt wurden[1], lassen den Schluß zu, daß es – *langfristig* gesehen – eher die kleineren Probleme des Alltags sind, die den großen Streß verursachen. Gegen lebensverändernde Ereignisse bzw. traumatische Erlebnisse (Tod des Lebensgefährten, Trennung von einem Partner, schwere Krankheit oder Verletzung . . .) haben, nach Meinung von Lazarus, viele Menschen unserer Tage, in einer Reihe von Fällen, bereits wirksame psy-

1 Vgl. Universität Berkeley Kalifornien Gesundheitsreport „Intern", Band 1, Ausgabe 2, Mai 1985, S. 1

chische Abwehrmechanismen entwickelt. In „normalen" Streßsituationen des täglichen Lebens (Konflikte in Familie und Beruf, Ärger im Straßenverkehr . . .) hingegen, die der einzelne Mensch subjektiv wahrnimmt und auf die von Person zu Person sehr unterschiedlich reagiert wird, stehen solche Abwehrstrategien häufig nicht zur Verfügung. Die vielen kleinen Ärgernisse des Alltags haben demnach kumulative schädigende Auswirkungen auf die Gesundheit des davon Betroffenen.

Zahlreiche Versuche mit Tieren und Menschen haben bewiesen, daß ein Mangel an Streß sich ebenso schädlich auswirken kann wie eine übermäßige Streßbelastung. Streßmangel wird also offensichtlich selbst zum negativen Streß. „Absolute Abwesenheit von Streß ist Tod" (Selye, 1977, S. 42). Ein gewisses Maß an Streß ist notwendig, weil sonst die Anpassungsfähigkeit des Organismus an sich ändernde Verhältnisse und Situationen verlorengeht. Ein streßfreies Leben – eine visionäre Vorstellung – ist etwa vergleichbar mit Wohnen in gleichbleibend klimatisierten Räumen. Wer sich ausschließlich in solcher Umgebung aufhält, beeinträchtigt dadurch die Fähigkeit seines Körpers, sich auf Klimaveränderungen einzustellen, schwächt die Abwehrkraft des Organismus und wird damit besonders anfällig für Krankheiten. Streß wird dann problematisch, ja u.U. lebensbedrohend, wenn er im Übermaß auftritt und wenn keine Möglichkeit zum Abbau der bereitgestellten Energien gegeben ist.

Die Wirkung von Eustreß als „vitalisierende Herausforderung" ist in Abbildung 1 dargestellt.

Management by Streß

Quelle: Halbritter, K.: Gesellschaftsspiele. Carl Hanser Verlag, München/Wien 1978.

Kapitel 2: Reaktionen des Körpers unter Streß

Die Reaktion des Körpers unter Streß läßt sich nach einem theoretischen Konzept von Selye („allgemeines Adaptionssyndrom") in drei Stadien aufteilen (vgl. Abbildung 2). Dieser theoretische Ansatz eignet sich besonders zur Erklärung streßbedingter psychosomatischer Störungen.

1. Alarmstadium

Das Alarmstadium ist die Phase physiologischer Veränderungen, die der Organismus als erste Reaktion auf die Einwirkung von Stressoren zeigt. In diesem Stadium werden die Verteidigungskräfte mobilisiert. Einen Moment lang dominieren zunächst die vagotonen Reaktionen. Der Mensch, der mit einem Stressor konfrontiert wurde, sammelt Kräfte; gelegentlich zeigt sich eine kurzzeitige Reaktionsunfähigkeit, die als „Schrecksekunde" erlebt wird. Im Anschluß daran erfolgt die Umschaltung auf die sympathikotone Spannungslage: Der Organismus wird aktiviert, er stellt sich auf maximale Leistung ein und ist damit optimal auf Angriff oder Flucht vorbereitet. Beim vom Streß geplagten Menschen unserer Tage wird die bereitgestellte Energie jedoch in der Regel weder durch Kampf noch durch Flucht abgebaut. Häufig verharrt der Gestreßte gar in Bewegungslosigkeit.

2. Widerstandsstadium

Dauert die stressende Situation weiter an, entwickelt der Organismus einen Widerstand gegen den Streß-Reiz, der die Alarmreaktion ausgelöst hat. Die Widerstandsreaktion ist physiologisch gesehen auf eine erhöhte Ausschüttung von Hormonen der Hypophyse und der Nebennierenrinde in die Blutbahn zurückzuführen. Die Länge dieser Phase hängt von der individuellen Anpassungsfähigkeit und von der Stärke und der Anzahl der Stressoren ab.

3. Erschöpfungsstadium

Bei langandauerndem Streß erlahmt schließlich der Widerstand durch Verausgabung der Anpassungsenergie und die Erschöpfung setzt ein. Hypophyse und Nebennierenrinde sind nicht mehr in der Lage, genügend Hormone zu produzieren, um dem Dauerstreß weiter standzuhalten. Dies kann letztendlich, wenn der Streß nicht reduziert wird, zum funktionellen Zusammenbruch und zum Tode führen.

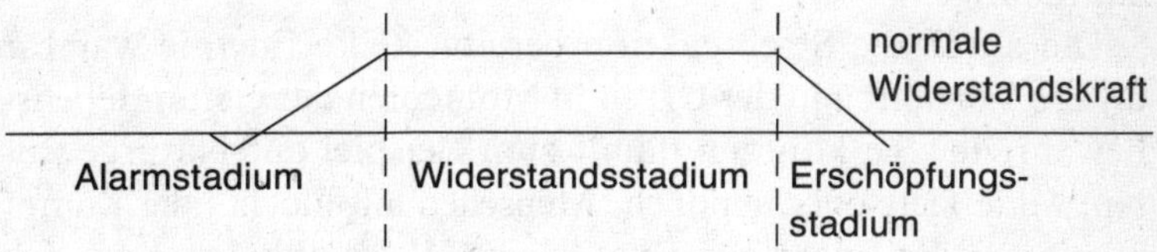

Abbildung 2: Die drei Stadien des allgemeinen Anpassungssyndroms (vgl. Selye, 1977, S. 47)

4. Zur Physiologie der Streßreaktion

Streßreize werden von unseren Sinnesorganen über Nervenbahnen ins Gehirn gemeldet. Der Hypothalamus – ein Teil des Zwischenhirns, der überwiegend für vegetativ-regulierende Funktionen zuständig ist – aktiviert den Sympathikus und die Hypophyse (Hirnanhangdrüse). Durch diese Aktivierung wird das Nebennieren*mark* zur Ausscheidung der Katecholinamine Adrenalin und Noradrenalin veranlaßt und die Hypophyse gibt ihr adrenocorticotropes Hormon (ACTH) in den Blutkreislauf ab.

ACTH sorgt dafür, daß von der Nebennieren*rinde* Kortikoidhormone ins Blut ausgeschüttet werden (vgl. auch Abb. 3). Die ins Blut abgegebenen Hormone bewirken im Körper eine generelle Mobilmachung. Die Blutzufuhr zu den Muskeln wird zum Beispiel auf Kosten der Durchblutung der Haut vermehrt, der Blutzuckerspiegel steigt – bedingt durch den Abbau von Glykogen zu Glucose in der Leber –, die Herzfrequenz und der Blutdruck werden erhöht, die Aktivität der Verdauungsorgane wird herabgesetzt. Zudem wird die Immunabwehr geschwächt, was zum Beispiel die unter dem Einfluß von Streß erhöhte allgemeine Anfälligkeit gegenüber Infektionskrankheiten erklärt. Die Blutgerinnung ist heraufgesetzt, um – etwa bei durch Kampf bedingten Verletzungen – die Gefahr des Verblutens zu vermindern. Die Fähigkeit rational zu denken ist vermindert oder gar blockiert (Denkblockade), um die reflexartig ablaufenden Kampf- und Fluchtreaktionen nicht zu verzögern oder zu beeinträchtigen.

Die durch die Streßreaktion bereitgestellte Energie war für unsere Vorfahren in der Urzeit in Momenten der Gefahr lebensbewahrend. Sie konnten damit zum Beispiel auf Naturgewalten, wilde Tiere oder feindliche Menschen mit Flucht oder Kampf reagieren, die Energie auf natürliche Weise abbauen und sich in der anschließenden Ruhepause erholen. Viele Menschen unserer Tage befinden sich, durch die Vielzahl und Intensität der Streßreize, denen sie ausgesetzt sind, in einem nahezu permanenten Alarmzustand, ohne daß in der Regel die dadurch bereitgestellte Energie in körperliche Bewegung (Flucht/Angriff) umgesetzt und abgebaut werden könnte. „Der Streß entartet und wird zum pathologischen Streß . . . Dadurch, daß wir die Energien nicht verbrauchen, sondern ablagern, wird der früher einmal sinnvolle biologische Verteidigungsmechanismus zu einem Instrument der Selbstzerstörung unseres Organismus" (Vester, 1978, S. 47 f.). Wenn jemand zum Beispiel bei seiner Arbeit am Schreibtisch unter stressenden Zeitdruck gerät, nützt ihm sein auf Kampf oder Flucht eingestellter Körper in dieser Situation überhaupt nichts.

Vorbereitet sind wir demnach vorwiegend auf Stressoren, die es heute kaum mehr gibt. Auf Lärm- und Reizüberflutung, Konkurrenzdenken, Leistungsdruck, Konflikte am Arbeitsplatz bzw. in der Familie und ähnliches kann unser natürliches Anti-Streß-Programm nicht richtig reagieren, weil es ,,falsch programmiert'' ist.

5. Psychosomatische Krankheitsrisiken

Gefühle haben – wie wir alle aus Erfahrung wissen – Einfluß auf unseren Körper: Psycho-soziale Belastungen verursachen Kopfschmerz, Ärger drückt auf den Magen, Angst läßt das Herz schneller schlagen . . . Seele und Körper, Psyche und Soma, wirken wechselseitig aufeinander ein. Wenn die Seele leidet, wird der Mensch sehr oft auch körperlich krank. Die psychosomatische Medizin sieht den Menschen als eine ,,seelisch-leibliche Ganzheit'' und sie versucht, Krankheiten mit der Lebensgeschichte und den seelischen Erfahrungen des Kranken in Verbindung zu bringen.

Das vegetative Nervensystem, auch kurz Vegetativum genannt, ist die Steuerzentrale des Lebens: Es regelt – unabhängig von unserem Willen – lebensnotwendige Körperfunktionen wie Atmung, Herzschlag, Hunger, Durst, Magen- und Darmtätigkeit. So losgelöst das Vegetativum von unserem Willen arbeitet, so stark wird es von unserer Psyche beeinflußt.

Zwei Gegenspieler repräsentieren das vegetative Nervensystem: der Sympathikus und der Parasympathikus (vgl. auch Teil 1, Kapitel 1). Der Sympathikus versetzt unseren Körper in erhöhte Alarmbereitschaft, indem er zum Beispiel blitzschnell Atmung und Herzfrequenz steigert und die Hautdurchblutung (Erröten) und Schweißbildung (Angstschweiß) aktiviert. Unter dem Einfluß des Parasympathikus läuft unser Organismus – im Gegensatz dazu – sozusagen ,,auf Sparflamme'': Die Atmung verlangsamt sich, Herz und Kreislauf werden gedrosselt, der Blutdruck sinkt . . .

Das menschliche Alarmsystem

- Unsere Sinnesorgane (**1**) melden einen Gefahrenreiz an die Hirnrinde (**2**).

- In unserer Hirnrinde findet ein Bewußtseinsprozeß statt: wir assoziieren „Gefahr!".

- Beim Empfang von Gefahrensignalen entstehen Angstemotionen im Hypothalamus (**3**), einem Teil des Zwischenhirns.

- Die Angstemotionen werden an die Hypophyse (**4**), die Hirnanhangdrüse, gemeldet.

- Die Hypophyse schüttet nun das Hormon ACTH (Adrenocorticotropes Hormon) direkt in die Blutbahn (**5**) aus.

- Die Nebennierenrinde (**6**), auch eine Drüse, registriert das im Blut enthaltene ACTH und reagiert nun selbst mit der Ausschüttung von Hormonen, insbesondere von Adrenalin.

- Diese Hormone (**7**) versetzen den gesamten Organismus in den Zustand höchster Kampf- und Fluchtbereitschaft. Gleichzeitig haben die Angstemotionen über den Hypothalamus unser vegetatives Nervensystem aktiviert.

- Dieser Zustand angespannter Erregung im gesamten Organismus (**8**) wird wieder an das Gehirn zurückgemeldet. (So nehmen wir zum Beispiel bewußt wahr, daß unser Herz schneller schlägt.)

- Vor allem aber wird der Zustand der Erregung an das Stammhirn gemeldet, dessen Teilsystem, die reticuläre Formation (**9**), nun Impulse zur Großhirnrinde aussendet.

- Diese Impulse der reticulären Formation „feuern" regelrecht die Großhirnrinde an. Sie wird dadurch in höchste Bereitschaft versetzt, „geweckt": Gespannteste Aufmerksamkeit ist die Folge, alle Umweltreize werden nun besonders scharf wahrgenommen und sehr sorgfältig verarbeitet.
Wir sind auf die Gefahr vorbereitet. Die Hirnrinde, aufs äußerste erregt, ermöglicht ein der Situation optimal angepaßtes Wahrnehmen und Denken und damit ein Handeln unter bestmöglicher Ausnutzung unserer motorischen Leistungsfähigkeit. Der Sympathikus hat ja schon – zusammen mit den Nebennierenrinden-Hormonen – die notwendigen Energien dazu bereitgestellt.

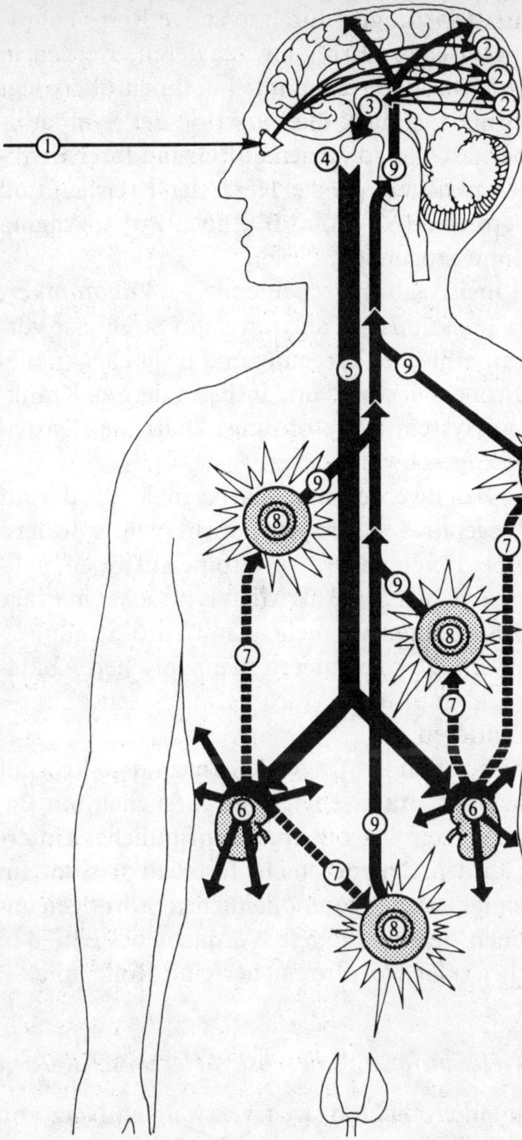

Abbildung 3: So funktioniert unser Alarmsystem (nach Hennenhofer, G./Heil, K. D., 1975, S. 18/19)

Menschen, die auf Belastungen durch aversive Reize hauptsächlich mit „sympathischer" Erregung reagieren, werden in der Medizin *Sympathikotoniker* genannt; bei ihnen überwiegt auch schon im „Normalzustand" die Funktion des Sympathikus. Sie sind oft übernervös und neigen auf Grund ihrer Reaktionsweise eher zu Krankheiten, die das Herz, den Kreislauf und das Gefäßsystem betreffen (Migräne, Bluthochdruck, Angina pectoris, Herzrhythmusstörungen, . . .).

Der – äußerlich meist ruhig erscheinende – *Vagotoniker*, als entgegengesetzter Reaktionstyp, antwortet auf Streßreize vorwiegend mit parasympathischer Erregung und neigt eher zu niedrigem Blutdruck, Bronchialasthma und insbesondere zu Krankheiten im Verdauungssystem (Verstopfung, Diarrhoe, Gastritis, Magen- und Darmgeschwüre).

Psycho-vegetative Beschwerden sind Warnsignale, die darauf hindeuten, daß das vegetative Steuersystem nicht mehr störungsfrei arbeitet. Wenn bei Ihnen solche Symptome auftreten, sollten Sie daran denken, daß hier Streß als Mit-Verursacher in Frage kommen kann und Sie sollten versuchen, mit Anti-Streßmaßnahmen gegenzusteuern. Zur genaueren medizinischen Abklärung der Beschwerden empfiehlt es sich – auf jeden Fall! – einen Arzt zu konsultieren.

Nach den Ergebnissen von Umfragen leiden rund 40 Prozent aller Menschen, die einen praktischen Arzt aufsuchen, an Beschwerden, deren Ursachen – trotz hochempfindlicher Untersuchungsgeräte – an den Organen nicht feststellbar sind. Im folgenden werden einige solcher gesundheitlichen Störungen angesprochen, bei denen der begründete Verdacht besteht, daß Streß als Verursacher oder Mitverursacher eine Rolle spielt.

a) Arteriosklerose, Herzinfarkt, „nervöse" Herzbeschwerden

Das Herz wird von einem dichten, weit verzweigten Netz von Adern (Herzkranzgefäßen) umspannt, das den Herzmuskel mit sauerstoffreichem Blut versorgt. Ablagerungen an der Innenwand der Herzkranzgefäße – wahrscheinlich durch mehrere

„Risikofaktoren“ verursacht – verhärten und verengen die Blutkanäle (Arteriosklerose).

Setzt sich in einer dieser verengten Blutbahnen etwa ein Blutgerinnsel fest, kommt es zum Infarkt: Ein Teil des Herzmuskels wird von der Sauerstoffversorgung abgeschnitten. Die betroffenen Herzmuskelzellen sterben ab. Sind große Teile des Herzmuskels angegriffen, so kann innerhalb von Sekunden der Tod eintreten. Ist der Infarkt weniger schwer, gelingt es bei sofortiger ärztlicher Hilfe häufig, die Herzleistung wieder herzustellen. Dabei werden die abgestorbenen Muskelzellen durch Narbengewebe ersetzt („Herzschwiele“) und das gesund gebliebene Muskelgewebe gleicht den infarktbedingten Leistungsabfall wieder aus.

Die Risikofaktoren – krankmachende Lebensbedingungen – sind nicht der unmittelbare Auslöser des Herzinfarkts, aber sie sind mittelbar daran beteiligt und haben bei jedem Menschen einen anderen Stellenwert. Zu den Risikofaktoren gehören:

- der erhöhte Blutdruck (Hypertonie)
- der erhöhte Blutfettspiegel
- das Übergewicht (Adipositas)
- die Zuckerkrankheit (Diabetes mellitus)
- der Bewegungsmangel
- das Rauchen
- die familiäre Vorbelastung (ererbte Faktoren)
- die außergewöhnlichen psycho-sozialen Belastungen (Streß)

In diesem Zusammenhang muß darauf hingewiesen werden, daß das Infarktrisiko exponentiell mit der Anzahl der Risikofaktoren steigt, das heißt, das Risiko ist zum Beispiel bei einer Person, auf die drei dieser Faktoren zutreffen, wesentlich höher als dreifach.

Obwohl es objektiv nicht exakt möglich ist, schlüssig zu beweisen, daß Streß wesentlich zu Hypertonie und Arteriosklerose beiträgt, so spielt er doch sehr wahrscheinlich eine Rolle – und vermutlich eine größere, als heute allgemein anerkannt wird. Vielleicht wurde emotionaler Streß aller Arten als Risikofaktor von quantitativ orientierten Herzforschern in der Vergangenheit gerade deshalb so schändlich vernachlässigt, weil er sich der genauen Messung entzieht.

,,Streß scheint auf verschiedenen Wegen zu Herzkrankheiten zu führen. Die Nebennierenhormone Hydrokortison und Adrenalin werden bei Streß frei und üben sowohl direkte als auch indirekte Wirkungen auf das Herz aus. Hydrokortison erhöht den Blutdruck. Indem es die Nieren zu erhöhter Salz- und Wasseraufnahme anregt, steigt das Blutvolumen, das durch das Herzgefäßsystem zirkuliert, und dadurch der Blutdruck. Gleichzeitig regt das Hydrokortison auch die Nieren an, mit dem Urin mehr Kalium auszuscheiden. Dieses gestörte Gleichgewicht verstärkt nicht nur die Kochsalzwirkung auf den Blutdruck, sondern kann auch Herzrhythmusstörungen verursachen, weil die Wechselwirkung von Natrium und Kalium im Herzmuskel von entscheidender Bedeutung für die elektrischen Impulse ist, die das Herz schlagen lassen.

Ein Adrenalinüberschuß, wie er auftritt, wenn Sie auf streßreiche Anlässe fortwährend übertrieben reagieren, kann den Herzmuskel schädigen, wenn er ihn nämlich zu einem so starken Zusammenziehen veranlaßt, daß das Gewebe reißt.

Sowohl Adrenalin als auch Hydrokortison verstärken das Zusammenkleben der Blutplättchen (Thrombozyten), der Bestandteile des Blutes, die die Blutgerinnung einleiten. Eine Erhöhung der Blutgerinnung ist bei Verletzungen und Blutungsgefahr lebensrettend. Besteht aber kein Blutverlust, dann können diese klebrigen Blutplättchen zusammenklumpen und an den Arterienwänden haften bleiben. Dort regen sie das Wachstum der Muskelzellen innerhalb der Arterienwände an. Das geschieht in der Weise, daß sich das mit dem Blut zirkulierende Cholesterin in diesen Muskelzellen ablagert und zu ihrem Wachstum führt (Ablagerung von Plaques). Diese Ablagerungen von Blutfetten und Bindegewebsfasern an den Arterienwänden (Atherome) verengen die Arterien, . . . Man nennt diesen Zustand Arteriosklerose (Atherosklerose) oder Arterienverkalkung“ (Whittlesey, 1989, S. 62 ff.).

Streß übt also eine starke und direkte Wirkung auf das Koronarsystem aus. In diesem Zusammenhang kommt es nicht selten zu psychovegetativ bedingten, „nervösen“ Herzbeschwerden und Kreislaufstörungen: Herzrasen, Herzrhythmusstörungen, Engegefühle oder Schmerzen in der Brust, Kribbeln in den Gliedern . . .

In Kapitel 3 des 1. Teils dieses Buches finden Sie sowohl Hinweise auf die Zusammenhänge zwischen verschiedenen Verhaltensweisen und dem Herzinfarktrisiko als auch Ratschläge zur Änderung krankmachender Lebensgewohnheiten.

Lassen Sie sich in regelmäßigen Abständen von Ihrem Arzt untersuchen und dabei neben Puls und Blutdruck auch die Blutfette, einen der wichtigsten Indikatoren für die Einschätzung des Herzinfarktrisikos, bestimmen.

Die Höhe des Spiegels des *Gesamt*cholesterins sagt für sich allein wenig über das Arteriosklerose- oder Herzinfarktrisiko aus. Als „Bösewicht“ gilt eine Fett-Eiweißverbindung mit der Bezeichnung LDL („**L**ow-**D**ensity-**L**ipoprotein“), die viel Fett (79 Prozent) und wenig Eiweiß (21 Prozent) enthält und eine geringe Dichte aufweist. Das HDL („**H**igh-**D**ensitiy-**L**ipoprotein“) hingegen (52 Prozent Fett; 48 Prozent Eiweiß) hat eine hohe Dichte und gilt geradezu als Schutzmittel für die Blutgefäße, von dem man gar nicht genug haben kann.

In unserer Zeit leiden viele Menschen unter Fettstoffwechselstörungen (zuviel Cholesterin und Fette im Blut), die ein erhebliches Herz-Kreislauf-Risiko darstellen.

Cholesterin ist eine fettähnliche Substanz. Ein Cholesteringehalt von 200 mg pro 100 ml Blut gilt als Normalwert. Werte über 260 mg pro 100 ml Blut führen in der Regel dazu, daß sich Fett an den Wänden der Blutgefäße ablagert und diese unelastisch und verengt werden (Arteriosklerose). Da Fett und fettähnliche Substanzen in Wasser kaum löslich sind, wird das Cholesterin von Eiweißkörpern (Lipoproteinen) transportiert. Wichtigste „Transporteure“ sind das LDL und das HDL.

LDL bringt das Cholesterin zu den Körperzellen und Organen, in denen es gebraucht wird. Bestimmte Fettstoffwechselstörungen bedingen, daß das mit Cholesterin beladene LDL nicht oder nur unzureichend in die Zellen aufgenommen wird; es bleibt im Blut und kann sich an den Blutgefäßwänden ablagern. HDL transportiert das Cholesterin von den Körperzellen zur Leber, wo es abgebaut und danach ausgeschieden wird. Bedingt durch die Förderung der Entfernung des Cholesterins aus dem Körper hat das HDL eine Schutzfunktion.

Außer des Cholesterins enthält das Blut auch Triglyceride (Neutralfette). Wie beim Cholesterin liegt der Normalwert für den Triglyceridgehalt beim Erwachsenen bei 200 mg pro 100 ml Blut. Bei Werten ab 250 mg pro 100 ml Blut müssen – vor allem bei gleichzeitig erhöhtem Cholesterinspiegel – entsprechende Maßnahmen durchgeführt werden, um den Gehalt zu senken.

Wenn Sie an Fettstoffwechselstörungen leiden, müssen Sie Ihre Ernährung umstellen und vor allem auf eine verringerte Zufuhr von Fetten und Cholesterin achten. Essen Sie weniger, „sichtbares“ (Streichfett, Kochfett) und weniger „verstecktes“ Fett (fette Wurst, fettes Fleisch, fette Käsesorten, Sahne, Mayonnaise, Torten, Schokolade, . . .). Schränken Sie den Verzehr cholesterinreicher Lebensmittel (Eier, Butter, Sahne, Mayonnaise, Innereien, fette Wurst, fettes Fleisch, . . .) stark ein. Essen Sie etwa zweimal pro Woche Seefisch (Makrele, Lachs, . . .); Seefisch enthält sogenannte Omega-3-Fettsäuren, die – nach neueren wissenschaftlichen Erkenntnissen – erhöhte Cholesterin- und Blutfettwerte günstig beeinflussen können. Bei erhöhten Triglyceridwerten sollte auf den Konsum von Zucker und zuckerreichen Lebensmitteln weitgehend verzichtet werden.

Ballaststoffe, die in Getreide, bestimmten Getreideprodukten (Vollkorn), Hülsenfrüchten, Gemüse und Obst enthalten sind, können den Blutfettspiegel senken.

Hafer ist das *gehaltvollste Getreide*. Schon in den 70er Jahren haben amerikanische Wissenschaftler nachgewiesen, daß Haferkleie – vor allem aus den wertvollen Randschichten der Körner – in vielen Fällen den Cholesteringehalt des Blutes auf natürliche Weise reduzieren kann. Haferkleie sättigt und enthält viele Ballaststoffe, die günstig auf den Fettstoffwechsel, insbesondere den Cholesterinstoffwechsel, einwirken. Dazu kommen noch weitere Vorteile: Es gibt praktisch keine Nebenwirkungen, Bauchschmerzen werden gelindert und die Darmtätigkeit gefördert. Zudem: Haferkleie schmeckt gut. Sie können Haferkleie zum Beispiel in Suppen, Säfte oder Joghurt einrühren.

Auch durch die Verminderung von bestehendem Übergewicht können oft entscheidende Verbesserungen bei vielen ernährungsabhängigen Erkrankungen erzielt werden.

b) Gastritis und Geschwüre im oberen Verdauungstrakt

Körperliche Folgen von Angst spiegeln sich – auf den Magen-Darm-Trakt bezogen – zum Beispiel in folgenden Redewendungen wider:
„Man macht sich vor Angst in die Hose."
„Man hat Schiß."
„Man bekommt vor Angst keinen Bissen hinunter."
„Der Bissen bleibt einem im Halse stecken."

Schreck und Angst führen zur Einschaltung des Parasympathikus (vgl. auch Abb. 4) zum Zweck einer „Schrecksekunde", des bewegungslosen Verharrens, der Sammlung von Kräften. Chronisch Schreckhafte neigen verstärkt zu vagotonen Reaktionen wie Durchfall, Hypersekretion der Magenschleimhaut, Verkrampfungen des Magens. Ein akuter Schreck hat akute, also unvermittelt auftretende Folgen und chronische Angst hat ständige, sich langsam entwickelnde Auswirkungen. Aus funktionellen Störungen resultieren über kurz oder lang organische Erkrankungen. Die Überproduktion von Salzsäure und ein Hypertonus der Magenmuskulatur zum Beispiel können zu Magengeschwüren führen.

Gelegentlich „liegt uns auch etwas im Magen". Wenn uns „Ärger auf dieses Organ schlägt", sondert sich im (leeren) Magen salzsäurehaltiges Sekret ab und reizt die empfindliche Schleimhaut, bis sie stellenweise zerstört ist.

Patienten mit Magen- oder Zwölffingerdarmgeschwüren haben oft das Leistungsdenken so stark verinnerlicht, daß sie selbst in der Freizeit überall Konkurrenz suchen und immer die Besten sein wollen. Nach Franz Alexander (1951) leiden solche Patienten an der Spannung zwischen ihren *unbewußten* infantilen Abhängigkeitswünschen und dem *bewußten* Streben nach Unabhängigkeit und Erfolg. Bei vielen Patienten mit Geschwüren im oberen Verdauungstrakt scheint die Ablösung aus der Mutter-Kind-Symbiose nicht recht gelungen zu sein. Bei ihnen bleibt das Bedürfnis erhalten, mit Liebe gefüttert zu werden, wie ein Säugling in der oralen Phase. Antriebskraft für ein besessen ehrgeiziges Streben nach Erfolg ist bei diesen Ulkus-Patienten also eine nicht erfüllte Sehnsucht nach Bemutterung – ihr Ehrgeiz geht damit quasi durch den Magen; ihr „Hunger nach Liebe" macht sich, wie der Hunger nach Nahrung, im Magen bemerkbar. Psychische Auslöser für die Entstehung solcher Magenbeschwerden sind vor allem Situationen, in denen der Verlust von Geborgenheit erlebt wird, oder aber Situationen, in denen mehr Verantwortung übernommen werden soll. Die Verantwortungsanforderungen können dabei aus dem Leistungs- oder Ehrgeizbereich stammen.

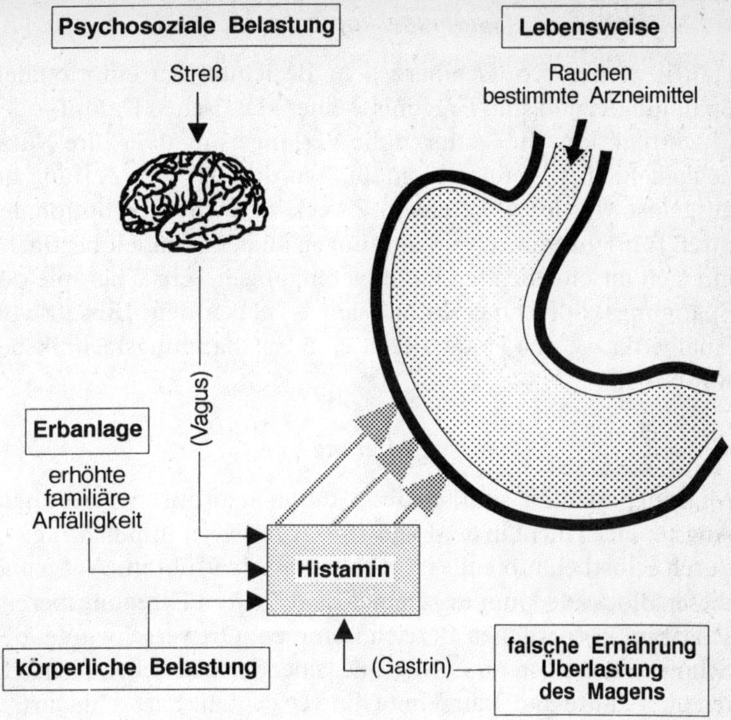

Abbildung 4: Risikofaktoren, die zur Entstehung eines Ulkus führen können

c) Kopfschmerzen (Spannungskopfschmerz, Migräne)

Kopfschmerz ist keine Krankheit, sondern ein Symptom, das eine Vielzahl von Ursachen haben kann. Es ist deshalb außerordentlich wichtig, daß bei schweren und über längere Zeiträume auftretenden Kopfschmerzen die eigentliche Ursache festgestellt wird.

Spannungskopfschmerz

Häufig stehen Kopfschmerzen in Beziehung zu emotionalen Spannungen und sind Ergebnisse einer klassischen Kampf- oder Fluchtreaktion, die – durch die Verlängerung über ihre Nützlichkeit hinaus – unzweckmäßig wurde oder von Anfang an ausgelöst wurde, ohne einem Zweck zu dienen. Emotionaler Streß führt zu Muskelverspannungen an der Schädeloberfläche mit sich anschließenden Gefäßverengungen. Zur Therapie des Spannungskopfschmerzes hat sich – neben dem Einsatz von Analgetika – das Praktizieren eine Entspannungstechnik bewährt.

Migräne

Migränepatienten sind, bedingt durch neurotisch verdrängte Ängste, meist nicht in der Lage, ihre aggressiven Impulse – etwa durch selbstbehauptendes Verhalten – abzuführen. Aufgrund dieser Blockade kann es zu einer dauerhaften Erregungsbereitschaft im körperlichen Bereich kommen. Oft verschwindet der Schmerz, der einen unter Migräne leidenden Menschen nicht selten über Jahre und Jahrzehnte hinweg gequält hat, schlagartig, wenn sich der Kranke seiner aggressiven Spannungen bewußt wird und sie emotional auszudrücken vermag. Migräneschmerzen sind auch streßabhängig, denn: Bei Migränepatienten erweitern sich unter Streßbedingungen die Schädelarterien und die anderen Blutgefäße des Kopfes stärker als bei anderen Personen.

d) Atemstörungen

Atem ist Leben. Es ist daher nicht verwunderlich, daß Menschen, die an schweren Atemstörungen leiden, Angst und Panik empfinden.

Der ausströmende Atem trägt unsere Worte und drückt unsere Gefühle aus. Emotionale Befindlichkeiten und das Atemgeschehen sind eng miteinander verknüpft. Um entsprechende Gefühle anzudeuten, verwenden wir Ausdrücke wie: „Mit erstickter Stimme sprechen" oder: ,,Einen Seufzer der Erleichterung ausstoßen". Unsere Atmung wird unregelmäßig bei Ärger, langsam und tief im Zustand der Entspannung und schnell bei Angst und Streß.

Mit dem Begriff ,,Asthma bronchiale" bezeichnet man eine Erkrankung mit kurzen Anfällen von hochgradiger Atemnot (mit erschwerter *Aus*atmung), hervorgerufen durch Krämpfe der kleinen Bronchien und Schwellung der Schleimhäute in diesem Bereich. Zwei bis drei Prozent aller Menschen in der Bundesrepublik Deutschland leiden an Asthma bronchiale, vor allem Kinder. Jungen sind doppelt so häufig wie Mädchen von dieser Krankheit betroffen. Bei etwa 60 Prozent der jungen Patienten verschwindet die Krankheit mit der Pubertät.

Nach Ansicht des Psychosomatikers Franz Alexander (1951) besteht der zentrale Konflikt, der das Seelenleben der Asthmatiker beherrscht, in der, in der frühen Kindheit der Kranken begründeten, widersprüchlichen Beziehung zur Mutter, die später auf andere Personen (Ehepartner, Vorgesetzte . . .) übertragen wird, da die Mutterbindung nicht gelöst wurde. Die Erfahrung lehrt, daß die Mütter von Asthmatikern häufig überbeschützend und dominant sind. Dieses Verhalten verursacht eine ambivalente Einstellung, insofern die Mutter zwar Schutz gewährt, nicht aber Selbständigkeit. Die Aggressivität gegenüber der Mutter wird unterdrückt, Geborgenheitswünsche können nicht realisiert werden und bleiben deshalb zeitlebens erhalten. Der Wunsch des Kindes nach Nähe und Geborgenheit, nach einer Mutter, der es sich anvertrauen kann – ein solcher Wunsch, der sich durch Schreien artikulieren könnte – wird wegen der Dominanz der Mutter und wegen der Angst, sie noch mehr zu ,,verschrecken", unterdrückt. Das unterdrückte Weinen oder die unterdrückte Wut legen in vielen Fällen den Grundstein für eine Störung der Atemfunktion, die nach Jahren, wenn altersspezifische Konflikte dazukommen, zu einer asthmatischen Erkrankung führen kann. Asthmatiker wirken von ihrer Persönlichkeitsstruktur her dominant-egozentrisch und wehren emotionale – vor allem zärtliche und aggressive – Regungen ab.

Wenn emotionale Zustände – wie beschrieben – die Atmung beeinträchtigen können, kann auch das Gegenteil der Fall sein: Langsames, rhythmisches Atmen kann einen ängstlichen emotionalen Zustand in einen ausgeglichenen, ruhigen verwandeln. Die in diesem Buch beschriebenen Atem-, Entspannungs- und Meditationstechniken können allesamt dazu verwendet werden, Atemstörungen zu verringern oder zu beheben.

e) Funktioneller Weichteilrheumatismus

Die Rückenmuskulatur ist eine bevorzugte „Deponie" für nicht abreagierte bzw. nicht verarbeitete Spannungen. Auf diese Weise entsteht zum Beispiel der sogenannte funktionelle Weichteilrheumatismus mit Nacken-, Rücken- und Kreuzschmerzen. Der Volksmund spricht in diesem Zusammenhang von „Angst, die einem im Nacken sitzt", „Sorgen, die einem auf den Schulter lasten" oder „Schicksalsschlägen, die einen gebeugt haben". Dabei handelt es sich nicht um die natürlichen, zwangsläufigen Folgen von Angst, Sorgen, Schicksalsschlägen, sondern um die – aus einer falschen Einstellung resultierenden – Konsequenzen einer pathologischen seelischen Verarbeitung, denn: „Nicht die Dinge selbst beunruhigen die Menschen, sondern die Vorstellungen von den Dingen" (Epiktet).

Durch chronische Muskelverspannungen bedingte Rückenschmerzen korrespondieren häufig mit der Lebenseinstellung: „Leistung ist alles, Gefühle sind überflüssig". Die Angst, Schwächen zuzugeben und Gefühle offen vor anderen zu zeigen, verhärtet nur den „Panzer", mit dem viele Menschen sich voreinander zu schützen versuchen. Starre und verkrampfte Muskeln sind dann oftmals der körperliche Ausdruck dieser Panzerung.

Kapitel 3: „Streßtypen", Streß-Bewertung und der Versuch: Aus „A" mach „B"

1. Kampftyp, Fluchttyp oder Schrecktyp?

Die Streßreaktion stört das Gleichgewicht der Körperfunktionen. Wenn der Organismus in der Lage ist, sich sozusagen „automatisch" an die an ihn gestellten Anforderungen anzupassen, kommen die vegetativen Reaktionen wieder ins Gleichgewicht (Homöostase); das heißt, es besteht dann ein – innerhalb der normalen Schwankungsbreite vegetativer Abläufe – ausgeglichenes Verhältnis zwischen der sympathikotonen (Arbeit/Leistung) und der vagotonen (Entspannung/Erholung) Spannungslage.

Im Zusammenhang mit der Einwirkung von Streß kann es jedoch auch zu verschiedenen vegetativen Fehlsteuerungen kommen. Dabei unterscheidet man zwei Grundformen: die sympathikotone und die vagotone (vgl. auch Teil 1, Kapitel 1 und 2). Charakteristikum der sympathikotonen Fehlsteuerung ist die Kampf-Flucht-Bereitschaft (ständige Überspannung, permanentes „Auf-dem-Sprung-Sein"). Typisch für die vagotone Fehlsteuerung ist eine mehr oder weniger starke Hilflosigkeit, unter Umständen bis zur Handlungsunfähigkeit (Schreckbereitschaft, Schockreaktion). Diese vegetativen Fehlsteuerungen werden via *Lernen* im Laufe des persönlichen Sozialisationsprozesses erworben; wobei Lernen – gemäß der psychologischen Definition – als relativ überdauernde Veränderung des Verhaltens bzw. Erlebens zu verstehen ist. In diesem Zusammenhang spielen folgende Grundmuster des Lernens eine entscheidende Rolle:

Signallernen (Reiz-Reaktions-Lernen; klassisches Konditionieren).

Lernen am Erfolg (Lernen durch Konsequenzen; operantes Konditionieren; instrumentelles Konditionieren) und

Modell-Lernen (Soziales Lernen; Beobachtungs-Lernen).

Entsprechende Sozialisationsbedingungen fördern die Herausbildung unterschiedlicher ,,Streßtypen": Kampftyp, Fluchttyp, Schrecktyp. In Tabelle 2 sind einige Charakteristika dieser, durch gelernte vegetative Fehlsteuerungen entstandenen Typen zusammengestellt (vgl. Juli/Engelbrecht-Greve, 1978, S. 108 ff.). In diesem Zusammenhang muß darauf hingewiesen werden, daß Personen in diversen Lebensbereichen unterschiedliches ,,Typ-Verhalten" zeigen können. Ein Mann kann beispielsweise in seinem Beruf energisch und durchsetzungsfähig, oder gar ein ,,Tyrann" sein (Kampftyp), aber seiner Frau gegenüber eher schüchtern, ängstlich und hilflos (Schrecktyp). Wollen Sie Ihre Situation genauer analysieren, so müssen Sie feststellen, in welchem Ihrer Lebensbereiche (Familie, Partnerschaft, Sexualität, Erziehung der Kinder, Finanzen, Hausarbeit, Verwandtschaft, Beruf, Freizeitkontakte, . . .) sich bei Ihnen Kampf- bzw. Flucht- oder Schreck-Reaktionstendenzen bevorzugt zeigen.

2. Skala zur Bewertung der sozialen Wiederanpassung

Es spricht vieles dafür, daß streßverursachende Lebensereignisse stark an der Entstehung physischer und psychischer Krankheiten beteiligt sind. Auf Grund ihrer Beobachtungen über das zeitliche Zusammentreffen von wichtigen Ereignissen im Leben eines Menschen und schweren Erkrankungen dieser Person[1], publizierten die amerikanischen Ärzte Thomas H. Holmes und Richard H. Rahe 1967 einen Fragebogen, die sogenannte ,,Social

---

1 Über die Streßbelastung durch ,,kleinere Probleme des Alltags" vgl. Teil 1, Kapitel 1

Readjustment Rating Scale" (SRRS), ins Deutsche übersetzt etwa: „Skala zur Bewertung der sozialen Wiederanpassung".

An den von Holmes und Rahe durchgeführten Untersuchungen (Interviews in Krankenhäusern, Analysen von Krankengeschichten, diverse empirische Studien) nahmen insgesamt 5 000 Probanden teil. Die beiden Forscher identifizierten 43 prägnante Lebensereignisse oder Lebensveränderungen, bei denen sie – aufgrund ihrer Untersuchungen – einen direkten Zusammenhang mit dem Ausbruch einer Krankheit vermuteten.

Die Skala reicht von so schwerwiegenden Ereignissen wie dem Tod des Ehepartners bis zu relativ geringfügigen Ärgernissen, wie einem „Strafzettel" für ein Verkehrsvergehen. Jedem dieser streßauslösenden Momente wird auf Grund des damit verbundenen notwendigen Anpassungsausmaßes eine Zahl von Punkten („*L*ebens-*V*eränderungs-*E*inheiten"; LVE) zugeordnet, mit der die gesundheitsbeeinträchtigenden Folgen dieses Ereignisses quantifiziert werden. Die Wiederanpassung nach dem Tod eines Ehepartners wird dabei zum Beispiel viermal so schwerwiegend eingestuft wie ein Schulbeginn oder Schulabgang.

Die Auswertung der Untersuchungen ergab auch eine Abhängigkeit der Bewertung streßauslösender Ereignisse vom Kulturkreis, in dem der Betroffene lebt. Während beim Durchschnitt aller Befragten geringfügige Übertretungen von Gesetzen an der letzten Stelle der „Streßtabelle" stehen, rangieren solche Ereignisse bei Japanern etwa in der Mitte der Tabelle.

Die „Skala der sozialen Wiederanpassung" von Holmes und Rahe ist als Tabelle 3 abgedruckt (vgl. auch Cooper, C. L., 1987, S. 129 f.), um Ihnen bei der Einschätzung zu helfen, welches Ausmaß an Umstellung und Neuanpassung konkrete Lebensveränderungen von Ihnen verlangt haben. Sie bekommen dabei auch eine grobe Übersicht darüber, in welchem Umfang solche Ereignisse – sofern sie Ihnen noch bevorstehen – Ihre Gesundheit beeinträchtigen können. Aus der Tabelle ersehen Sie, daß nicht nur negative Einflüsse (Tod eines nahestehenden Menschen, Scheidung, Eheschwierigkeiten, Haftstrafen . . .) Streß bedeuten, sondern ebenso gemeinhin als positiv empfundene er-

	Kampftyp	Fluchttyp	Schrecktyp
Gedanken und Gefühle	– Leben ist Kampf – Ärger, Sorgen, Reizbarkeit, die sich entweder unmittelbar äußern oder unterdrückt werden (Schmollen; Unterwürfigkeit; „Radfahrerhaltung“) – inneren Widerstand leisten – sich angegriffen fühlen – Ungeduld; das Gefühl, keine Zeit zu haben und ständig im Rückstand zu sein – Wettkampfstimmung – Verbissenheit; Dickköpfigkeit – Bestrafungswünsche; Zerstörungsimpulse – die Welt verbessern wollen	– Wegwollen aus einer Situation; Angst haben zu bleiben; Unbehagen im Umgang mit anderen – Angst vor Bedrohung, vor Auseinandersetzungen, vor Aggressivität – Angst vor Leistungsanforderungen; mangelndes Vertrauen in die eigenen Fähigkeiten – Mißbehagen; starke Antipathien; Ekelgefühle – Unzufriedenheit; Unausgeglichenheit; Nervosität; Reizbarkeit – Tagträumereien – überstarkes Pflichtgefühl – Lebensunlust; Selbstmordgedanken	– Hilflosigkeit; Bedrohung; Sorge; Angst vor allem Neuen, vor unklaren Situationen; Panikstimmung – negatives Selbstbild; Schuldgefühle; ständiges schlechtes Gewissen – häufiges Auftauchen von Schreckerinnerungen oder Schreckvorstellungen – ängstliche Beobachtung der Körpervorgänge – Denkblockaden („Brett vor dem Kopf“) – mangelndes Vertrauen in eigene Fähigkeiten – Schreckmomente im Umgang mit anderen – Gefühle und Gefühlsäußerungen als peinlich und indiskret erleben – Trauer; Gleichgültigkeit; Depressivität; Resignation; Pessimismus; Lebensunlust; Empfinden von Sinnlosigkeit

Tabelle 2: Streßtypen

	Kampftyp	Fluchttyp	Schrecktyp
Verhaltensweisen	– schlagen; kämpfen – Protest; Widerspruch – Ironie; Zynismus; Abwertung anderer – andere unterbrechen; nicht zuhören – autoritäres Verhalten – Wettkampfverhalten – seine Gefühle nicht zeigen; Gezwungenheit; Verkrampfung – übermäßiges Leistungsstreben – Betäubung und „Fithalten“ mit Drogen – Überanpassung; Strebertum; Unterwürfigkeit	– Meidungsverhalten – sich zurückziehen; Einzelgänger werden – Unzuverlässigkeit; Unpünktlichkeit; sich nicht festlegen wollen – Anforderungen vor sich herschieben – in Auseinandersetzungen in die „innere Emigration“ gehen – Anpassung – sich betäuben, um eine Situation durchzustehen (zum Beispiel mit Alkohol) – zwanghaftes Verhalten – aufopferndes Verhalten, um Schuldgefühle zu unterdrücken; übersteigertes Pflichtgefühl	– Inaktivität; „wie gelähmt sein“ oder: planloses, überaktives, hektisches, „kopfloses“ Verhalten – sich anklammern; nicht allein sein können – weinen; Trost suchen; klagen; jammern – ständiges Reden über Körpervorgänge und Krankheiten; Klagen über Beschwerden – Angst „überspielen“ – sich überfordern – sich absichern; „Pingeligkeit“ – bei Auseinandersetzungen nachgeben; beschwichtigen; sich ausnutzen lassen

Tabelle 2: Streßtypen

Rang	Streß-Ursache (Lebensereignis)	Streß-punkte (LVE)	Ihre Punkt-zahl
1.	Tod des Ehepartners	100	
2.	Scheidung	73	
3.	Trennung vom Ehepartner	65	
4.	Zwangsaufenthalt im Gefängnis	63	
5.	Tod eines nahen Verwandten	63	
6.	Schwere körperliche Verletzung oder Krankheit	53	
7.	Heirat	50	
8.	Kündigung durch den Arbeitgeber	47	
9.	Versöhnung mit dem Ehepartner	45	
10.	Pensionierung	45	
11.	Stärkere Veränderungen in der Gesundheit oder im Verhalten eines Familienmitglieds	44	
12.	Schwangerschaft	40	
13.	Sexuelle Schwierigkeiten	39	
14.	Erweiterung der Familie (zum Beispiel durch Geburt, Adoption oder Einzug eines älteren Verwandten usw.)	39	
15.	Größere, geschäftliche Veränderung (zum Beispiel Fusion, Neuorganisation, Bankrott usw.)	39	
16.	Größere Veränderung in der Finanzlage (eine gegenüber dem Normalzustand starke Verschlechterung oder Verbesserung)	38	
17.	Tod eines engen Freundes	37	
18.	Wechsel zu anderer Arbeit	36	
19.	Größere Veränderung der Zahl der mit dem Ehepartner geführten Auseinandersetzungen	35	
20.	Aufnahme einer Hypothek von mehr als 25 000 Mark	31	
21.	Eine Hypothek oder ein Darlehen wird für verfallen erklärt	30	
22.	Größere Veränderung im Verantwortungsbereich bei der Arbeit (Beförderung, Zurückversetzung, Versetzung)	29	

Rang	Streß-Ursache (Lebensereignis)	Streß-punkte (LVE)	Ihre Punkt-zahl
23.	Sohn oder Tochter zieht aus (zum Beispiel wegen Heirat oder Universitätsbesuch)	29	
24.	Probleme mit den Schwiegereltern	29	
25.	Herausragende persönliche Leistung	28	
26.	Ehepartner beginnt oder hört auf, außer Haus zu arbeiten	26	
27.	Beginn oder Ende der Ausbildungszeit (Schulbeginn oder Schulabschluß)	26	
28.	Größere Veränderungen in den Wohnbedingungen (zum Beispiel Bau eines neuen Hauses, Umbau, Wechsel der Wohngegend)	25	
29.	Veränderung persönlicher Gewohnheiten (Kleidung, Umgangsformen, persönliche Verbindungen usw.)	24	
30.	Schwierigkeiten mit dem Vorgesetzten	23	
31.	Größere Veränderung in Arbeitszeiten oder -bedingungen	20	
32.	Wohnortwechsel	20	
33.	Schulwechsel	20	
34.	Größere Veränderung in der Gestaltung und/oder der Menge der Erholung	19	
35.	Größere Veränderung in kirchlichen Aktivitäten (zum Beispiel viel mehr oder viel weniger als gewöhnlich)	19	
36.	Größere Veränderung in sozialen Aktivitäten (zum Beispiel Vereine, Tanzen, Kinos, Besuche usw.)	18	
37.	Aufnahme einer Hypothek oder eines Darlehens von weniger als 25 000 Mark (zum Beispiel zum Kauf eines Autos, eines Fernsehapparates, einer Gefriertruhe usw.)	17	
38.	Größere Veränderung der Schlafgewohnheiten (viel mehr oder viel weniger Schlaf oder Veränderung der Schlafenszeit)	16	

Rang	Streß-Ursache (Lebensereignis)	Streß-punkte (LVE)	Ihre Punkt-zahl
39.	Größere Veränderung der Zahl der Familientreffen (viel häufiger oder seltener als gewöhnlich)	15	
40.	Größere Veränderung der Essensgewohnheiten (Essen viel größerer oder geringerer Mengen, andere Essenszeiten oder anderer Ort, an dem gegessen wird)	15	
41.	Ferien	13	
42.	Weihnachten	12	
43.	Geringere gesetzliche Vergehen (im Straßenverkehr, verkehrswidriges Verhalten als Fußgänger, Ruhestörung usw.)	11	
Sonstiges ____ ____ ____ ____			
Ihre Gesamtpunktzahl			

Tabelle 3: Skala zur Bewertung der sozialen Wiederanpassung (vgl. Holmes/Rahe, 1967; Cooper, C. L., 1987)

höhte Beanspruchungen, wie die Eheschließung und die Versöhnung mit dem Ehepartner und daß selbst der Urlaub und Weihnachten streßverursachende Wirkungen haben können.

Holmes und Rahe stellten in ihrer Studie folgenden Zusammenhang zwischen der Anzahl der „Streß-Punkte" und dem Gesundheitszustand der untersuchten Personen fest:

Anzahl der Streß-Punkte	Prozentsatz der Probanden, die krank waren
150 – 199	37
200 – 300	51
mehr als 300	79

Gehen Sie die in Tabelle 3 aufgeführten 43 Sachverhalte der Reihe nach durch, und tragen Sie bei jedem Ereignis, das Ihnen *in den vergangenen 12 Monaten* widerfahren ist, den dort angegebenen Zahlenwert in die Spalte ,,Ihre Punktzahl" ein. Notieren Sie am Ende der Skala persönliche Streßerlebnisse, die in der Tabelle nicht aufgeführt sind. Um eine Bewertung für diese Ereignisse zu finden, vergleichen Sie sie mit den Streß-Situationen der Tabelle. Addieren Sie zum Schluß die von Ihnen eingetragenen LVE-Punkte.

Auswertung:

Unter 150 Punkten

Punktzahlen in diesem Bereich stehen für ein relativ kleines Ausmaß an Veränderungen im Leben und damit für ein geringes Risiko, streßbedingt zu erkranken.

150 – 300 Punkte

Eine Streß-Punkte-Zahl zwischen 150 und 300 bedeutet nach dem statistischen Vorhersagemodell von Holmes und Rahe, daß in den nächsten beiden Jahren mit 50prozentiger Wahrscheinlichkeit eine wesentliche – auf die Streßbelastung zurückzuführende – gesundheitliche Störung eintreten wird.

Über 300 Punkte

Ihr Risiko, innerhalb der nächsten zwei Jahre ernsthafte Gesundheitsschäden davonzutragen, wird erheblich verstärkt durch Ihre hohe Streßbelastung. Ihr Leben ist zur Zeit sehr ereignisreich und Sie müssen auf sich aufpassen, damit Ihr Körper nicht durch die notwendigen Anpassungsanstrengungen erschöpft wird. Wenn Sie keine geeigneten Maßnahmen zur Streßreduktion ergreifen, wird – statistisch gesehen – mit 80prozentiger Sicherheit eine ernsthafte Verschlechterung Ihres Gesundheitszustandes eintreten. Zur Verringerung Ihrer Streßbelastung haben Sie grundsätzlich zwei Möglichkeiten:

- Reduzierung der Zahl und Intensität der streßverursachenden Ereignisse in Ihrer momentanen Lebenssituation.
- Abschwächung Ihrer Körperreaktionen auf streßauslösende Momente (vgl. Teil 2 dieses Buches).

3. Typ-A-Verhaltensmuster und Herzinfarktrisiko

Der Herzinfarkt gilt als eine der großen „Zivilisationsseuchen" unseres Jahrhunderts (vgl. auch Teil 1, Kapitel 2). Vor dem Hintergrund der Hypothese, daß psychischer Streß ein Risikofaktor für den Herzinfarkt sein könnte, untersuchten die beiden amerikanischen Kardiologen M. D. Friedman und R. H. Rosenman in einer mehrjährigen Studie eine große Zahl von Probanden bezüglich ihrer Verhaltensmuster (vgl. Friedman/Rosenman, 1974). Als Ergebnis dieser Untersuchungen erkannten, benannten und beschrieben diese Forscher einen Verhaltenstyp A und einen Typ B, von denen der erstere deutlich stärker infarktgefährdet ist.

Bei A-Typen traten doppelt so viele Infarkte und fünfmal so viele Re-Infarkte auf als bei B-Typen; zudem verliefen die Infarkte bei Personen des Verhaltenstyps A wesentlich häufiger tödlich. Gegenüber dem Typ B weist der Typ A erheblich stärkere arteriosklerotische Veränderungen auf, und bei diesem Personenkreis fand sich meist auch die ganze Palette der Risikofaktoren (erhöhte Blutfettwerte und verstärkte Blutgerinnung, hohe Konzentration der Streßhormone im Blut . . .).

Typ-A-Verhalten gibt es in allen Bevölkerungsschichten, in allen Berufen und auch im außerberuflichen Bereich. Seit einigen Jahren tritt dieses Verhalten zunehmend auch bei jungen Menschen und bei Frauen auf.

Kennzeichnend für das Typ-A-Verhalten sind folgende Reaktionsbereitschaften und Verhaltensmuster:

- *Übersteigertes Leistungsstreben und „Keine-Zeit-Krankheit"*

  Typ-A-Menschen sind damit beschäftigt, immer mehr in immer kürzerer Zeit zu erreichen. Zeitverschwendung können Sie nicht ertragen und deshalb erledigen sie nach Möglichkeit immer mehrere Dinge gleichzeitig. Selbst in Freizeit und Urlaub herrschen Hast und Eile vor. In diesem Zusammenhang ist jedoch zu beachten, daß Menschen, die „von Natur aus" ein hohes persönliches Arbeitstempo haben, *ohne* dabei gehetzt zu sein, nicht zum Typ-A-Verhaltensmuster zu rechnen sind.

- *„Kampfhaltung" und Konkurrenzzwang*

  Typ-A-Persönlichkeiten fühlen sich ständig herausgefordert und müssen permanent ihre Fähigkeiten im Vergleich mit anderen Menschen messen und versuchen, andere zu besiegen. Sie gehen mit aggressivem Elan jede Herausforderung an und sobald sie eine Gefahr für sich wittern, können sie sich sehr feindselig verhalten.

- *Streben nach Kontrolle*

  Typ-A-Menschen sind bestrebt, alles unter der eigenen Kontrolle zu halten. Gelegentlich geben sie deshalb Projekte, die sie nicht ganz „im Griff haben", vorzeitig auf, weil sie den daraus resultierenden Streß nicht ertragen können.

Der A-Typ setzt in seiner Wertskala das *Haben* über das *Sein* und mißt seinen Erfolg hauptsächlich in Zahlen. Er ist im Zusammenhang mit sportlichen Aktivitäten weniger am Spaß als am Gewinnen orientiert, und er kann es nur schwer ertragen, wenn er dabei einmal verliert. Typ-A-Menschen pflegen oft einen scharfen und aggressiven Sprachstil und lachen, soweit sie einen Sinn für Humor – oder genauer gesagt Witz – haben, eher über andere als über sich selbst.

Nicht wenige Typ-A-Persönlichkeiten zeigen – aus Höflichkeit oder Taktik – ihre Ungeduld nicht und verstehen es, ihr Konkurrenzdenken zu kaschieren. Selbstverständlich kostet der Versuch, diese Anspannung nach außen hin zu verbergen, zusätzliche Kraft.

Dem B-Typ fehlen, im Gegensatz zum A-Typ, die ständige Hektik und Kampfbereitschaft. B-Typen sind besonnen und ruhig und eher zu Kompromissen bereit, ohne deshalb bequem, faul oder weniger leistungsfähig zu sein. Sie fühlen sich selten unter Zeitdruck gesetzt, haben Spaß am Spiel und können sich ohne Schuldgefühle entspannen. Der B-Typ gibt viel weniger auf die äußeren Zeichen von Erfolg, steht nicht unter dem Zwang, immer und überall Recht haben zu müssen und lebt bewußter und auch selbstbewußter.

Idealtypisches A- oder B-Verhalten, wie es oben schlagwortartig beschrieben wurde, ist nur sehr selten anzutreffen. Grundsätzlich gilt jedoch: Jede Tendenz zum Verhaltensmuster des A-Typs verstärkt die Herzinfarktgefährdung.

a) Test zur Selbst- und Fremdeinschätzung des Verhaltens

Mit Hilfe des folgenden Tests zur ,,Diagnose" Ihres Verhaltenstyps[1] können Sie eine grobe Vorstellung vom Ausmaß Ihres Typ-A-Verhaltens bekommen (vgl. Tabelle 4). Aus Objektivitätsgründen wäre es sinnvoll, sich zusätzlich von einer mit

---

1 Der verwendete Fragebogen geht auf Bortner und Rosenman (1967) zurück. Um die Auswertung des Tests zu erleichtern, wurde durchgängig eine Skalierung von 1 bis 10 gewählt. Im Vergleich dazu weisen die Skalen des Originalfragebogens einen Nullpunkt auf (54321012345). Die mit Hilfe des abgedruckten Fragenbogens ermittelten Punktwerte stellen – auch aus diesem Grund – nur ein sehr grobes Maß für die Ausprägung des Typ-A-Verhaltens dar.

So schätze ich mich selbst ein/So werde ich eingeschätzt												
		1	**2**	**3**	**4**	**5**	**6**	**7**	**8**	**9**	**10**	**Punkte**
1.	Immer pünktlich											Nachlässig mit Terminen
2.	Wenig wettbewerbsorientiert											Stark wettbewerbsorientiert
3.	Nehme vorweg, was andere sagen											Guter Zuhörer
4.	Immer in Eile											Fühle mich nie gehetzt
5.	Kann geduldig warten											Ungeduldig während des Wartens
6.	Strenge mich sehr an											Bin „locker“, lässig
7.	Mache eines nach dem anderen											Versuche, vieles gleichzeitig zu tun
8.	Spreche mit Nachdruck											Spreche langsam und bedächtig
9.	Lege Wert auf einen anerkannt guten Beruf											Hauptsache, mein Beruf macht mir Spaß
10.	Bin schnell (beim Essen, Gehen usw.)											Tue Dinge langsam
11.	Nehme vieles leicht											Schinde mich oft
12.	Verstecke meine Gefühle											Drücke meine Gefühle aus
13.	Viele außerberufliche Interessen											Wenig Interessen außerhalb des Berufs
14.	Zufrieden mit der Arbeit											Unzufrieden mit der Arbeit
		10	**9**	**8**	**7**	**6**	**5**	**4**	**3**	**2**	**1**	**Punkte**

Tabelle 4: Einschätzung des Typ-A-Verhaltens (vgl. Bortner/Rosenman, 1967)

Ihnen vertrauten Person einschätzen zu lassen und dann mit diesem Menschen über eventuelle Abweichungen in der Einschätzung Ihres Verhaltens zu diskutieren. Häufig können andere Menschen unser Verhalten besser beurteilen als wir selbst. Markieren Sie auf den Skalen zwischen den Polaritäten jeweils das für Sie zutreffende Kästchen bzw. lassen Sie – auf einer Kopie des Testbogens – die Markierungen von einer anderen Person, die Sie möglichst gut kennt, vornehmen.

Auswertung:

Für die Polaritäten 2, 5, 7, 11, 13, 14 gilt die obere Punkte-Skala, für die Gegensatzpaare 1, 3, 4, 6, 8, 9, 10, 12 die untere. Addieren Sie die von Ihnen angekreuzten Punktezahlen.

Der maximal mögliche Punktwert beträgt 140. Je höher der von Ihnen ermittelte Wert liegt, desto mehr neigen Sie zu einem Typ-A-Verhalten.

Bei 60 oder mehr Punkten haben Sie ausgeprägte Typ-A-Verhaltensprobleme und Sie sollten – Ihrer Gesundheit zuliebe – über Strategien zur Veränderung oder Regulierung des eigenen „inneren Stresses“ nachdenken und ihre Gewohnheiten ändern.

Ihr mit Hilfe des Tests erworbenes Wissen um den Ausprägungsgrad einzelner streßauslösender Verhaltensweisen gibt Ihnen Hinweise darauf, wo Sie ansetzen müssen.

Sind Sie arbeitssüchtig? Mit Hilfe des folgenden Fragenkatalogs (Tabelle 5) können Sie Ihre Anfälligkeit für „Arbeitssucht“ testen. Beantworten Sie jede Frage mit ja oder nein.

Sind Sie arbeitssüchtig?		
	ja	nein
1. Arbeiten Sie heimlich (z.B. in der Freizeit, im Urlaub)?	○	○
2. Denken Sie häufig an Ihre Arbeit (etwa wenn Sie nicht einschlafen können)?	○	○
3. Arbeiten Sie hastig?	○	○
4. Haben Sie wegen Ihrer Arbeit Schuldgefühle?	○	○
5. Vermeiden Sie in Gesprächen Anspielungen auf Ihre Überarbeitung?	○	○
6. Haben Sie mit Beginn der Arbeit ein unwiderstehliches Verlangen weiterzuarbeiten?	○	○
7. Gebrauchen Sie Ausreden, weshalb Sie arbeiten?	○	○
8. Zeigen Sie ein besonders unduldsames, aggressives Benehmen gegen die Umwelt?	○	○
9. Versuchen Sie, periodenweise nicht zu arbeiten?	○	○
10. Neigen Sie zu innerer Zerknirschung und dauernden Schuldgefühlen wegen des Arbeitens?	○	○
11. Haben Sie versucht, sich an ein Arbeitssystem zu halten (etwa nur zu bestimmten Zeiten zu arbeiten)?	○	○
12. Haben Sie häufiger den Arbeitsplatz oder das Arbeitsgebiet gewechselt?	○	○
13. Richten Sie Ihren gesamten Lebensstil auf die Arbeit ein?	○	○
14. Haben Sie bemerkt, daß Sie sich außer für Ihre Arbeit für nichts anderes mehr interessieren?	○	○

Tabelle 5: Arbeitssucht-Test

		ja	nein
15.	Zeigen Sie auffallendes Selbstmitleid?	○	○
16.	Haben sich Änderungen im Familienleben ergeben?	○	○
17.	Neigen Sie dazu, sich einen Vorrat an Arbeit zu sichern?	○	○
18.	Vernachlässigen Sie Ihre Ernährung?	○	○
19.	Arbeiten Sie regelmäßig am Abend?	○	○
20.	Haben Sie mitunter Tage und Nächte hintereinander gearbeitet?	○	○
21.	Beobachten Sie einen „moralischen Abbau" an sich selber?	○	○
22.	Führen Sie Arbeiten aus, die eigentlich unter Ihrem Niveau sind?	○	○
23.	Wurde Ihre Arbeitsleistung geringer?	○	○
24.	Wurde Ihnen das Arbeiten zum Zwang?	○	○
25.	Wurden Sie wegen Folgekrankheiten der Arbeitssucht in ein Krankenhaus aufgenommen?	○	○

Tabelle 5: Arbeitssucht-Test[1]

1 Vgl. Voit, R.: Script zum Seminar „Zeit gewinnen durch bessere Arbeitstechnik", München o.J.

Auswertung:

Wer fünf dieser Fragen mit *ja* beantwortet, ist zumindest arbeitssuchtgefährdet.

Wer mehr als zehn Fragen mit *ja* beantwortet, ist mit ziemlicher Sicherheit arbeitssüchtig.

Dem Suchtkranken kann geholfen werden. Voraussetzung ist, daß er sich seiner Arbeitssucht bewußt ist und sie als behandelbare Krankheit anerkennt.

b) Tips zur Änderung einer zwanghaft zeit-, konkurrenz- und leistungsbestimmten Lebensweise

In Anlehnung an das Typ-A- und Typ-B-Verhaltenskonzept beschrieb das amerikanische Psychologen-Ehepaar Kriegel (Kriegel/Kriegel, 1984) – nach der Durchführung vieler Interviews mit Spitzenmanagern, Hochleistungssportlern, leitenden Ärzten und Piloten – als Trainings-Zielorientierung und Basis für das Erreichen von Spitzenleistungen ein *Typ-C-Verhalten* (vgl. Abbildung 5). C-typische Verhaltensweisen sind demnach u.a.: Mit einem hohen Maß an Selbstvertrauen, Konzentration und Mut an Herausforderungen heranzugehen, unter Druck zu arbeiten und dennoch die Kontrolle über Zeit und Umfeld zu behalten, sinnvolle Pausen einzulegen und den richtigen Zeitpunkt für kreatives Arbeiten zu erspüren. Ziel eines entsprechenden Verhaltenstrainings ist es, aus den schädlichen Zonen der Panik und der Lethargie herauszukommen und sich in die Zone des Spannungsausgleichs („C-Zone“) hinein zu entwickeln.

Die folgenden Tips[1] – gemäß dem Motto: „Aus ‚A‘ mach ‚B‘“ – können Ihnen gegebenenfalls bei der Modifizierung Ihres krankmachenden Verhaltens helfen.

---

1 Vgl. auch Friedman/Rosenman, 1985

Wer vom Ziel nichts weiß, wird den Weg nicht finden! Ziele setzen bedeutet: Wissen, was will ich erreichen, welches Ergebnis stellt mich zufrieden?

Zielplanung heißt:

- Was will ich?
- Wie will ich es erreichen? (Hilfsmittel?)
- Bis wann will ich es erreichen? (Termin!)
- Wie kontrolliere ich das Ergebnis? (Standard?)
- Zielabweichungen analysieren

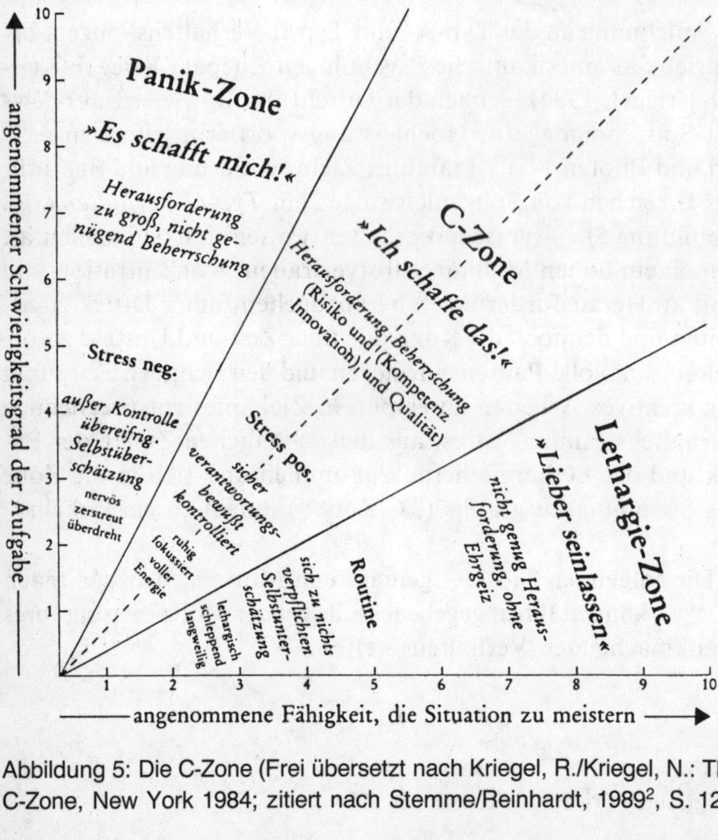

Abbildung 5: Die C-Zone (Frei übersetzt nach Kriegel, R./Kriegel, N.: The C-Zone, New York 1984; zitiert nach Stemme/Reinhardt, 1989², S. 128)

Wenn Sie vor einer bisher unbewältigten Aufgabe stehen, sollten Sie sich folgende Fragen stellen:

- Wird diese Angelegenheit auch noch in fünf Jahren wichtig sein?
- Muß ich diese Sache jetzt sofort in Angriff nehmen, oder habe ich genug Zeit, darüber nachzudenken, wie sie am besten zu erledigen ist?

Auch bei noch so wichtigen und noch so dringlichen Aufgaben kann man eine Rangfolge für die Erledigung erstellen. Setzen Sie bewußt eindeutige Prioritäten und lösen Sie die anstehenden Probleme konsequent in der sich daraus ergebenden Reihenfolge.

Untersuchungen haben ergeben, daß 20 Prozent der Aufgaben 80 Prozent der Ergebnisse (Gewinne) bringen und weitere 20 Prozent 80 Prozent des Zeitaufwandes ausmachen (Pareto-Prinzip). Wenn es Ihnen gelingt festzustellen, welche 20 Prozent der Aufgaben den größten Effekt bringen, können Sie Ihre Zeit wesentlich besser nutzen.

,,Unverhofft kommt oft!" Ohne Zeitplanung sind größere Aufgaben nicht zu schaffen. Mindestens 60 Prozent der täglichen Arbeitszeit sollten – möglichst ungestört – zur Erledigung solcher Aufgaben verwendet werden. 20 Prozent sind für kreative Arbeiten zu reservieren, die Ihre Firma oder Sie selber weiterbringen, weitere 20 Prozent stehen für Unvorhergesehenes zur Verfügung. Planen Sie entsprechende Pufferzeiträume ein. Wenn Sie gegen diese Grundsätze verstoßen, bleibt die Arbeit nach Feierabend nicht aus und das Privatleben kommt zu kurz.

,,Zeitdiebe" stehlen Ihnen nicht nur Arbeitszeit, sondern auch Freizeit und Lebensfreude. Solche Zeitdiebe können sein: Besucher, Besprechungen, Telefon, ,,Aufschieberitis", nicht Neinsagen-Können, keine klaren Prioritäten, Termindruck, Routinearbeiten, mangelnde Delegation, geringe Selbstdisziplin . . . Um mit Ihren Aufgaben besser klarzukommen, sollten Sie solche Zeitdiebe – so weit wie möglich – ausschalten.

Versuchen Sie, keine unnötigen Verabredungen zu treffen und keine nicht erfüllbaren Termine zu vereinbaren. Lernen Sie, nein zu sagen.

Denken Sie daran:

- Zeit ist so ziemlich das einzige ,,Gut", das unter den Menschen gleichmäßig verteilt ist: Jeder Mensch verfügt prinzipiell über die gleiche Zeitmenge pro Tag. Ob sie ,,genügt", ist keine Frage dieser Menge, sondern eine *Frage der Prioritäten*, sie zu nutzen. Insbesondere Menschen, die Stellen mit persönlicher Verantwortung innehaben, müssen Prioritäten setzen und Arbeiten delegieren, damit sie den Kopf frei haben für die entscheidenden Weichenstellungen.
- Bloßer Aufschub führt nicht zwangsläufig zu attraktiveren Alternativen oder fundierteren Informationen: Entscheidungen ,,überschlafen" zu sollen, mag eine verbreitete Ansicht sein, aber wer dies übertreibt, hat häufig mit Alpträumen zu kämpfen oder ,,verschläft" die Entscheidungen gar.
- Man kann Zeit nicht sparen, man kann sie höchstens anders nutzen. Es bringt also wenig, über Möglichkeiten nachzudenken, *worauf* man weniger Zeit verwenden will, wenn man nicht gleichzeitig überlegt, *was* man an dessen Stelle tun will.
- Eine bessere Zeitverwendung ist darin zu sehen, jeder Aufgabe die ihr *angemessene* Zeit zu widmen.
- Wer im ,,Eilzugtempo" durch den Terminkalender rast, verschleißt dabei sich selbst und seine Umgebung. Eine solche Arbeitsweise provoziert geradezu die Gefahr, daß zu viele Dinge auf einmal angepackt werden und dann unerledigt liegen bleiben.
- Daß alle Menschen gleich wichtig genommen werden sollten, bedeutet *nicht*, daß ihre Anliegen für Sie gleich wichtig sein müssen.
- Niemand muß immer und für jeden erreichbar sein. ,,Bürgernähe" ist nicht identisch mit an Selbstzerfleischung grenzender Dauer-Verfügbarkeit.

- Härter zu arbeiten kann in bestimmten Situationen die richtige Strategie sein, meist – und auf Dauer – sollten Sie jedoch versuchen, *vernünftiger zu arbeiten*: den Arbeitsfluß zu verbessern, sich weniger unterbrechen zu lassen, Vorgänge nur einmal – und dann abschließend – zu bearbeiten . . .
- Emsigkeit und Tatkraft sind keine Garanten für Erfolg. Es ist weniger wichtig, „*etwas*" zu tun, als darüber nachzudenken, *was* zu tun ist.
- Dinge richtig zu tun, bedeutet noch lange nicht, auch die richtigen Dinge zu tun. Anhand von Zielen und Prioritäten sollte man zunächst diese richtigen, weil wichtigen, Aufgaben bestimmen und sich dann erst bemühen, diese Aufgaben mit einem Minimum an Mitteln und Zeit, zu erledigen.

Mein sind die Jahre nicht,
die mir die Zeit genommen,
Mein sind die Jahre nicht,
die etwa möchten kommen;
Der Augenblick ist mein,
und nehm ich den in acht,
So ist der mein,
der Jahr und Ewigkeit gemacht.

Andreas Gryphius

Vermeiden Sie Mehrphasigkeit

Hören Sie damit auf, mehrere Dinge gleichzeitig zu tun und sich vielleicht sogar noch während dieser Tätigkeiten in Gedanken damit zu beschäftigen, was als nächstes erledigt werden muß. „Wahrscheinlich hat nur der Mensch in seiner geistigen Entwicklung die Fähigkeit ‚gewonnen', die Ein-Phasigkeit (im Hier und Jetzt zu sein), zu ‚verlieren' zugunsten (?) einer Mehr-Zeit-Phasigkeit" (Buchmann, 1990, S. 32).

Sprechgewohnheiten

Zwingen Sie sich, anderen zuzuhören und legen Sie den Ehrgeiz ab, durch ständiges Sprechen im Mittelpunkt der Aufmerksamkeit stehen zu wollen. Wenn Sie dazu neigen, auch dann zu reden, wenn keine echte Notwendigkeit besteht, sollten Sie sich vorher folgende Fragen stellen und beantworten:

- Habe ich wirklich etwas Wichtiges zu sagen?
- Will es jemand hören?
- Ist *jetzt* der richtige Zeitpunkt, um zu sprechen?

Wer vieles einst zu künden hat,
schweigt viel in sich hinein:
Wer einst den Blitz zu zünden hat,
muß lange Wolke sein.

Friedrich Nietzsche

Nicht antreiben

Unterlassen Sie es, die Sätze anderer beenden zu wollen und verzichten Sie auf den Versuch, den Sprechrhythmus anderer Menschen zu beschleunigen. Unterbrechen Sie jemand anderen nicht bei seiner Arbeit, nur weil er diese langsamer macht, als Sie es vielleicht selbst könnten.

In der Transaktionsanalyse nennt man Einstellungen und Vorstellungen, die uns zu angeblich guten Menschen machen (sollen), die uns in Wirklichkeit jedoch belasten, *Antreiber*. Beispiele für solche Aufforderungen sind:

- Mach es anderen Menschen recht . . . und zwar *immer*!
- Sei perfekt, vollkommen, ordentlich . . . und zwar *immer*!
- Beeil dich . . . und zwar *immer*!
- Streng dich an . . . und zwar *immer*!
- Sei stark . . . und zwar *immer*!

Was kann man gegen solche Gedanken tun? Seine Einstellung verändern! Wenn Sie zu mehr Gelassenheit kommen wollen, müssen Sie diese Vorstellungen aufgeben. Geben Sie sich die *Erlaubnis* dazu, denn:

- Ich darf auch tun und sagen, was ich will! Ich muß nicht immer alles tun, um gefällig zu sein und ich bin nicht zu Diensten rund um die Uhr und jederzeit.

- Ich darf meine Dinge so gut wie *nötig* tun!
- Ich darf mir Zeit nehmen!
- Ich darf meine Dinge ruhig und gelassen zu Ende tun!
- Ich darf offen sein, mich öffnen, ehrlich sein . . . !

Heinrich Böll hat eine lehrreiche Geschichte über die Thematik der Leistung geschrieben, die von Buchmann (1990, S. 17) nacherzählt wird. Diese Geschichte veranschaulicht, wie verrückt wir sind, wenn wir – wie der Hamster im Laufrad – Aktivität um jeden Preis produzieren, um (anderen!) zu zeigen wie „gut" wir sind.

„Ein reicher Tourist fotografiert einen in der Sonne liegenden Fischer, verwickelt ihn langsam und gegen dessen Widerstand in ein Gespräch, in dessen Verlauf der Tourist in begeisternden Tönen und Bildern dem armen Mann klarzumachen versucht, was er alles erreichen könnte, wenn er eben nicht ‚faul' in der Sonne läge, sondern abermals hinausführe, um noch mehr Fische zu fangen, die einen besseren Verkauf gewährleisten würden . . . Er könne sich dann bald ein besseres Boot kaufen, vielleicht sogar zwei Boote, sich eine kleine Fischfabrik erbauen . . . ‚Und wozu das alles?' fragt der arme Fischer. ‚Dann könnten Sie andere anstellen, für sich arbeiten lassen . . . und bräuchten eines Tages gar nichts mehr zu tun, könnten in der Sonne liegen . . . !' Darauf der Fischer lakonisch: ‚Aber genau das tue ich doch jetzt schon . . . '"

Geduld üben

Versuchen Sie, zu Übungszwecken Bücher zu lesen, die nicht nur Ihre volle Aufmerksamkeit, sondern auch ein gewisses Maß an Geduld verlangen. Bevorzugen Sie in diesem Zusammenhang Autoren, die mehrere Kapitel benötigen, um ein Ergebnis zu beschreiben, das Sie als A-Typ in ein bis zwei Sätzen abgehandelt hätten. Besuchen Sie vorsätzlich in Begleitung einer anderen Person Restaurants oder Theater, von denen Sie wissen, daß mit einer Wartezeit zu rechnen ist.

Einlegen von Pausen

Legen Sie – während eines Arbeitstages – möglichst viele streßfreie „Atempausen“ ein. Ein Nebeneffekt: Sehr häufig entstehen die kreativsten Ideen in einer solchen entspannten Atmosphäre.

Verminderung des Konkurrenzdenkens und der Aggressivität

Versuchen Sie, sich Ihr eigenes Verhalten und seine Wirkung auf andere bewußt zu machen. Reduzieren Sie Ihre Feindseligkeit und belohnen Sie andere Menschen möglichst systematisch für ihre diesbezüglichen Bemühungen. Beginnen Sie damit, Dank und Anerkennung gegenüber anderen auszudrücken und denken Sie daran: Ein Lächeln ist die kürzeste Verbindung zwischen zwei Menschen!

> *Als ein Mann den Religionsstifter Buddha im Gespräch angriff, erwiderte der: ‚Mein Sohn, wenn jemand es ablehnte, ein Geschenk anzunehmen, wem würde es dann wohl gehören?‘ Der Mann antwortete: ‚Dem, der es angeboten hat.‘ ‚Und darum‘, sagte Buddha. ‚lehne ich es ab, deine Schmähungen anzunehmen‘.*
>
> Jennifer James

Suche nach lebenswerten Betätigungsfeldern

Bei dem Versuch, bestimmte Formen des zwanghaft zeitbestimmten Verhaltens abzulegen, kann es hilfreich sein, sich außerberufliche Beschäftigungen (Hobbys) zu suchen. Nehmen Sie sich mehr Zeit, sowohl für die Pflege von Freundschaften als auch dafür, mit sich allein zu sein.

Denken Sie daran: Wenn jeder nur *einem* hilft, ist *allen* geholfen.

Erlernen einer Entspannungstechnik

Hinweise zum Erlernen und Einüben von Methoden zur ganzheitlichen Entspannung finden Sie in mehreren Kapiteln des 2. Teils dieses Buches.

Quelle: Marcks, M.: Krümm' dich beizeiten! Quelle & Meyer Verlag, Heidelberg/Wiesbaden 1980[3]

Kapitel 4: Grundsätzliche Möglichkeiten zur Bewältigung von Streß

Leben ist immer lebensgefährlich.

Erich Kästner

Streß ist der Begleiter jeder menschlichen Aktivität und kann deshalb nicht vermieden, sondern nur gemeistert oder genutzt werden. In diesem Zusammenhang geht es insbesondere darum, wie wir harmonisch mit einem Minimum an Distreß leben können.

Grundsätzlich gibt es folgende Möglichkeiten, mit unerwünschtem Streß fertig zu werden:

- ,,Verbrauch", der durch die Streßreaktion bereitgestellten Energie durch körperliche Bewegung; der psychosoziale Distreß löst sich quasi in Schweiß auf.
- Direkte Einflußnahme auf die streßauslösenden Reize, das heißt Reduzierung bzw. Ausschaltung physischer, mentaler und psychischer Belastungsfaktoren.
- Veränderung der inneren Einstellung gegenüber den Stressoren.
- Steigerung der eigenen Belastungsfähigkeit.

Streß ist ein Problem der Anpassung. Jede Einstellung auf neue Situationen und Anforderungen unserer Umwelt ,,verbraucht" Energie. Wer seinem Organismus zuviel Anpassungsenergie abfordert, gerät leicht in einen Zustand chronischer Müdigkeit und Lustlosigkeit. Wenn Sie solche Symptome bei sich feststellen, sollten Sie eine Pause einlegen, sich mehr Schlaf gönnen oder sich durch eine geeignete Technik entspannen, um Ihren gestörten Energiehaushalt wieder ins Gleichgewicht zu bringen. Im Zustand der Entspannung befindet sich das vegetative Nervensystem in einem ausgeglichenen Zustand. Gezielte Entspannungsübungen bessern zahlreiche streßbedingte Leiden und führen zu einem Gewinn an Wohlbefinden und Freiheit von Störungen.

Was die überhöhte Sympathikusaktivität anbelangt, die heute bei vielen Menschen festzustellen ist, bietet sich als indirekte Möglichkeit einer dämpfenden Beeinflussung ebenfalls das Erlernen einer Entspannungstechnik oder eines meditativen Verfahrens an. Auch in den Ruhepausen zwischen und nach körperlichen Belastungen, wie sie zum Beispiel beim Sport auftreten, kommt es – hierbei als Gegenreaktion des Organismus zur Sympathikusaktivierung während der körperlichen Bewegung – zu einer Anhebung des Parasympathikustonus sowie zu einer trainierbaren Abschwächung des Sympathikustonus.

Teil 2
Mehr Gelassenheit – weniger Streß

Kapitel 1:
Kunst der Gelassenheit

Gott gebe mir die Gelassenheit,
Dinge hinzunehmen, die ich nicht ändern kann,
den Mut, Dinge zu ändern, die ich ändern kann,
und die Weisheit,
das eine vom anderen zu unterscheiden.

Friedrich Christoph Oetinger

Seneca (um 4 v. Chr. – 65 n. Chr.) und Marc Aurel (121 – 180 n. Chr.) – bedeutende Vertreter der jüngeren Stoa – bezeichneten einen Menschen als *gelassen*, der in heiterer Ruhe und in der Ausgeglichenheit von Leib, Geist und Seele, in freier Selbstbestimmung und im Einklang mit der Weltvernunft, der er sich unterstellt, lebt. Die menschliche Vernunft wird dabei als Teil dieser Weltvernunft aufgefaßt. Die Dinge gewähren lassen, so wie sie kommen und gehen, nichts festhalten, sind Charakteristika der stoischen Haltung.

Vieles in unserem Leben ist verkrustet, verhärtet, festgefahren. Eine ganze Menge können wir Erwachsenen (wieder) von Kindern lernen: Natürlichkeit, Herzlichkeit, Unbefangenheit, Offenheit, Spontaneität, Begeisterungsfähigkeit, Vertrauen . . .

Gelassenheit ist eine ausgleichend harmonisierende Eigenschaft und darf nicht verwechselt werden mit Interesse- oder Teilnahmslosigkeit. Wer gelassen ist, lebt im Heute und kümmert sich nicht übermäßig um das Morgen. Gelassenheit heißt auch Überlegenheit des Geistes über den Körper. Der gelassene Mensch besitzt die Fähigkeit, Wesentliches von Unwesentlichem zu unterscheiden; er steht gleichsam in der „Nabe des Rades", um die sich die Speichen drehen. Wer nicht durch zentrifugale Kräfte überfordert werden will, muß seine eigene Mitte so stärken, daß sie der Beanspruchung standhält.

Gehetzte, getriebene, überfleißige, ungeduldige, extrem ehrgeizige, überpünktliche und leicht reizbare Menschen, bei denen der Herzinfarkt quasi schon vorprogrammiert ist, werden von Kardiologen als A-Typen bezeichnet und stehen im Gegensatz zu den eher nachdenklichen, ausgeglichenen, gelassenen B-Typen (vgl. Teil 1, Kapitel 3). Selbsterkenntnis, Sich-Zeit-lassen-Können, das Leben leichter nehmen und sich nicht über Kleinigkeiten ärgern, können Ihnen helfen, sich mehr zu einem B-Typ hin zu entwickeln. Beurteilen Sie Ihr Leben nicht nur nach der Quantität und versuchen Sie erst gar nicht, ein „Übermensch" sein zu wollen.

Wer gelassen werden will, muß auch loslassen können. Was uns nichts bedeutet, können wir leicht loslassen. Etwas freigeben, woran wir hängen, eine Bindung aufgeben, die uns wertvoll ist, einen Besitz loslassen, der uns Sicherheit gibt, erfordern im Gegensatz dazu jedoch Stärke und Opferbereitschaft. Verantwortungsvolles Loslassen praktizieren zum Beispiel Eltern, die ihren Kindern Freiheit geben, die im Vertrauen gründet und sie nicht egoistisch festhalten wie einen persönlichen Besitz. Solches Loslassen geschieht in der Hoffnung, daß sie ihre Kinder nicht verlieren, sondern sie in neuem, freiwilligem Kontakt zurückbekommen. Wer das letzte gefunden hat, das nicht mehr vergeht, kann Geringeres – das Vorletzte und Vorläufige – loslassen. In diesem Sinne konnte Dietrich Bonhoeffer vor seiner Hinrichtung sagen: „Das ist das Ende, für mich der Anfang des Lebens".

Frei ist im Grunde nur, wer es fertigbringt,
alles loszulassen, zuletzt sich selbst;
sich fallenzulassen, im Bewußtsein,
daß Gott ihn auffängt.

Anton Kner

Betrachten Sie das Leben als Entdeckungsreise. Ein Standpunkt gibt Ihren Füßen zwar festen Halt, er hat aber auch den

Nachteil, daß das Gesichtsfeld begrenzt ist. Ein Mensch, der unterwegs ist, sieht mehr und er wird immer wieder mit Überraschungen konfrontiert, die Eintönigkeit und Langeweile vertreiben. Wir sind alle unterwegs solange wir leben. Gelegentlich verlaufen wir uns auch. Ein Wanderer, der vom Weg abgekommen ist, tut gut daran, sich zuerst einmal hinzusetzen, um Ruhe und Übersicht zu gewinnen. Wer in einer solchen Situation orientierungslos dahin oder dorthin hetzt, stellt vielleicht später fest: Ich bin im Kreis gelaufen. Der besonnene Wanderer wird versuchen, sich am Sonnenstand, an der Himmelsrichtung oder an markanten Punkten zu orientieren. Indem er sich auf den Herweg besinnt, kann er sich ins Gedächtnis rufen, wie er in diese Situation gekommen ist. Ein solches Vorgehen empfiehlt sich gelegentlich auch bei der Wanderung auf dem eigenen Lebensweg. Besinnung führt zu innerer Ruhe; man schöpft Kraft und neue Hoffnung.

Wer sich in einer schwierigen Situation befindet, hat grundsätzlich zwei Möglichkeiten damit fertig zu werden: Entweder ändert er die Situation oder die Einstellung dazu. Die Bewältigung des Alltags ohne psychosomatische Folgen erfordert Gelassenheit. Entspannung und die Aktivierung unbewußter Kräfte erweitern den Spielraum des Menschen für eine individuelle Gestaltung seines Lebens.

Gelassene Menschen können von den Dingen lassen; sie müssen nicht unbedingt und zu jeder Zeit eingreifen, kontrollieren und steuern. Gelassenheit ist aber auch jene Haltung, in der solche Menschen von den Dingen *gelassen werden;* sie erfüllen sie nicht ständig mit Sorge und erwecken nicht permanent ihr Mißtrauen.

Gelassenheit verlangt, geduldig abwarten zu können, ohne übereilt zu handeln und sich nicht dauernd aus der Ruhe bringen zu lassen; Vertrauen in sich selber und in den Lauf der Welt stehen im Vordergrund, nicht die ständige Angst vor Katastrophen.

,,Gelassene Menschen denken:

- Die Welt beinhaltet Gutes und Schlechtes.
- Manchmal geschieht das Gute von selber.

- Es gibt einen natürlichen Lauf der Dinge, in den man nicht ständig eingreifen soll. Oft erledigen sich Probleme von selbst.
- Wie man eine Sache empfindet, hängt sehr von der eigenen Bewertung ab. Diese kann sich im Lauf der Zeit verändern.
- Ohne ein gewisses Maß an Vertrauen in sich und die Welt ist Leben kaum möglich. Man kann Dinge, auch neue, ruhig auf sich zukommen lassen" (Hoffmann, 1990, S. 26f.).

„Gelassenheit in einem aktiven Sinn stellt die Fähigkeit dar, unter Beachtung des eigenen Wollens und Könnens Dinge, Ereignisse, Stimmungen, Zustände . . . hinzunehmen, wenn sie unter den gegebenen Umständen nicht änderbar sind. Insofern ist Gelassenheit *keine* Gleichgültigkeit; denn der Gelassene hat ja gerade einen sehr klaren Wertekanon; er weiß, was ihm wie wichtig ist – nichts hat gleiche Gültigkeit!" (Buchmann, 1990, S. 10)

Der unvergessene Johannes XXIII., von vielen als populärster Papst der Kirchengeschichte bezeichnet, war ein „Meister der Gelassenheit". Von seinem Sinn für Bescheidenheit und Humor zeugt sein Ausspruch: „Giovanni, nimm dich nicht so ernst". Johannes XXIII. war nie um seine Würde besorgt, schätzte Ehrungen gering, lehnte den Luxus ab, verstand es zu warten, bis die Dinge reiften und die Geister sich wandelten. Er hat sich immer mehr um das Einigende als um das Trennende und Gegensätzliche gekümmert. „Alles hören, vieles vergessen, einiges verbessern", war eine seiner Maximen. Johannes XXIII. hat mit seiner Menschenfreundlichkeit und Herzenswärme das Mystische und Unnahbare des Papsttums vergessen lassen. Die „Zehn Worte der Gelassenheit", die auf ihn zurückgehen, vermitteln etwas von der inneren Stärke eines Seelsorgers, der eine ganze Welt zur Gemeinde hatte.

Dekalog der Gelassenheit von Papst Johannes XXIII.[1]

1. Nur für heute werde ich mich bemühen, den Tag zu erle-

1 Aus: „Der Tag und die Woche des Herrn", Pfarrei St. Justina Bad Wörishofen, Nr. 17, 24. April 1988

ben, ohne das Problem meines Lebens auf einmal lösen zu wollen.

2. Nur für heute werde ich die größte Sorge für mein Auftreten pflegen: vornehm in meinem Verhalten; ich werde niemanden kritisieren, ja ich werde nicht danach streben, die anderen zu korrigieren oder zu verbessern . . . nur mich selbst.
3. Nur für heute werde ich in der Gewißheit glücklich sein, daß ich für das Glück geschaffen bin . . . nicht nur für die andere, sondern auch für diese Welt.
4. Nur für heute werde ich mich an die Umstände anpassen ohne zu verlangen, daß die Umstände sich an meine Wünsche anpassen.
5. Nur für heute werde ich zehn Minuten meiner Zeit einer guten Lektüre widmen; wie die Nahrung für das Leben des Leibes notwendig ist, ist die gute Lektüre notwendig für das Leben der Seele.
6. Nur für heute werde ich eine gute Tat vollbringen, und ich werde es niemandem erzählen.
7. Nur für heute werde ich etwas tun, wozu ich keine Lust habe, es zu tun; sollte ich mich in meinen Gedanken beleidigt fühlen, werde ich dafür sorgen, daß niemand es merkt.
8. Nur für heute werde ich ein genaues Programm aufstellen. Vielleicht halte ich mich nicht exakt daran, aber ich werde es aufsetzen. Und ich werde mich vor zwei Übeln hüten: vor Hetze und Unentschlossenheit.
9. Nur für heute werde ich fest glauben – selbst wenn die Umstände das Gegenteil zeigen sollten –, daß die gütige Vorsehung Gottes sich um mich kümmert, als gäbe es sonst niemanden auf der Welt.
10. Nur für heute werde ich keine Angst haben. Ganz besonders werde ich keine Angst haben, mich an allem zu freuen, was schön ist, und an die Güte zu glauben. Mir ist es gegeben, das Gute während zwölf Stunden zu wirken; mich könnte es entmutigen, zu denken, daß ich es das ganze Leben durchsetzen muß.

Kapitel 2: Anspannung – Entspannung – Spannungsausgleich

Durch Entspannung entdecken wir eine völlig neue Art des Seins.

Tarthang Tulku

Eine Grundspannung, das heißt, ein gewisses Aktivitätsniveau des menschlichen Organismus, ist die Voraussetzung für körperliche und geistige Tätigkeiten. Durch die physiologische Aktivierung der Großhirnrinde wird diese Spannung in Belastungssituationen gesteigert. Dauerspannung kann psychische und organische Schäden hervorrufen. Aus gesundheitlichen Gründen sollten deshalb Phasen der Anspannung von solchen der Entspannung abgelöst werden. Ausreichender, ungestörter Schlaf gewährleistet normalerweise die notwendige Entspannung. Überlastung im Beruf und private Sorgen und Konflikte, die seelisch nicht angemessen verarbeitet werden, führen jedoch häufig dazu, daß sich ein Gleichgewicht zwischen Anspannung und Entspannung nicht mehr einstellen kann. Verschiedene Techniken, mit denen absichtlich und gezielt Entspannung eingeleitet und aufrechterhalten werden kann, können das Manko ausgleichen und das Gleichgewicht wieder herstellen.

Verspannungen und Verkrampfungen der gesamten Muskulatur sind die Ursachen vieler gesundheitlicher Beschwerden des modernen Menschen. Sich entspannen heißt, sich aus der Anspannung zu lösen und aus einem Zustand der übersteigerten Aktivität, der Überreizung und Ruhelosigkeit in einen solchen des psychisch-physischen Gleichgewichts zurückzukehren. Das Freiwerden von Überspannung muß schließlich übergehen in einen harmonischen Spannungszustand im Sinne von „Wohl-Gespanntheit" (Eutonie) und nicht in eine durch die Erschlaffung der Muskulatur bedingte Trägheit.

Im Zustand der Entspannung dominiert das Gefühl der Ruhe und Gelassenheit. Physisches und psychisches „Loslassen" schenken Erholung und geistige Frische, begünstigen das „Abschalten" und machen Umweltreizen gegenüber eher gleichgültig. Die Wirkungen der verschiedenen Entspannungsmethoden sind den von der Medizin identifizierten Folgen von Streß genau entgegengerichtet. Durch die Entspannung werden die auf Arbeit, Flucht und Angriff ausgerichteten Reaktionsbereitschaften gedämpft und damit die Stoffwechselprozesse reduziert, die ursprünglich für den Menschen notwendig waren, um in einer bedrohlichen und gefährlichen Umwelt überleben zu können.

Die Gefühle eines Menschen spiegeln sich in seinem Körper wider. Aus der Beobachtung der Körperhaltung und des Atemmusters lassen sich Indizien für den jeweiligen psychischen Zustand gewinnen. Angst, Trauer oder Wut zum Beispiel äußern sich in Verspannungen oder Verkrampfungen. Chronisch gewordene Verspannungen erkennt man oft an einem unbeweglichen „versteinerten" Gesichtsausdruck, steifem Nacken und hochgezogenen Schultern.

Die Muskulatur des Körpers, der physiologische und der geistig-seelische Bereich stehen miteinander in einem engen Wechselwirkungsverhältnis. Bei ganzheitlicher Betrachtung ist es deshalb verständlich, daß zum Beispiel durch eine gezielte Entspannung der willkürlichen Muskulatur auch eine Dämpfung der physiologischen Erregung und eine Veränderung der geistig-seelischen Befindlichkeit erreicht werden kann. Entspannung ist damit Erholung an Körper, Geist und Seele.

Entspannung ist wie eine ruhige Insel, auf die wir uns im Auf und Ab unseres Alltags zurückziehen können, auf der wir „total relaxed" unsere Seele „baumeln" lassen und neue Kraft schöpfen können. Entspannungstraining befreit wirksam von Dauerspannung und ist eine wirksame Anti-Streß-Kur; es schenkt innere Ruhe, Ausgeglichenheit und Vitalität und fördert die Konzentration. Wer gelernt hat, im Zustand der Ruhe und Entspannung auf die innere Stimme zu hören, die aus seinem Ich kommt und wer echte Probleme von eingebildeten zu unterscheiden weiß, erhält dabei tragfähige und wegweisende Antworten zur Gestaltung seines Lebens.

1. Entspannung contra Streß: Das 3-Ebenen-Verständnis der Reaktions- und Verhaltensbereiche

Die Streßreaktion hat den Zweck, den Organismus für Muskelarbeit bereit zu machen, das heißt ihm – bei physischer Gefahr – Angriff oder Flucht als Gegenmaßnahmen zu ermöglichen. Obwohl wir selbstverständlich nicht zwischen Körper, Geist und Seele trennen können, bietet sich als methodisch sinnvolles und die Übersicht förderndes – allerdings willkürlich gewähltes und damit akademisches – Arbeitsschema zur Klassifizierung menschlicher Reaktionen eine Einteilung in drei Ebenen an:

Motorische Ebene

In Streßsituationen beobachten wir eine Anspannung der willkürlichen Körpermuskulatur. Chronische Verspannungen im Nackenbereich zum Beispiel sind häufige Folgen von Dauerstreß. Solche Reaktionen sind Überbleibsel aus der Urzeit des Menschen. Muskelspannung signalisiert die Bereitschaft zu Flucht oder Kampf. Der Steinzeitmensch mußte schnell und wirksam auf plötzliche Gefahren reagieren, um sein Überleben zu sichern. Da der ziviliserte Mensch in der Regel weder körperlich kämpft noch vor der Gefahr flieht, werden die erhöhten Muskelspannungen nicht abgebaut und es besteht die Gefahr, daß es zu Dauerspannungen kommt, die sich zum Beispiel in Spannungskopfschmerzen äußern können. Nicht immer führt Streßeinwirkung zu einem verspannten Nackenbereich. Es können zum Beispiel auch die Rücken-, Hand- oder Armmuskeln, die Bauchmuskulatur oder die Muskeln in den Beinen sein, die sich verkrampfen.

Physiologische Ebene

Auch auf der physiologischen Ebene wird der Organismus durch die Einwirkung von Stressoren auf Kampf oder Flucht eingestellt; so wird etwa die Herzfrequenz erhöht und die Atmung beschleunigt. Die Schweißdrüsensekretion verstärkt sich, um – im Hinblick auf die vom Organismus erwartete physische Belastung – einen Kühleffekt zu sichern. Weitere psychosomatische Korrelate der Erregung und der Angst sind: Steigerung der kortikalen Aktivität, Erhöhung des Blutdrucks, hormonelle Veränderungen . . .

Subjektiv-kognitive Ebene

Zu diesem Funktionsbereich gehören: Vorgänge des Wahrnehmens und der Verarbeitung der Wirklichkeit, inklusive der ihnen zu Grunde liegenden Bedingungen sowie verbale Äußerungen über eigene psychische Befindlichkeiten. Im geistig-seelischen Bereich beeinträchtigen Streßreaktionen zum Beispiel das Denkvermögen und die Konzentrationsfähigkeit und sind von Gefühlen der unterschiedlichsten Art – etwa von leichtem Unbehagen bis hin zu panischer Angst – begleitet.

Gefühle sind nicht nur seelische, sondern auch körperliche Empfindungen. Bei jedem Gefühl sind alle drei angesprochenen Ebenen beteiligt: Wer zum Beispiel Angst hat und sich selbst beobachtet, spürt diese psychische Befindlichkeit – bedingt durch Reaktionen des vegetativen Nervensystems und der angeschlossenen Organe – auch körperlich, und gleichzeitig weiß er, daß er Angst hat (kognitive Ebene).

Die Reaktionen, die in den drei Funktionsbereichen ablaufen, sind nur teilweise voneinander unabhängig; sie beeinflussen sich wechselseitig (vgl. Abbildung 6).

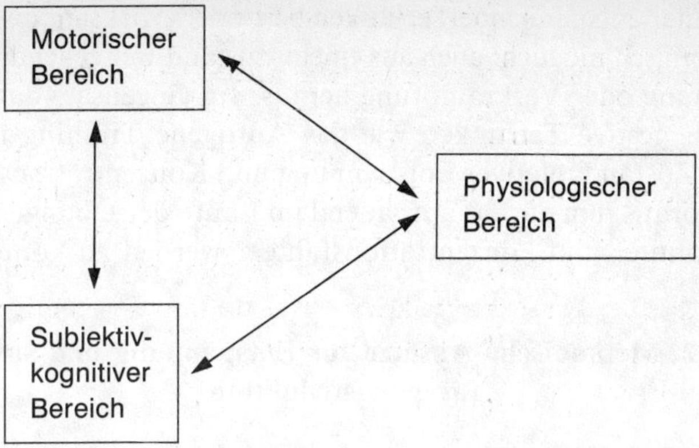

Abbildung 6: Wechselseitige Beeinflussung der Reaktions- und Verhaltensbereiche

Beispiele:

- Die subjektiv-kognitive Wahrnehmung des eigenen Rotwerdens, in als peinlich empfundenen Situationen, kann auf dem Wege über dieses Feedback die physiologische Reaktion des Rotwerdens verstärken.
- In Angstsituationen kommt es zu Muskelverspannungen, die auch physiologische Prozesse beeinflussen und auf der kognitiven Ebene die Intensität des Angsterlebnisses steigern können. Umgekehrt gilt: Muskuläre Entspannung ist mit subjektiv erlebter Angst unvereinbar.

Jeder der drei Funktionsbereiche kann durch rückkopplungsbedingte Interaktionsvorgänge die beiden anderen zusätzlich erregen. Umgekehrt wirkt sich eine Ruhigstellung eines Bereiches auch sedierend auf die beiden anderen aus. In eine vollständige Entspannung müssen also alle drei Reaktions- bzw. Verhaltensebenen einbezogen werden.

Von den in Streßsituationen aktivierten drei Systemen kann nur der Muskelapparat willkürlich und bewußt beeinflußt werden. Ein Einstieg in das Entspannungsgeschehen ist deshalb über muskulär entspannende Techniken besonders wirksam und lern-ökonomisch möglich; auch aus einem Zustand weitgehender Verspannung oder Verkrampfung heraus. Im Gegensatz dazu setzen suggestive Techniken wie das Autogene Training bereits einen Zustand relativer Entspannung und Konzentrationsfähigkeit voraus, um darauf aufbauend im Laufe der Übungen noch entspannter und konzentrationsfähiger werden zu können.

2. Methodische Ansätze zur Entspannung und zur Erregungsreduktion

Aus den bisherigen Ausführungen ergibt sich, daß ein psychologisch sinnvoller und methodisch und lern-ökonomisch günstiger Weg zur Erreichung des Lernzieles „Entspannung der Gesamtperson" über folgende Stationen verlaufen kann:

- Erlernen einer muskulär entspannenden Technik (Progressive Muskelrelaxation)
  Ziel ist die Ruhigstellung und Entspannung des gesamten motorischen Systems. Gleichzeitig wird die Selbstbeobachtungsfähigkeit und Wahrnehmungsfähigkeit für die psychophysiologischen Phänomene „Ruhe", „Schwere", „Wärme" und „Entspannung" geschult. Systematische Übung wird bereits auf dieser Stufe als unabdingbare Voraussetzung für den Erfolg solcher Lernprozesse erlebt.
- Erwerb suggestiver Techniken (wie Autogenes Training)
  Eine Entspannung des motorischen Systems schafft optimale Voraussetzungen für eine vegetativ-physiologische Desaktivierung und Entspannung auf suggestiver Grundlage.
- Aneignung meditativer Techniken
  Ein abgesenktes Erregungsniveau der motorischen und physiologischen Ebene und die damit verbundene Reduzierung der Aufmerksamkeit gegenüber Außenreizen und psychischen Befindlichkeiten wie Nervosität, Ärger und Angst stellen die Basis für eine wirksame Ruhigstellung des subjektiv-kognitiven Systems dar.

Der weitere Aufbau der folgenden Ausführungen orientiert sich an diesen Überlegungen. Der skizzierte methodische Ansatz zur Entspannung des Gesamtorganismus ist in Tabelle 6 übersichtlich dargestellt.

<table>
<tr><th>Reaktions- bzw. Verhaltensbereich</th><th>Anspannungs- und/oder Erregungsreaktion</th><th colspan="2">Techniken zur Entspannung und Reduktion von Erregung</th></tr>
<tr><td>Motorischer Bereich</td><td>Anspannung der Körpermuskulatur, Verspannungen</td><td>Muskulär entspannende Techniken (Progressive Muskelrelaxation)</td><td rowspan="3">Integriertes Entspannungstraining</td></tr>
<tr><td>Physiologischer Bereich (Vegetativum)</td><td>Physiologische Erregung</td><td>Suggestive Techniken (zum Beispiel: Autogenes Training)</td></tr>
<tr><td>Subjektiv-kognitiver Bereich</td><td>Kognitive Erregung (Gedanken, Gefühle)</td><td>Meditative Techniken (Beeinflussung der Wahrnehmung und der gedanklichen Konzentration)</td></tr>
</table>

Tabelle 6: Methodischer Ansatz zur Entspannung des Gesamtorganismus und zur Erregungsreduktion

Auch verschiedene Yoga-Praktiken lassen sich im Sinne dieses „3-Ebenen-Verständnisses" einordnen: „Die Methoden unterscheiden sich stark voneinander, ihre Zielsetzung ist jedoch identisch . . . So betont Hatha-Yoga die körperliche Komponente (ohne die anderen Komponenten dabei ausschließen zu wollen); . . . Bhakti-Yoga spricht besonders die Gefühlswelt an, und Inana-Yoga stützt sich auf die intellektuelle Kraft und Beweglichkeit“ (Olvedi, 1973, S. 29 f.).

Ähnlich wie die Körperübungen des Hatha-Yoga im Gesamtsystem des Yoga als Vorstufen zu den eigentlichen geistigen Versenkungsübungen angesehen werden, kann die Lockerung und Entspannung der Körpermuskulatur als Voraussetzung für eine weiterreichende vegetativ-physiologische und kognitive Entspannung betrachtet werden. Im Zustand tiefgreifender Entspannung des motorischen und des vegetativen Systems erlebt der Übende gelegentlich Bewußtseinszustände, wie sie für meditative Praktiken charakteristisch sind. Auch von daher bietet es sich an, als letzte Stufe eines integrierten Entspannungstrainings, meditative Übungen vorzusehen; die Endstufe zur Entspannung der Gesamtperson stellt somit quasi eine systematische „autogene Meditation“ dar.

3. Physiologische Veränderungen und Alpha-Wellen als Charakteristika der Entspannung

Der Übergang von der Anspannung zur Entspannung führt beim Übenden zu Veränderungen im körperlichen, psychischen und geistigen Bereich.

Der muskuläre Spannungszustand wird als Muskeltonus bezeichnet. Entspannung führt zu einem Tonusverlust der Skelettmuskulatur. Der Übende empfindet ein Schweregefühl. Emotionale Erregungen bewirken über eine Aktivierung des retikulären Systems eine Erhöhung des Muskeltonus. Umgekehrt wirkt sich eine Entspannung der Muskeln dämpfend auf das Retikulärsystem des Hirnstammes und das vegetative Nervensystem aus.

Ein weiteres sehr verläßliches Zeichen von Entspannung ist die Erweiterung der Blutgefäße in den Körperextremitäten, die durch eine Reduzierung der Nervensignale des Sympathikus bedingt ist. Diese periphere Gefäßerweiterung führt zu einer verstärkten Durchblutung und verursacht Wärmeempfindungen. Häufig spürt der Übende zunächst ein Kribbeln in den Fingern und Zehen.

Die charakteristische Änderung der Rhythmik des Atmens beim Übergang in den Zustand der Entspannung läßt sich gut in der Zeit unmittelbar vor dem Einschlafen beobachten: Die Atemfrequenz nimmt ab, die Pausen zwischen dem Aus- und dem Einatmen werden länger, mit zunehmender Tiefe der Entspannung dominiert immer stärker die Bauchatmung gegenüber der Brustatmung. Im Zusammenhang mit dem verlangsamten Atemgeschehen kommt es zu einer Reduzierung des Gasaustausches über die Lungen. Während der Transzendentalen Meditation zum Beispiel wurde eine Senkung des Sauerstoffverbrauches um 16 Prozent gemessen (Wallace/Benson, 1972). Die Reduktion tritt bereits in den ersten Minuten der Meditation ein und ist nahezu doppelt so stark wie beim Schlaf; ein Indiz für den im Zustand der Entspannung erheblich verringerten Stoffwechsel.

Die Zahl der Herzschläge in der Minute (Herzfrequenz) und das Blutvolumen, welches das Herz pro Minute in den Körper pumpt (Herzleistung), sind ein Maß für das körperliche Aktivierungsniveau und für die Energie, die vom Organismus bereitgestellt werden muß. Der Energiebedarf während der Entspannungsübungen ist stark verringert, da bei der Progressiven Muskelrelaxation die Körperbewegungen auf ein Minimum reduziert sind und man sich beim Autogenen Training und bei den meditativen Verfahren körperlich unbeweglich verhält. Im Zustand der Entspannung ist deshalb eine Verringerung der Herzfrequenz zu beobachten.

Außer auf die angeführten Körperfunktionen wirkt sich die Entspannung auch auf den Blutdruck, auf den Hormon-, Cholesterin- und Milchsäuregehalt des Blutes und auf andere physiologische Parameter aus.

Entspannung als körperliche, geistige und seelische Befindlichkeit liegt irgendwo zwischen den Polaritäten Wachheit und

Schlaf. Mit Hilfe von Elektroden, die an die Schädeldecke angelegt werden, lassen sich die elektrischen Erregungen, die in den Nervenzellen des Gehirns entstehen, abgreifen. Durch Verstärkung der Aktionspotentiale und Aufzeichnung der als Gehirnströme bezeichneten elektrischen Erscheinungen, erhält man ein Elektroenzephalogramm (vgl. Abbildung 7). Die Form und die Frequenz der wellenartigen Spannungsschwankungen sind von den verschiedenen Gehirntätigkeiten abhängig.

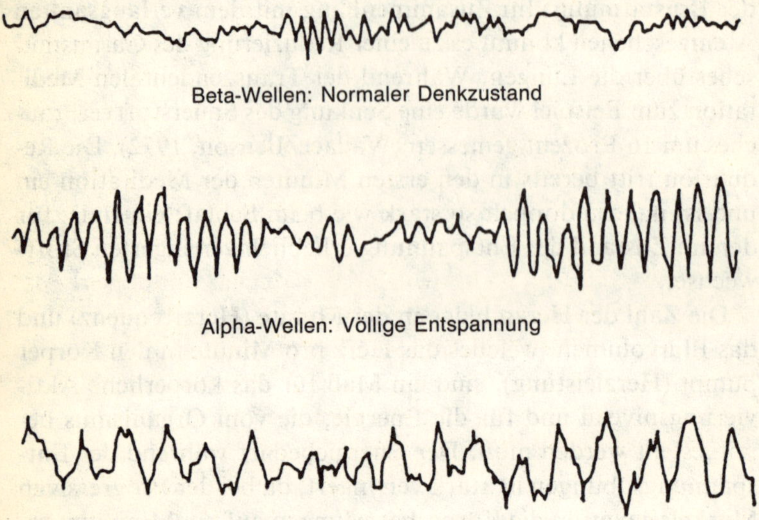

Abbildung 7: Gehirnwellen (EEG)

Im Elektroenzephalogramm (EEG) spiegeln sich Änderungen im Aktivierungsniveau des zentralen Nervensystems wider. Entspannung führt zu zentralnervöser Desaktivierung und ist durch charakteristische EEG-Kurven gekennzeichnet. Bei EEG-Untersuchungen von autogen Trainierenden hat sich gezeigt, daß das jeweilige Hirnstromwellenbild auch abhängig ist von der Übungserfahrung des Untersuchten. Kurzzeit-Trainierte verfallen in einen eher schlafähnlichen Zustand, während man sich mit zunehmender Entspannungspraxis immer länger in einem Bereich zwischen Wachheit (Vigilanz) und Schlaf aufhalten kann.

Charakteristisch für den Entspannungszustand ist das Auftreten von Gehirnwellen mit einer Frequenz zwischen 8 und 12 Hertz („Alpha-Wellen"). Alpha-Wellen entstehen im Thalamus, einem Teil des Zwischenhirns, der die Hauptumschaltstelle zwischen den Sinnesorganen und dem Großhirn darstellt; sie verschwinden sofort, wenn man die Augen öffnet. Beim Hinübergleiten in den Schlaf nimmt die Frequenz ab; zwischen 3,5 und 7 Hertz spricht man von sogenannten Theta-Wellen. Der Zustand der Entspannung ist am ehesten vergleichbar mit der Phase verringerter Vigilanz kurz vor dem Einschlafen. Im übertragenen Sinne handelt es sich um eine „Gratwanderung" zwischen Aktivität und Schlaf. Entscheidend für die positiven Wirkungen der Entspannung ist es, wie lange sich der Übende in diesem Zwischenstadium aufzuhalten vermag.

Eine Reihe von Untersuchungen erbrachte gesicherte Erkenntnisse über EEG-Veränderungen während meditativer Übungen (vgl. Kugler, in: Reiter, 1976). Im folgenden werden einige Ergebnisse solcher Untersuchungen angeführt:

- Anand u.a. (1961) untersuchten sechs Yogi und beobachteten während der Meditation eine Zunahme der Alpha-Wellen-Amplituden, vergleichbar den EEG-Veränderungen bei geistiger Entspannung.

- Kasamatsu und Hirai (1966) stellten bei Zen-Meistern – während der Meditation – das Auftreten von Alpha-Wellen, eine Zunahme der Amplituden und Abnahme der Frequenzen der Alpha-Wellen und schließlich das rhythmische Auftreten von Theta-Wellen-Gruppen fest.
- Banquet (1973) beobachtete bei der Transzendentalen Meditation sehr stabile Alpha-Wellen mit hoher Amplitude und rhythmische Theta-Wellen.
- Poiré (1968) führte EEG-Untersuchungen von Nonnen und Mönchen in religiöser Versenkung durch und diagnostizierte einen bestimmten Grad von Wachheit bei gleichzeitig verminderter Ansprechbarkeit auf Umweltreize.

„Die wesentlichen Begleitveränderungen aller Meditationsformen im Elektroenzephalogramm lassen sich auch bei Entspannungsübungen, dem Autogenen Training und bei manchen Hypnosen nachweisen . . . Trotz der verwirrenden Unterschiede in den Einzelheiten bei allen diesen Beobachtungen kann man als wesentliche Gemeinsamkeit herausfinden, daß allenthalben eine Änderung des normalen Wachzustandes erfolgt, die bei Verinnerlichung und Abkehr von der Außenwelt gewöhnlich mit einer elektroenzephalographischen ‚Unterwachheit' und verminderter Reaktion auf Umwelteinflüsse verbunden ist" (Kugler, in: Reiter, 1976, S. 148).

Nach Kugler (1976, S. 130) „ist es müßig, mit anatomischen Befunden oder elektrophysiologischen Meßergebnissen die Qualität einer Meditationsform bestätigen zu wollen. Allenfalls kann man ergründen, unter welchen anatomischen und physiologischen Bedingungen Meditieren möglich ist". EEG-Kurven können zudem weder über Inhalt und Form der Denkprozesse noch über das persönliche Erleben der Meditierenden im Zustand der Versenkung Aufschluß geben.

4. Entspannungsübung: „Loslassen“ und „Fallenlassen“

Nachlassende Muskelspannung äußert sich als Gliederschwere, vergleichbar etwa mit den Empfindungen der Schwere unseres Körpers, die wir kurz vor dem Einschlafen haben. Die Entspannung der Blutgefäße erhöht den Blutdurchsatz und bedingt ein Wärmegefühl.

Zur Verdeutlichung des Zieles, das durch Loslassen der Spannung erreicht werden soll, wird im folgenden eine Übung empfohlen, die auf den Psychiater Joseph Wolpe zurückgeht (Leitner, 1977, S. 58ff.).

„Sie sitzen . . . in einem Lehnstuhl, und Ihre rechte Hand liegt reglos auf dem Schoß. Nun stellen Sie sich vor, daß diese Hand ein Stein ist, und Ihr Schoß, der diesen Stein hält, ist nicht da, und Sie lassen diese Hand zu Boden fallen – Sie müssen dieses Loslassen direkt körperlich spüren, dann haben Sie's richtig gemacht.“

Konzentrieren Sie sich nun systematisch auf jeden Finger Ihrer rechten Hand. Beginnen Sie mit dem Daumen und sprechen Sie innerlich – also ohne Ihre Lippen zu bewegen – dreimal zu sich: „Loslassen“. Wenden Sie sich anschließend Ihrem Zeige-, Mittel- und Ringfinger sowie Ihrem kleinen Finger zu und verfahren Sie ebenso, „stellen Sie sich dabei jedesmal vor, daß sich in diesem Augenblick der betreffende Finger von Ihrem Körper löst und zum Mittelpunkt der Erde hinabfällt“.

Üben Sie, ohne sich unter Leistungsdruck setzen zu lassen, so lange, bis Sie das Gefühl des „Los- und Fallenlassens“ ganz deutlich verspüren. Wenn sich Ihre Hand schwer und warm anfühlt, wenn es in ihr zu prickeln beginnt, haben Sie Ihr Ziel erreicht. Dieses Grundprinzip läßt sich sinngemäß auf alle anderen Körperteile und Muskelgruppen übertragen.

Ganzheitliche Entspannung ist ohne gelöstes, entspanntes Atmen nicht möglich. Im Rhythmus des Aus- und Einatmens – im Geben und Nehmen – spiegelt sich die Polarität unseres gesamten Wesens wider.

Kapitel 3: Richtiges Atmen: Zug um Zug ruhiger werden

1. Der Atem bestimmt unseren Lebensrhythmus

Die Chinesen haben für *Atem* und *Seele* dasselbe Wort: „Chi". Die enge Wechselbeziehung zwischen Psyche und Atmung kennen Sie sicher auch aus eigener Erfahrung. Angst „schnürt" Ihnen die Kehle ein, Aufregung führt dazu, daß Sie kurz und hektisch atmen. Die Umkehrung gilt ebenso: Durch richtiges Atmen werden Sie Zug um Zug ruhiger, weil dabei Nervenimpulse mit sedierender Wirkung an das Atemzentrum im Gehirn geleitet werden, die sich beruhigend auf das Zentralnervensystem auswirken. Alle physisch-psychisch-geistigen Vorgänge drücken sich im Rhythmus und in der Tiefe des Atmens aus. Atmung ist ein den ganzen Menschen umfassendes Geschehen, deshalb läßt sich vom Atem her der ganze Mensch beeinflussen.

Der „*kopf*lastige" Mensch unserer Tage atmet meist mit hochgezogenen Schultern und nutzt zur Atmung überwiegend nur den Brustraum. Bei der Urform des Atmens bewegt sich hingegen das Zwerchfell, die Bauchdecke schwingt rhythmisch und der Atem gelangt bis in den Bauchraum. Das Atemgeschehen spielt sich also in der Körper*mitte* ab und es wird das ganze für den Gasaustausch zur Verfügung stehende Körpervolumen in den Atemvorgang einbezogen. Ziel jeder Atemschulung muß die Rückkehr zu dieser Urform, also zum natürlichen Atmen, sein.

Ein Hohlkreuz bei krampfhaft erweitertem Brustkorb, angehobene Schultern und ein eingezogener Bauch bedingen eine „militärische" Körperhaltung, die vom Atemgeschehen her alles andere als ideal ist. Wenn sich – wie es etwa bei gesunden Säuglingen zu beobachten ist – beim Einatmen die Bauchdecke vorwölbt und wenn sie beim Ausatmen wieder eingezogen wird, spricht man von Bauchatmung. Erwachsene, die sich auf diesen Atemtypus umstellen wollen, machen es am Anfang häufig verkehrt: Beim Einatmen wird der Bauch eingezogen und beim Ausatmen wölbt er sich vor. Nach der Einatmung befinden sich Zwerchfell und Bauchmuskeln im Zustand gespannter Federn. Das sich hebende Zwerchfell wird beim Ausatmen durch die Bauchmuskulatur unterstützt. Bei der Bauchatmung werden damit nur solche Muskeln angesprochen, die unmittelbar dem Atemgeschehen dienen. Bauchmuskulatur und Zwerchfellmuskel bilden ein schwingendes System.

Richtiges Atmen bewirkt, daß sich der Schwerpunkt des Menschen ins Hara, in seine ,,Bauch- oder Erdmitte" verlagert (vgl. Graf Dürckheim, 1972). Das ist besonders wichtig für den europäischen Menschen, der im Gegensatz zum asiatischen ,,weithin aus seiner Mitte herausgerückt und in diesem Sinne ver-rückt oder *exzentrisch* geworden ist", weil beim Europäer das Zerebrale und Rationale stark dominiert (Lotz, 1973, S. 160).

Gemäß dem eigenen *So-Sein* kann man seinen Atem entweder wahrnehmen oder ihn beobachten. *Ist* man sein Leib, so nimmt man seinen Atem wahr, *hat* man einen Leib, so beobachtet man den Atem. Der Atem muß *ge-lassen* und nicht ,,gemacht" werden. Nicht Sie atmen, sondern *,,Es"* atmet. Dem vorwiegend leistungsorientierten, häufig überaktiven Verstandes- und Willensmenschen unseres Kulturkreises fehlt es an Ge*lassen*heit. Wer Atmung geschehen *lassen* kann, wer sich ohne Zwänge seiner Atmung über*lassen* kann, wird automatisch ge*lassen*er. Wer dagegen seine Atmung forciert und sie quasi als Leistungssport auffaßt, kann sich schweren gesundheitlichen Schaden zufügen.

Abbildung 8 soll die Orientierung über die anatomischen Verhältnisse erleichtern und die angesprochenen Zusammenhänge wiederholen:

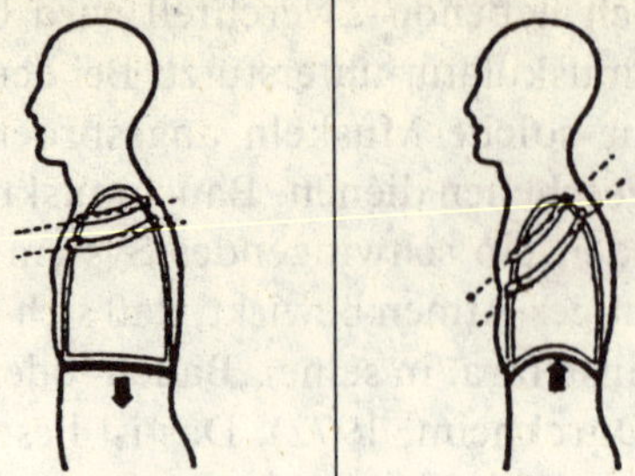

	Einatmung	Ausatmung
Brustkorb	gedehnt	entspannt
Rippenachse	waagerecht	schräg stehend
Elastische Lungen-fasern	gespannt	entspannt
Zwerchfell	gespannt, tiefstehend	entspannt, hochstehend
Bauchdecke	leicht vorgewölbt	inaktiv eingezogen, „versunken"

Abbildung 8: Atemvorgang

2. Atmung und Gasaustausch

Kohlendioxid entsteht als Abfallprodukt des Zellstoffwechsels. Diese chemische Verbindung muß regelmäßig durch den lebensnotwendigen Sauerstoff ersetzt werden. Zwischen den Kapillaren – das sind hauchdünne Haargefäße, die jede Zelle umgeben und insgesamt eine Fläche von 6 000 bis 7 000 m^2 bedecken – und den Alveolen (Lungenbläschen), kleinen dünnwandigen Ausbuchtungen am Ende des Bronchialbaumes, die beim Menschen eine Gesamtoberfläche von etwa 100 m^2 haben, spielt sich der Gasaustausch durch Atmung ab. In den Lungenbläschen befindet sich die eingeatmete Luft, die aus etwa 0,03 Prozent CO_2 und etwa 20 Prozent Sauerstoff besteht. Bedingt durch die hohe Konzentration durchdringt der Sauerstoff die Wände der Alveolen und gelangt so in die Kapillaren, wo er zum größten Teil vom Hämoglobin der roten Blutkörperchen gebunden wird. Gleichzeitig gibt das Blut über die Lungenbläschen Kohlendioxid in die Ausatmungsluft ab. Der Sauerstoffanteil der eingeatmeten Luft wird bei jedem Atemzug zu etwa 1/5 ausgenutzt (vgl. Tabelle 7). Das mit Sauerstoff angereicherte Blut fließt zum Herzen, dem Ausgangspunkt des Körperkreislaufs. Von dort wird das Blut durch das etwa 100 000 km lange Gefäßnetz gepumpt.

	Einatmung	Ausatmung
Sauerstoff	20 %	16 %
Kohlendioxid	Spuren	4 %
Stickstoff	80 %	80 %

Tabelle 7: Zusammensetzung der Einatmungsluft und der Ausatmungsluft

Die Atemfrequenz ist vom Lebensalter abhängig. Neugeborene atmen etwa 50mal in der Minute ein und aus, Erwachsene ungefähr 15- bis 20mal.

3. Atemübung: Sich dem Ausatmen überlassen

Natürliches Atmen wird vor allem über Bewegungen des Zwerchfells bewirkt; der Brustkorb bewegt sich dabei kaum.

- Nehmen Sie bitte eine entspannte und bequeme Liegehaltung ein.
- Legen Sie Ihre linke Hand nun auf Ihre Brust, Ihre rechte auf den Bauch.
- Atmen Sie zunächst möglichst zwanglos aus.
  Ihre Zwerchfellkuppel wölbt sich in die Brusthöhle hinein; es entsteht ein Überdruck, der die Luft aus den Lungen ausströmen läßt.
- Warten Sie, bis Sie ein natürliches Verlangen nach Luft verspüren. Wenn Sie jetzt ohne jede Anstrengung einatmen, bewegt sich die Kuppel Ihres Zwerchfells nach unten und arbeitet dabei wie die Membran einer Saugpumpe. Der Brustraum vergrößert sich, es entsteht ein Unterdruck und Luft strömt in die Lunge ein. Durch die Senkung der Zwerchfellkuppel nach unten werden die inneren Organe, die unter dem Zwerchfell liegen, leicht massiert.
- Atmen Sie jetzt bitte wieder ohne jedes krampfhafte Pressen aus.
- Warten Sie, bis Sie ein Bedürfnis nach Atemluft verspüren und atmen Sie dann erneut ein.

Wie Sie bemerkt haben, folgt auf das Ausatmen eine kleine Pause. In dieser naturgegebenen Unterbrechung des Atemgeschehens kann das Ausatmen voll ausschwingen und das Einatmen kann seine volle Kraft gewinnen. Ausatmen, kleine Pause und Einatmen sind die drei Phasen des Atmens. Die Ausatemphase dauert beim natürlichen Atemrhythmus, wie er zum Beispiel bei gesunden Kleinkindern zu beobachten ist, etwa doppelt so lange wie der Zeitraum des Einatmens. Daraus ergibt sich bereits ein Hinweis auf die im naturgegebenen Geschehen herausgehobene Bedeutung der Ausatmung. ,,Physiologisch gesehen, stimmt es ja auch, daß der Mensch die verbrauchte, ungesunde Luft ausatmet, damit er die unverbrauchte, gesunde Luft einatmen kann; aufs letzte geschaut, rettet er sich im Ausatmen vor dem Tod und empfängt im Einatmen das Leben erneut und neu zurück" (Lotz, 1973, S. 164f.). Ausatmen bedeutet „Loslassen"; wer es ständig betont und richtig praktiziert, fördert seine Gelassenheit. Leider neigen wir Europäer im allgemeinen dazu, die Einatmung in den Vordergrund zu stellen. J.B. Lotz weist in diesem Zusammenhang darauf hin, daß zum Beispiel bei egozentrischen Menschen – durch einen gestörten Rhythmus, der das Ich betont – die Einatemphase etwa gleich lang ist wie die Phase des Ausatmens, in Ausnahmefällen sogar noch länger.

Im Atemholen sind zweierlei Gnaden:
Die Luft einziehen, sich ihrer entladen;
Jenes bedrängt, dieses erfrischt;
So wunderbar ist das Leben gemischt.
Du danke Gott, wenn er dich preßt,
Und dank ihm, wenn er dich wieder entläßt.

Johann Wolfgang von Goethe

Mit Hilfe dieses Gedichts können Sie auf einfache Weise in ruhiges rhythmisches Atmen hineinkommen. In den ersten vier Zeilen können Sie jeweils während der ersten Hälfte einer Zeile einatmen und, während Sie die zweite Hälfte einer Zeile in Gedanken rezitieren, ausatmen. Die fünfte Zeile steht für das Einatmen zur Verfügung und während der ganzen sechsten Zeile können Sie wieder ausatmen. Die meisten Zeilen können so aufgeteilt werden, daß auf das Ausatmen mehr Silben entfallen als auf das Einatmen.

Achten Sie beim Stehen und Gehen auf eine gerade und entspannte Körperhaltung und darauf, daß Ihr Kinn etwa waagerecht ist. „Halte Dich gerade – nur so bist Du groß!" diese Empfehlung fand ich im Poesiealbum eines Schülers. Bei einer solchen Körperhaltung werden Muskeln, Blutgefäße und Atemwege nicht eingeengt; Blut und Luft können frei strömen, nichts ist verspannt. Stellen Sie sich dieses Strömen bildhaft vor. Diese Vorstellung führt zu Erfahrungen, die einer Verkrampfung entgegenwirken und die Entspannung und Weitung der Blutgefäße fördern.

Viele Menschen neigen dazu, bei Aufregungen – insbesondere bei Angst und Schrecken – den Bauch krampfhaft einzuziehen, anstatt ruhig und gelöst weiterzuatmen. Das mit Ängsten verbundene Gefühl der Enge wird dadurch noch verstärkt. Übrigens: Das Wort Angst kommt von Enge.

In diesem Zusammenhang sollte man auch bedenken, ,,daß freudvolles Lachen ein unschätzbares Zwerchfelltraining darstellt. Unser Hauptlachmuskel, wenn man so sagen darf, ist das Zwerchfell. Wer viel lachen kann, ist ein glücklicher Mensch und braucht keine Atemgymnastik" (Sieber, 1980, S. 270f.).

Kapitel 4: Progressive Muskelrelaxation – eine muskulär entspannende Technik

Bei dieser Methode geht es um *aktive* Entspannung der Muskeln mit gradueller Entspannungskontrolle. Die „Progressive Relaxation“ – in den dreißiger Jahren von Jacobson entwickelt – zählt in den USA zu den am häufigsten praktizierten Entspannungsmethoden. Der Übende spannt bei diesem Verfahren systematisch verschiedene Muskelpartien (Oberkörper, Bauchmuskulatur, Ober- und Unterschenkel, Füße) an, hält die Spannung kurze Zeit und entspannt dann wieder. Die mit dem willentlichen Anspannen, dem Halten der Spannung und dem sich anschließenden Lockern verbundenen Empfindungen werden vom Trainierenden aufmerksam beobachtet. Die Entspannung der Muskelgruppen greift letztlich auf den gesamten Organismus über.

Das Verfahren der Progressiven Muskelrelaxation beruht darauf, daß man versucht, *bewußt* das Gefühl wahrzunehmen, das mit der willkürlichen An- und Entspannung einzelner Muskeln oder Muskelgruppen des Körpers verbunden ist. Entspannung stellt sich dabei gleichsam von selbst ein. Durch diese Methode wird gleichzeitig das Körperbewußtsein geschult. Man lernt Verspannungen und Verkrampfungen der Muskulatur leichter zu erkennen und sie bewußt zu lösen. Die Sensibilisierung für Entspannung erleichtert auch den Einstieg in das Autogene Training, eine Technik, die hervorragend dazu geeignet ist, streßbedingte Körperfunktionen positiv zu beeinflussen.

Nach Jacobson ist jeder Mensch in der Lage zu lernen, seinen „Tag gelassen und locker zu verbringen und außerdem sich nach Belieben in tiefen, erholsamen Schlaf zu versetzen. Er braucht dazu weder Medikamente noch sonstige Hilfsmittel, sondern nur die leicht erlernbare Fähigkeit, die nervöse Spannung durch sukzessive Lockerung der Muskeln zu lösen. . . . Es gibt keinen Fall von Nervosität, Überängstlichkeit, Reizbarkeit, Gehässigkeit, Aggressivität, Ungeduld, Selbstmitleid, Übelnehmerei und Zerstreutheit, der nicht mit Muskelverkrampfung zusammenhängt. Mit dem Willen allein kommt man gegen derartige seelische Spannungen nicht an, wohl aber, wenn man lernt, seine Muskeln zu lockern . . ." (Jacobson, 1958; zit. nach Diem, 1974, S. 68).

Wenn Sie die folgende Übung durchführen, werden Sie ein Gefühl für Entspannung bekommen und Sie werden spüren, wie sich entspannte Muskeln anfühlen.

Übung

Ballen Sie die rechte Hand zur Faust. Spannen Sie die Muskeln mit aller Kraft an, ohne zu verkrampfen. Halten Sie dabei nicht den Atem an, sondern atmen Sie ruhig weiter, das ist besonders wichtig. Durch die starke Anspannung pressen Sie Blut aus der Muskulatur in den inneren Blutkreislauf.

Wenn Sie *jetzt* entspannen, nehmen Sie in Ihrer Hand – bedingt durch die Schlaffheit der Muskeln – vielleicht schon Schwereempfindungen wahr; evtl. spüren Sie auch bereits einen Wärmestrom in Ihrer Hand, da die nachlassende Spannung dazu führt, daß das Blut wieder in die Muskulatur zurückfließt. Starkes Anspannen führt zu einem erschöpfungsähnlichen Zustand der Muskulatur; der Körper reagiert darauf nach dem Loslassen der Spannung mit besonders tiefer Entspannung.

Wenn nach starkem Anspannen der Muskeln plötzlich entspannt wird, kommt es manchmal zu reflexhaften, unwillkürlichen, motorischen Entladungen in Form von Muskelzittern oder Muskelzuckungen. Solche Spasmen verschwinden im Laufe der Übungen von selbst. Gelegentlich treten bei den Übungen zur Muskelentspannung in einigen Körperteilen auch leichte Krämpfe und Schmerzen auf. Besonders anfällig dafür ist die Muskulatur der Waden und der Füße. „Kritische" Muskeln dürfen nur so weit angespannt werden, daß keine Gefahr der Verkrampfung besteht. Es empfiehlt sich, bei einer Neigung zu Verkrampfungen, ein niedrigeres Anspannungsniveau zu wählen und die Spannung – statt etwa 5 Sekunden lang – ungefähr 10 Sekunden lang zu halten. Muskeln, in denen bei der Anspannung chronische Schmerzen spürbar werden, sollten fürs erste aus dem Entspannungstraining ausgeklammert werden; üben Sie mit den Muskeln, mit denen das schmerzfrei möglich ist. Schmerzen an verheilten Wunden, die im Zustand der Entspannung auftreten, sind auf die „Erinnerungsfähigkeit" des ehemals verletzten Gewebes zurückzuführen; sie vergehen in der Regel nach kurzer Zeit von selbst.

Ein sehr kleiner Prozentsatz der Menschen, die eine Entspannungstechnik lernen wollen, wird dabei paradoxerweise unruhig und muskulär verspannt. Im Zustand der Entspannung entstehen bei diesen Menschen angstauslösende Gedanken und Gefühle. Entspannung kann Angst erzeugen, wenn der Übende glaubt, die Kontrolle über sich zu verlieren. Wer davon betroffen ist, sollte nach dem „Rezept der sehr kleinen Schritte" versuchen, sich ganz langsam dem gewünschten Ziel zu nähern, damit er immer das Gefühl hat, den Entspannungsprozeß jederzeit unterbrechen zu können, um so die Kontrolle über sich und die Situation, in der er sich befindet, zu behalten. Weitere Möglichkeiten, gegen das Auftreten entspannungsinduzierter Ängste vorzugehen, sind der Methodenwechsel oder das Gespräch mit einem erfahrenen Therapeuten.

Im Zustand tiefer Muskelentspannung werden Schwere-, Ruhe- oder Schläfrigkeitsgefühle wahrgenommen. Wenn Sie die Übung zur muskulären Entspannung beenden möchten und anschließend wieder frisch und munter sein wollen, müssen Sie eine kräftige Aktivierung Ihrer Muskeln durchführen, um das Schweregefühl *zurückzunehmen:*

Ballen der Hände zu Fäusten, ruckartiges Ausstrecken der Arme und ruckartiges Zurückziehen der Arme zum Körper hin, Öffnen der Augen und tiefes Durchatmen.

Die im Zustand der Entspannung verminderte Aktivität des gesamten Organismus wird durch die Zurücknahme wieder auf ein normales Niveau gebracht. Falls Sie nach Abschluß der Übungen zur Progressiven Muskelrelaxation weiter ruhen wollen oder wenn Sie anschließend einschlafen wollen, brauchen Sie selbstverständlich nicht zurückzunehmen.

Bei stark erniedrigtem oder erhöhtem Blutdruck, Herzrhythmusstörungen oder sonstigen gravierenden Herz- oder Kreislaufbeschwerden sollten Sie Ihren Arzt konsultieren, bevor Sie die Übungen zur Progressiven Muskelentspannung[1] systematisch durchführen. Wenn Sie ernsthafte Probleme mit Ihrer Wirbelsäule haben, empfiehlt es sich, die Nacken- und Schulteranspannungen nur anzudeuten. Falls Sie ein künstliches Gebiß tragen, dürfen Sie die Zähne nicht zu stark aufeinander pressen.

---

1 Die komplette Langform dieser Methode finden Sie – ausführlich und leicht nachvollziehbar dargestellt – auf der Toncassette des Werkes „Prüfungsangst überwinden" (Ceh, 1984). Die Kurzform der Progressiven Muskelrelaxation wird auf der B-Seite der Toncassette des Therapie-Programmes „Gelassenheit trainieren" (Ceh, 1989²) genau beschrieben (beide Titel bei mvg – Moderne Verlagsgesellschaft).

Kapitel 5: Autogenes Training – eine suggestive Methode

Der Psychiater J.H. Schultz entwickelte um 1910 das wissenschaftliche Konzept einer neuen therapeutischen Methode, das er 1920 erstmals publizierte und seit 1928 „Autogenes Training" oder „Konzentrative Selbstentspannung" nannte; wobei „autogen" vor allem im Sinne von „selbst hervorgerufen" verstanden werden muß. Schultz stützte sich auf Erfahrungen mit der Fremdhypnose und der Selbsthypnose. Zu den Anwendungsmöglichkeiten und Wirkungen des Autogenen Trainings liegen mittlerweile die Ergebnisse von etwa 3 000 wissenschaftlichen Untersuchungen vor.

Durch einfache Konzentration auf verbale Formeln, die zum Beispiel Schwere und Wärme suggerieren, lassen sich die entsprechenden Zustände tatsächlich herbeiführen. Wer also intensiv an Schwere oder Wärme denkt, erzeugt dadurch diese Befindlichkeiten in seinen Gliedmaßen beziehungsweise im ganzen Körper.

1. Das ideomotorische Grundgesetz und die leib-seelische Einheit des Menschen

Die Basis des Autogenen Trainings bilden zwei Prinzipien:

- das ideomotorische Grundgesetz
- der Grundsatz der Einheit von Leib und Seele.

Das ideomotorische Grundgesetz beschreibt den Zusammenhang zwischen den beim Autogenen Training verwendeten Formeln und den jeweils angestrebten Zuständen. Aus einem Wort oder einer Formel – zum Beispiel „Schwere" oder „Wärme" – wird zunächst eine bildhafte Vorstellung, daraus entwickelt sich dann das entsprechende Gefühl und schließlich der Zustand der

Schwere (Entspannung der Muskeln) oder Wärme (Entspannung der Blutgefäße).

Nach dem Grundsatz der Einheit von Physis und Psyche sind Leib und Seele komplementäre Seiten ein und desselben Ganzen. Körperliche Entspannung – zum Beispiel erreichbar durch die Schwere- und Wärmeübung – wird deshalb zwangsläufig durch seelische Entspannung ergänzt. Jede Änderung des Bewußtseinszustandes wird, aufgrund der psycho-physiologischen Wechselwirkung, von physiologischen Veränderungen begleitet und umgekehrt.

Kretschmer (1959) unterscheidet in Zusammenhang mit der Erreichung des autosuggestiven Zustandes (auch hypnoider Zustand genannt) im wesentlichen folgende Einzelmechanismen:

- tiefe Entspannung der willkürlichen Muskulatur;
- Entspannung der vegetativen Apparate; dabei erfolgt eine Umstellung auf parasympathische „Sparbrennerwirkung";
- Entleerung des Bewußtseinsfeldes, bedingt durch zunehmende Abblendung von Sinnesreizen bei passiver Haltung;
- Somatisierung des Bewußtseinsfeldes, das heißt Einengung auf die Innenerlebnisse des eigenen Körpers.

Faktoren, die das Zustandekommen einer Autosuggestion hemmen können, sind unter anderem: Ein stark entwickeltes Ich-Bewußtsein (in der Regel verbunden mit nur schwachen identifikatorischen Tendenzen) und eine zu große Anstrengung des Willens, damit das Bemühen um Entspannung gelingt.

2. Übungen der Unterstufe

Beim Autogenen Training unterscheidet man zwischen den Übungen der Unterstufe und denen der Oberstufe. Die Unterstufen-Übungen haben vorwiegend Bezug zum Körper des Trainierenden (Schwere, Wärme, Regulierung der Herztätigkeit und des Atems, Beeinflussung des Sonnengeflechts und Erzeugung von Stirn-Kühle), während es in der Oberstufe um meditationsähnliche Techniken der Vorstellung und Versenkung geht.

a) Wirkungen

Geissmann (1965a, 1965b) stellte bei der Auswertung von EEG-Kurven, die während und nach den Entspannungsübungen des Autogenen Trainings aufgenommen wurden, eine beträchtliche Verlängerung der langsamen Spindeln der Alpha-Aktivität und eine Verschiebung der Alpha-Hauptfrequenz nach oben fest. Weitere Auswirkungen des Autogenen Trainings, die durch entsprechende Messungen erfaßt werden konnten, sind eine Reduzierung der Atem- und Herzfrequenz, eine Absenkung des Blutdrucks und eine Zunahme des Hautwiderstandes (Luthe, 1969).

Im folgenden werden einige charakteristische Wirkungen der Übungen der Unterstufe des Autogenen Trainings angeführt, die nach Schultz (1972, 1973) von ,,Normalpersonen" erreicht werden können:

- *Selbstruhigstellung durch innere Lösung*
  Vor Situationen belastender Art (zum Beispiel Prüfungen) kann Autogenes Training auch zur Angstprophylaxe eingesetzt werden; Kondas (1967) und Snider und Oetting (1966) berichten über entsprechende Erfahrungen bei Prüfungsangst.
- *Erholung*
  Autogenes Training eröffnet die Möglichkeit – willkürlich – erholende und erfrischende Entspannungszustände herbeizuführen.
- *Veränderung der Sinneserlebnisse*
  Durch Somatisierung, das heißt konzentrative Hinwendung auf das Körpererleben, können zum Beispiel Schmerzempfindungen und andere störende Empfindungserlebnisse weitgehend ausgeschaltet werden.
- *Gefäßregulierung*
  Die Wärmeübung führt zu objektiv meßbaren Veränderungen der Hauttemperatur.

– *Verbesserung der Leistungen des Gedächtnisses*
Die konzentrative Versenkung fördert besonders den Vorgang der Reproduktion von Gedächtnisinhalten.

– *Formelhafte Vorsatzbildung*
Der formelhaften Vorsatzbildung des Autogenen Trainings entspricht im Bereich der Fremdhypnose die posthypnotische Suggestion. Im Zustand der tiefen Entspannung wird eine Vorsatzformel so intensiv assimiliert, daß sie – nach Rückkehr aus dem konzentrativ „versenkten" Zustand – automatisch zur Auswirkung kommt.
Durch mentales Training kann man seine Erwartungen und Einstellungen zukünftigen, drohenden Gefahren – etwa im Zusammenhang mit einer Prüfung – anpassen. Bildhafte positive Vorstellungen können Erwartungsängste reduzieren. Formelhafte Vorsätze sollen *kurz, konkret, wahrhaftig* und *positiv* sein. Ein Satz wie: „Ich werde keine Angst mehr haben, wenn ich das nächste Mal meinem Chef gegenübertrete", ist zu lang und er ist negativ formuliert. Auch wenn das Wort „kein" davorsteht, denkt man bei dieser Formulierung an Angst. Besser wäre: „Ruhig und gelassen trete ich meinem Chef gegenüber" oder: „Chef ganz gleichgültig".

Das Unterbewußtsein kann zwischen positiven und negativen Vorzeichen *nicht* unterscheiden. Aus diesem Grunde führen zum Beispiel die Vorstellungen „Magengeschwür" und „kein Magengeschwür" gleichermaßen zur Entstehung der Krankheit. Die Abheilung eines Ulkus wird dagegen durch die möglichst bildhafte Formulierung „gesunder Magen" gefördert.

b) Durchführung

Für die Durchführung des Autogenen Trainings wird eine der drei folgenden Körperhaltungen empfohlen:
– Droschkenkutscherhaltung
– Großvatersitz
– Rückenlage als Liegehaltung.

Wenn Sie eine dieser Haltungen einnehmen, werden Sie bereits feststellen, wie angenehm und wohltuend es ist, entspannt zu sitzen beziehungsweise zu liegen. Zur Erleichterung der inneren Sammlung werden die Augen geschlossen. Gedanken, Vorstellungen und Erinnerungen, die während der Übungen ins Bewußtsein treten, sollen – um psychische Verkrampfungen zu vermeiden – nicht abgewehrt werden, sondern sie sollen lediglich ignoriert werden.

Die Formel: „Ich bin vollkommen ruhig und gelassen" lädt zur Ruhe ein und stellt so etwas wie das Motto, das Generalthema, des Autogenen Trainings dar. Der Übende stellt sich zunächst durch diese Selbstinstruktion ruhig und versucht dann – mit Hilfe der anderen Formeln des Autogenen Trainings – gezielt in einzelnen Funktionsbereichen seines Körpers bestimmte physiologische Wirkungen (Schwere, Wärme, Kühle, . . .) hervorzurufen.

Am Anfang des Erlernens des Autogenen Trainings steht die Übung zur Entspannung der Bewegungsmuskeln, da sich eine Entspannung in diesem Bereich, die als Schwere der Glieder empfunden wird, besonders schnell und deutlich zeigt. Bei der sogenannten Schwereübung geht es zunächst um die muskuläre Entspannung des *dominanten* Armes (bei Rechtshändern der rechte, bei Linkshändern der linke). Die entsprechende Formel lautet: „Der rechte (linke) Arm ist ganz schwer." Schon bei dieser Übung kommt es gelegentlich – bedingt durch eine Erweiterung der Blutgefäße in den Extremitäten – zu Wärmeempfindungen („Kribbeln", „Prickeln"). In der Regel zeigt sich nach einigem Üben ein Generalisationseffekt in der Form, daß sich zunächst auch der nicht direkt angesprochene Arm und später der ganze Körper schwer und entspannt anfühlt.

Die Vorstellung: „Der rechte Arm ist ganz schwer," löst eine weitgehende Entspannung und Erschlaffung der Muskulatur aus. Die Formel besagt, daß der rechte Arm – wie alles Schwere – nach unten gezogen wird; man braucht ihn nicht durch Einsatz von Kraft hochzuhalten. Die Formel lautet ausdrücklich: „Der rechte Arm *ist* ganz schwer," und nicht: „Der rechte Arm *wird* ganz schwer." Die Vorstellung ,,wird" würde eine Erwartungshaltung und damit wiederum eine Anspannung induzieren. Ziel muß es sein, zu spüren, wie der Arm, der ja tatsächlich einige Kilogramm *schwer* ist, passiv und entspannt daliegt. Bei der Schwereübung werden parasympathische Aktivitäten des vegetativen Nervensystems gestärkt. Vor und während der Übung wird durch den Einsatz der Formel: ,,Ich bin vollständig ruhig und gelassen" die Ansprechbarkeit gegenüber äußeren Reizen herabgesetzt; damit wird das ,,Umschalten" vom Sympathikus auf den Parasympathikus erleichtert.

Bei der zweiten Übung der Unterstufe des Autogenen Trainings, der sogenannten Wärmeübung, wird durch konzentrative Selbstentspannung systematisch versucht, ein Wärmegefühl – zunächst wieder in der dominanten Hand – zu erzeugen. Eine Lockerung der Muskeln durch die Schwereübung bedingt bereits eine bessere Durchblutung; die Blutgefäße können sich entspannen. Diese Dehnung der Blutgefäße läßt sich intensivieren durch die Vorstellung: ,,Der rechte Arm ist ganz warm".

In der klassischen auf Schultz zurückgehenden Form des Autogenen Trainings folgt auf die Wärmeübung die Herz-Übung: ,,Das Herz schlägt ruhig und regelmäßig". Da die Atmung dem Einfluß des Willens wesentlich leichter zugänglich ist, hat es sich in der Praxis jedoch als sinnvoll erwiesen, nach der Wärmeübung die Atemübung zu erlernen. Je besser es dem Übenden gelingt – wie von Schultz gefordert – sich möglichst passiv der spontanen Atmung zu überlassen, desto ausgeprägter ist die Vertiefung, der durch Schwere- und Wärmeübung erreichten Entspannung. Richtig durchgeführte Atemübungen haben positive Wirkungen auf das zentrale (Gehirn, Rückenmark) und das periphere Nervensystem(Eingeweide); ihre besondere Bedeutung wird bei vielen Entspannungs- und Meditationsverfahren (Yoga, Zen, . . .) betont. Das Atemgeschehen soll sich aus der Entspannung heraus selbst gestalten. Man gibt sich der Atmung hin und läßt sich von ihr tragen. Jede absichtliche Selbstbeeinflussung des Atemvorganges erzeugt Spannungen. Einfach geschehen lassen, loslassen, dem Atem ,,zuschauen", sich in den

Atemrhythmus einschwingen lassen, heißt die Devise. Nicht: „*Ich* atme", sondern: „*Es* atmet mich".

Aus dem Programm der Unterstufen-Übungen ist die Kombination von Schwere-, Wärme- und Atemübungen aus biologischen und lernökonomischen Gründen besonders zweckmäßig. Die sich anschließende Sonnengeflechtsübung ist eine spezielle Wärmeübung (Formel: „Das Sonnengeflecht ist strömend warm"). Durch Konzentration der Aufmerksamkeit auf das Bauchhöhlengeflecht, das mit seinen zahlreichen Ganglien den mächtigsten Nervenknoten des ganzen Vegetativums darstellt, können – bedingt durch die Veränderung der Durchblutung der inneren Organe – die Reaktionen des Verdauungstraktes beeinflußt werden. Das Sonnengeflecht (plexus solaris) liegt in der oberen Hälfte des Leibes zwischen dem Nabel und dem unteren Ende des Brustbeins. Eine Hilfe bei der Konzentration auf diesen Plexus ist es, wenn man sich vorstellt, der Atem ströme beim *Aus*atmen in diesen Bereich des Leibes.

Die Formel für die letzte Unterstufen-Übung lautet: „Die Stirn ist angenehm kühl". In der Hektik des Alltags hört man vielfach den Rat: „Du mußt einen kühlen Kopf bewahren". Ein „heißer" Kopf ist ein unberechenbarer „Hitzkopf". Die beruhigende Wirkung, die von der Stirn-Kühle ausgeht, können Sie leicht an sich selbst nachprüfen, wenn Sie ein feuchtes, kühles Tuch auf Ihre Stirn legen, wie es bei Erkrankungen, die mit Fieber verbunden sind, gelegentlich praktiziert wird. Im Autogenen Training stellt die Stirn-Kühle ein Kontrast-Phänomen zu den Wärmeempfindungen in den anderen Körperpartien dar. Das Erlebnis der Stirn-Kühle führt zu einer Gefäßverengung im Kopfbereich. Da die Stirnkühle-Übung erhebliche Schwankungen in der Blutverteilung mit sich bringt, kann es dabei gelegentlich zu Migräneanfällen, Ohnmachtszuständen und ähnlichem kommen.

Als Abschluß der Übungen des Autogenen Trainings muß der Organismus – durch *Zurücknahme* der Muskelschwere – in den normalen Spannungszustand versetzt werden, wenn man sich wieder den Aktivitäten des Alltags zuwenden möchte. Wird vor dem Einschlafen autogen trainiert, muß die Schwere selbstverständlich nicht zurückgenommen werden. Da die elastischen Blutgefäße von selbst wieder in ihre gewohnte Spannung zurückkehren, ist die Zurücknahme des Wärmeerlebnisses nicht notwendig.

3. Die Oberstufe

Ziel der Unterstufe des Autogenen Trainings ist es, mit körperlichem Entspannt-Sein eine psychische Entspannung zu erreichen. In der Oberstufe geht es um wesentlich tiefer greifende meditative Wirkungen – nach Schultz um Selbstverwirklichung im Sinne der Realisierung der ,,Existentialwerte des Individuums". In der Oberstufe wird mit ,,Fragen und Antworten an das Unbewußte" gearbeitet. Diese Methode setzt die genaue Analyse der Persönlichkeitsstruktur des Übenden voraus und bedarf der Anleitung durch einen erfahrenen Therapeuten. Eine Vorbedingung für die Durchführung der Oberstufen-Übungen ist, daß der Trainierende bereits in der Lage ist, sich zu entspannen und, daß er diesen Zustand mindestens etwa eine halbe Stunde lang aufrechterhalten kann.

Im Zustand der Ruhe und Gelassenheit soll sich der Übende zunächst eine ,,gleichförmige" Farbe vorstellen; meist geht es dabei um das Erlebnis der ,,Lieblingsfarbe" (,,Eigenfarbe") des Übenden.

Im Anschluß an die Übung zum Erlebnis der ,,Eigenfarbe" wendet man sich der Objektschau zu. Der autogen Trainierende versucht, sich zum Beispiel Pflanzen oder Gemälde ins Bewußtsein zu rufen. Danach soll sich der Übende das Bild eines Menschen seiner Wahl vorstellen und er soll sich dabei mit den Gefühlen konfrontieren, die diese Vorstellung in ihm auslöst. Dem intensiven Erleben dieser ,,Eigengefühle" wird eine positive Wirkung bezüglich der Bewältigung von angstbetonten Konfliktsituationen im zwischenmenschlichen Bereich zugeschrieben.

In weiteren Übungen der Oberstufe des Autogenen Trainings

kreisen die Vorstellungen des Übenden – im Zustand tiefer Entspannung – um konkrete eigene psychische Probleme oder es wird über fundamentale Aspekte der menschlichen Existenz wie zum Beispiel: Freiheit, Liebe, Glück, Tod . . . meditiert.

4. Kontraindikationen

Die Übungen des Autogenen Trainings sind kontraindiziert bei beginnenden endogenen Psychosen aus dem schizophrenen Formenkreis, endogenen Depressionen, Zwangssyndromen und bestimmten Störungen des Herz-Kreislauf-Systems wie Herzklappenfehlern, Herzinfarkt und Erkrankungen, die mit einer Erhöhung des CO_2-Druckes im Blut verbunden sind (Schultz, 1973; Langen, 1971).

Kapitel 6: Eutonie – Harmonie durch Wohl-Gespanntheit

„Eutonie“ nennt Gerda Alexander ihr in Dänemark – aufgrund eigener persönlicher Erfahrungen und den Erfahrungen aus jahrzehntelanger therapeutischer Arbeit – geschaffenes, eigenständiges System der körperlichen Selbsterfahrung. Nach Gerda Alexander ist das Ziel der Eutonie, „die Stärkung der Persönlichkeit durch eine Durchdringung des Körpers mit Bewußtseinskräften“ (Alexander, 1981). Die im modernen Menschen häufig anzutreffenden „negativen“ Spannungsverhältnisse sollen aufgelöst und die dadurch bedingten physischen und psychischen Störungen behoben werden. In sich hineinhorchen, spüren, geschehen lassen sind Schritte auf dem Weg zu diesem Ziel.

1. Spannungsbalance

„Eutonie“ ist das begriffliche Gegenteil von „Dystonie“ und heißt übersetzt etwa „harmonische Spannung“, „Wohlspannung“, „Wohl-Gespanntheit“, „gute Spannung“. Das eutonische Gleichgewicht liegt zwischen Schlaffheit und Verspannung; es ist „eine durch Ausgleich der Körperspannung erreichte optimale Spannungsbalance, die der jeweiligen Situation angemessen und immer neu erreichbar ist“ (Alexander, 1981).

Das Wissen um die Bedeutung des Spannungsausgleichs und das Bestreben, Methoden zu entwickeln, um ihn zu realisieren, sind uralt. Seit mehreren tausend Jahren gelten in China Yin und Yang als die beiden im Menschen wirkenden Urkräfte. Akupunktur und Akupressur zum Beispiel sind seit langer Zeit bekannte Möglichkeiten, um Schmerzen verursachende Spannungen abzuleiten und auf diese Weise das Gleichgewicht der Kräfte wiederherzustellen.

Wie Alice Schaarschuch, der Begründerin der sogenannten Lösungstherapie, geht es Gerda Alexander um die Regenerierung der Fühl- und Spürfähigkeit des Menschen und darauf aufbauend um ein erweitertes Körper- und Raumempfinden. Eutonie ist ein System der willentlichen Tonusumstellung. Die objektive Kontrolle der Muskelspannungen und das Bewußtmachen des Körpertonus führen zu einer Entwicklung des Körpergefühls. Im Vordergrund steht dabei das Hineinspüren in den Körper. Dabei soll der Körper durchgängig und transparent für den Atem werden.

Gerda Alexander und Alice Schaarschuch verwenden in ihren Therapieformen *keine* suggestiven Anweisungen, da sie die Meinung vertreten, der Übende müsse – durch eine Steigerung der Sensibilität des eigenen Körpers – den Weg zum harmonischen Ausgleich der Spannungen selber finden und die Resultate an sich selbst erfahren. Beim Autogenen Training wird – im Gegensatz dazu – das Ergebnis durch die Suggestiv-Formeln vorweggenommen. Eutonie ist konzentrierte *Bewußtseinsarbeit;* es wird nur wahrgenommen, was bereits *ist*.

Bei der Progressiven Muskelrelaxation und beim Autogenen Training geht es um das Ziel der *vollständigen Entspannung*, die auf muskulärer Ebene Schlaffheit und totale Inaktivität mit sich bringt und deshalb bei der Rückkehr ins Alltagsleben wieder *zurückgenommen* werden muß, um den Normaltonus zu erreichen. Das gilt sinngemäß auch für den physiologischen Funktionsbereich. Bei der Eutonie wird dieser Normaltonus *direkt* angestrebt, man fällt also *nicht* wie bei den oben angeführten Verfahren von einem Extrem ins andere. Eutonie ist damit eine „schonendere“ Methode.

In der Eutonie wird dem Übenden angegeben, welche Körperteile er in der Imagination durch inneres und äußeres Fühlungnehmen – vom Umfeld über die Haut bis zur Tiefenstruktur – „tasten“ soll. Um ganze Körperbereiche beziehungsweise einzelne Muskeln oder Teile des Körpers so intensiv wie möglich wahrzunehmen, versucht man, sich in sie hineinzufühlen, in der Vorstellung in sie „hineinzugehen“. Durch bloße Beobachtung der Reaktionen, die sich im eigenen Körper abspielen, wenn sich die Aufmerksamkeit auf bestimmte Körperteile richtet, kommt es zu einer Veränderung des Gesamtzustandes. Gerda Alexander schreibt dazu: „Bei dieser Art des Übens entwickelt sich gleichzeitig das zunächst fast immer sehr schwach und lückenhaft vorhandene Körpergefühl, es wird total und verstärkt sich zum ‚Körperbewußtsein'. Dieses, anfangs nur in der Übungssituation vorhanden, wird allmählich ein selbstverständlicher Teil des Normalbewußtseins. Es bleibt bei allem Tun gleichsam wie ein Grundakkord unter der Melodie des augenblicklichen Geschehens. Dadurch kommt es zu einer Stärkung des Ich-Bewußtseins und zu einem besseren psychischen Gleichgewicht" (Alexander, 1981).

2. Prinzipien der Eutonie

Eutonisch leben heißt: *Bewußt* mit dem Körper leben. Der Spannungsausgleich durch konzentrierte *Bewußtseinsarbeit* beruht auf folgenden Prinzipien: Hautkontakt-*Bewußtsein,* Verlängerungs-*Bewußtsein*, Innenraum-*Bewußtsein*, Knochen-*Bewußtsein*.

Hautkontakt-Bewußtsein

Auf dem Hautkontakt-Bewußtsein basieren alle anderen Prinzipien der Eutonie. Sich seiner Hautkontakte bewußt zu werden heißt, seinen Körper über die Haut – das größte Sinnesorgan des Menschen – in der Beziehung zu seiner Umwelt wahrzunehmen und zu empfinden. Durch die absichtliche Hinwendung des Bewußtseins zum umhüllenden Organ Haut kann der Mensch seine selten geübte und deshalb oft verkümmerte Fühlfähigkeit zurückgewinnen und intensivieren und er kann sich so in seiner Ganzheit erfahren. Dabei geht es darum, alle Hautkontakte wahrzunehmen und zum Beispiel im Liegen etwaige Abstände der Haut vom Boden zu erkennen. Auf diese Weise bekommt der Übende eine genauere Vorstellung von seinem Körper, er macht sich sein ,,Körperbild" bewußt und er kann formend darauf Einfluß nehmen. Wer seinen Körper über die Haut zu seiner Umwelt erfühlt, kann auf diese Weise Spannung abgeben.

Verlängerungs-Bewußtsein

Nach diesem Prinzip versucht der Übende, sich die Verlängerung eines Körperteils – zum Beispiel des Scheitels, der Fersen oder der Sitzhöcker – vorzustellen und damit die Kontaktnahme seines Körpers zur Umwelt zu fördern und die Fühlfähigkeit, über die Begrenzung durch die umhüllende Haut hinaus, zu entwickeln. Man stellt sich zum Beispiel beim Liegen in Rückenlage auf dem Boden vor, daß die Fersen in der Vorstellung wachsen, bis sie mit der gegenüberliegenden Wand Kontakt aufnehmen können. Verlängerung in der Vorstellung führt zu einer Erweiterung des Körperbildes, durch die in besonders hohem Maße Überspannung abgegeben werden kann.

Innenraum-Bewußtsein

Beim Innenraum-Bewußtsein geht es darum, die von Haut umschlossenen inneren Räume des Körpers – jeweils von Hautinnenseite zu Hautinnenseite – bewußt wahrzunehmen und der Empfindung zugänglich zu machen; das Ziel ist also die Fühlungnahme nach innen. Das Hinlenken des Bewußtseins zu den Innenräumen – die man sich bei dieser Übung ,,leer", das heißt ohne Knochen und Muskeln vorstellt – führt zum Auflösen von Spannungen und zum ,,Innesein" und wirkt dem ,,Nach-außen-gerichtet-Sein" des modernen Menschen entgegen.

Knochen-Bewußtsein

Während man sich bei den Übungen zur Förderung des Innenraum-Bewußtseins vorstellt, daß die von Haut umschlossenen Räume der Körperteile ,,leer" sind, soll durch das Knochen-

Bewußtsein die innere Fühlungnahme auf das Skelett erweitert werden. Man will sich seiner Knochen gewahr werden, indem man mit seinem Bewußtsein noch weiter nach innen geht und gleichsam die Achse seiner Körperteile bewußt wahrnimmt.

Übungen zum Knochen-Bewußtsein können dazu führen, daß ins Unterbewußte verdrängte Inhalte von Erlebnissen aus der Vergangenheit wieder ins Bewußtsein treten. Durch das ,,Aufreißen" verdrängter Erfahrungen und unbewußter Wünsche kann es zu starken psychischen Erschütterungen kommen. Auch wegen dieser psychokathartischen Nebenwirkungen ist es erforderlich, Übungen zum Knochen-Bewußtsein nur unter Anleitung eines erfahrenen Eutonie-Pädagogen durchzuführen.

3. Eutonische Übungen[1]

Kopf und Füße sind die beiden Pole unseres Körpers. Fuß- und Fersen-Bewußtsein wirken der Kopflastigkeit, der Überbewertung der Ratio, entgegen.

Übung 1

- Ziehen Sie bitte Ihre Schuhe aus.
- Stellen Sie sich – mit aufrechtem Oberkörper – so hin, daß Ihre Füße im Abstand ihrer Sitzhöcker parallel zueinander stehen. Der Sitzhöckerabstand ist der Abstand, den Ihre Sitzknochen in Ihren beiden Gesäßhälften voneinander haben (vgl. Abb. 9). Sie können diesen Abstand bei sich selbst durch Ertasten feststellen; er beträgt – individuell verschieden – zehn bis fünfzehn Zentimeter. Drücken Sie Ihre Kniegelenke nicht nach hinten durch.
- Die Arme hängen locker herab.

---

1 Auf der Toncassette des Therapie-Programmes ,,Gelassenheit trainieren" (Ceh, 1989[2]) wird eine Reihe von Übungen exakt beschrieben, die einen Ausschnitt aus den Möglichkeiten darstellen, die die Eutonie bietet.

- Lenken Sie nun Ihre ganze Aufmerksamkeit auf Ihre Füße. Sie sind jetzt ganz in Ihren Füßen.
  Die Haut Ihrer Fußsohlen fühlt sich durch den Strumpf hindurch zum Boden. Sie spüren, wie Sie sich in den tragenden Grund gleichsam ein-lassen.
  Machen Sie sich nun Ihre Fersen bewußt. Ihre Fersen wachsen in Ihrer Vorstellung in den Boden hinein. Sie erleben das Da-Sein in Ihren Füßen, das Getragen-Sein.
  Durch die Verankerung über Ihre Füße haben Sie guten Stand bekommen. Nehmen Sie wahr, wie Sie im Kopf immer freier werden.
- Lassen Sie nun in Ihrer Vorstellung Ihren Scheitel[1] beziehungsweise Ihre Scheitelhaare zur Decke wachsen. Sie spüren Ihren Körper jetzt in seiner ganzen Länge von den Füßen bis zum Kopf.

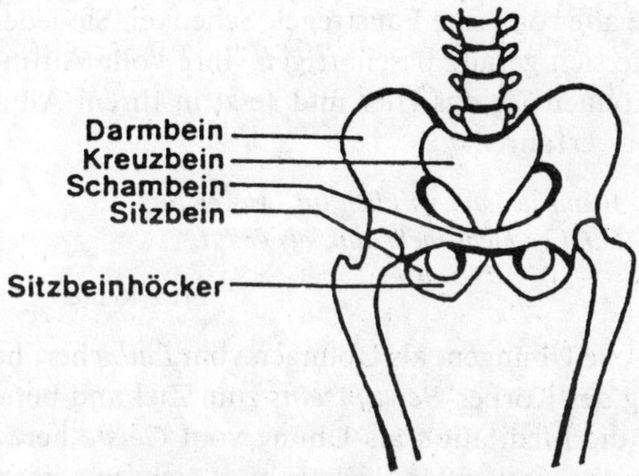

Abbildung 9: Das menschliche Becken

1 Gemeint ist damit die Stelle auf dem Kopf, die früher bei Mönchen und Weltpriestern kreisförmig kahl geschoren wurde (Tonsur).

Übung 2

- Ergreifen Sie mit Ihrer rechten Hand einen Tennisball. Fühlen Sie Ihre Hand an diesem Ball. Nehmen Sie dabei jeden Ihrer Finger ganz bewußt erspürend wahr: Kleiner Finger – Ringfinger – Mittelfinger – Zeigefinger – Daumen. Lassen Sie jetzt in Ihrer Vorstellung – ohne irgendeine Bewegung – Ihre Finger in Richtung auf den Mittelpunkt in den Ball ,,hineinwachsen''.

Bemühen Sie sich, immer wenn Sie einen Gegenstand – etwa einen Bleistift oder das Lenkrad eines Kraftfahrzeuges – anfassen, sich Ihrer Hände und Ihrer Finger bewußt zu werden. Spüren Sie, wie Sie im Kontakt mit diesem Gegenstand Überspannung abgeben können und erleben Sie dabei jedesmal das beglückende Gefühl: *Ich bin.*

,,Age quod agis'', wörtlich: ,,Was Du tust, das tue ganz'', lautet eine alte römische Faustregel. Schenken Sie jeder Sache, mit der Sie sich gerade beschäftigen, Ihre volle Aufmerksamkeit. So können Sie das Hier und Jetzt in Ihrem Alltagsleben unmittelbar erfahren.

Wenn jemand wirklich tut, was er tut,
kann er nicht mehr tun, als er tut.

Fritz Reuter

Eutonische Übungen, als Übungen vom *Leibe* her, haben die Förderung des Körper-*Bewußtseins* zum Ziel und bereiten optimal auf die Meditation als Übung vom *Geiste* her, vor.

Bei den eutonischen Übungen geht es nicht um einen abrupten Wechsel zwischen Verspannung und Erschlaffung, sondern um das direkte Erreichen eines Normaltonus, um einen Zustand durchströmten leichten Gelöstseins. Sich wohlfühlen in einem natürlichen Rhythmus von Spannen und Entspannen, ohne den Gefahren der Verspannung, Erschlaffung oder ,,Auflösung'' zu unterliegen, ist das Ziel.

Eutonische Übungen, insbesondere das „Erspüren“ von Körperteilen und die Lokalisation von Spannungen, erfordern *Einfühlungsvermögen*. Beim „Durchgehen“ des Körpers sollen die einzelnen Hautpartien und die darunter liegenden Gewebe „denkfühlend“ erspürt und dadurch entspannt werden. Graf Dürckheim spricht in diesem Zusammenhang von „Spürbewußtsein“, das entwickelt werden muß und das sich – wenn das Erspüren gelingt – innig mit den angesprochenen Körperteilen verbindet. Lenken Sie Ihre Aufmerksamkeit auf jeden angesprochenen Körperteil und versuchen Sie, sich ihn in aller Ruhe intensiv vorzustellen und ihn zu erfühlen. Durch dieses Erspüren von Körperteilen werden unwillkürlich Verspannungen gelöst.

Es nützt zum Beispiel wenig, *nur* an eine Hand zu denken, an ihre Größe, Form oder anatomische Struktur. Man muß versuchen, sich „*in*“ die Hand „einzuleben“, sie vorstellend und erfühlend zu spüren, sie in ihrer Ganzheit und in ihren Einzelheiten „fühldenkend“ wahrzunehmen, bis sie – als ein mit leichten Empfindungen verbundenes Bild – auf einmal „lebendig“ wird und ihr Da-Sein ins Bewußtsein tritt.

Übung 3

Eutonisch ist Ihre Körperhaltung dann, wenn Ihre Muskulatur weder verspannt oder verkrampft noch erschlafft ist. Beim Sitzen sollten Sie sich weder nach oben hin verspannen, noch sollten Sie in sich „zusammensacken“. Zur Übung des „eutonischen Sitzens“ empfehle ich Ihnen einen Stuhl oder Schemel mit harter Sitzfläche. Der Abstand zwischen Boden und Sitzfläche sollte etwa der Länge Ihrer Unterschenkel bis zur Kniekehle entsprechen. Die Knie dürfen nicht höher sein als die Hüftgelenke. Besser ist es, wenn die Knie ein wenig tiefer stehen, damit der Unterleib nicht „bedrängt“ wird und sich von selbst frei wölben kann. Rückgrat und Oberschenkel sowie Ober- und Unterschenkel jedes Beines bilden ungefähr einen rechten Winkel.

- Ertasten Sie nun – zu Ihrer anatomischen Orientierung – mit Ihren Fingern Ihre Sitzhöcker (vgl. Abb. 9), um ein Gefühl für ihre Lage und ihren Abstand zu bekommen.
- Setzen Sie sich so auf die vordere Hälfte der Sitzfläche, daß Sie Ihre Sitzhöcker gut spüren.
- Stellen Sie Ihre Füße im Sitzhöckerabstand parallel zueinander auf den Boden. Die Fußsohlen berühren mit ihrer ganzen Fläche den tragenden Grund.
- Die Oberarme hängen locker an den entspannten Schultern. Legen Sie Ihre Hände so auf die Oberschenkel, daß eine möglichst große Kontaktfläche entsteht.
- Nun geht es darum, daß Sie sich *in* den Schultern ,,loslassen'' und im Becken ,,niederlassen''. Richten Sie dazu Ihren Oberkörper senkrecht auf. Recken Sie sich dabei möglichst hoch, ohne Ihr Gesäß von der Sitzfläche abzuheben. Lassen Sie jetzt Ihren Oberkörper wieder sinken, so daß er sich senkrecht in den Hüften setzt. Als Orientierung kann eine gedachte, gerade Linie dienen, die durch Kopf, Nacken, Oberkörper und Sitzhöcker verläuft. Ziehen Sie Ihren Kopf so weit zurück, daß er auf dieser Geraden liegt.
- Wenn Sie Ihren Oberkörper – einschließlich des Beckens – um etwa 5 bis 10 Grad nach vorne neigen, können Sie im Bereich Ihrer Gesäßknochen eine kleine Verschiebung wahrnehmen. Sie haben anschließend das Gefühl – und das entspricht auch der tatsächlichen anatomischen Situation – nicht mehr auf den Spitzen Ihrer Sitzhöcker zu sitzen, sondern auf der vorderen Seite dieser Knochen. Sie sitzen also gleichsam ,,vor'' Ihren Sitzhöckern. Diese Sitzweise ermöglicht eine besonders aufrechte Haltung mit geradem Rücken. Machen Sie die Probe: Versuchen Sie, durch Verschiebung Ihres Beckens, ,,hinter'' Ihren Sitzhöckern zu sitzen. Ein runder Rücken und ein Gefühl der Beengung beim Atmen sind die Folgen.
- Lassen Sie in Gedanken Ihren Scheitel oder Ihre Scheitelhaare zur Zimmerdecke ,,wachsen''. Verlängern Sie in Ihrer Vorstellung die Wirbelsäule durch den Kopf und über diesen hin-

aus. Fühlen Sie sich längs dieser Linie zur Decke. Sie werden wie durch einen unsichtbaren, zwischen Scheitel und Zimmerdecke gespannten Faden gehalten. Ihr Oberkörper ist ganz aufrecht, Sie spüren die Freiheit in Ihrem Bauchraum und können ungehindert atmen.

Der Unterbauch kann sich breit und schwer im Beckenraum ausdehnen und festigen.

- Pendeln Sie mit Ihrem Oberkörper einige Male langsam nach vorne, nach hinten und zur Seite, bis Sie das Gefühl haben, daß der Schwerpunkt Ihres Körpers genau über dem Stützpunkt liegt. Jetzt haben Sie Ihre Gleichgewichtslage erreicht. Der Körper ruht vollständig auf dem Gesäß, sein Gewicht wird ausschließlich vom Beckenraum her getragen und Sie können bei minimalem Energieaufwand lange stillsitzen. Sie ruhen in sich selbst. Denken Sie in diesem Zusammenhang daran, daß körperliches Gleichgewicht auch psychische Stabilität vermittelt.

Eine optische Orientierungshilfe beim Erspüren der Wirbelsäule, des Kreuzbeines und der Sitzhöcker geben Ihnen die Abbildungen 9 und 10.

Als Abschluß der eutonischen Übungen sollten Sie Ihren Körper dehnen und strecken. Häufig empfindet man dabei auch das Bedürfnis zu gähnen – was ebenso wie der Wunsch, sich zu dehnen und zu strecken – eine ganz natürliche Folge der konzentrierten Bewußtseinsarbeit ist; Gähnen ist eine Reaktion des Gehirns auf eine Unterversorgung mit Sauerstoff. Unterdrücken Sie diese Bedürfnisse nicht, sondern geben Sie ihnen nach. Wohliges Dehnen der Glieder, etwa so wie ein Kätzchen, das sich aus der Ruhe erhebt, Ballen der Fäuste und Öffnen der Augen holen Sie wieder ganz in die Tageswelt zurück. Sie fühlen sich hellwach und erfrischt.

Üben Sie regelmäßig und erwarten Sie nicht sofortige Erfolge. Nehmen Sie sich genügend Zeit und versuchen Sie, Störungen von außen (Telefon, Haustürklingel . . .) vorzubeugen. Vermeiden Sie ein mechanisches Vorgehen, richten Sie Ihre Achtsamkeit voll auf das, was Sie gerade tun.

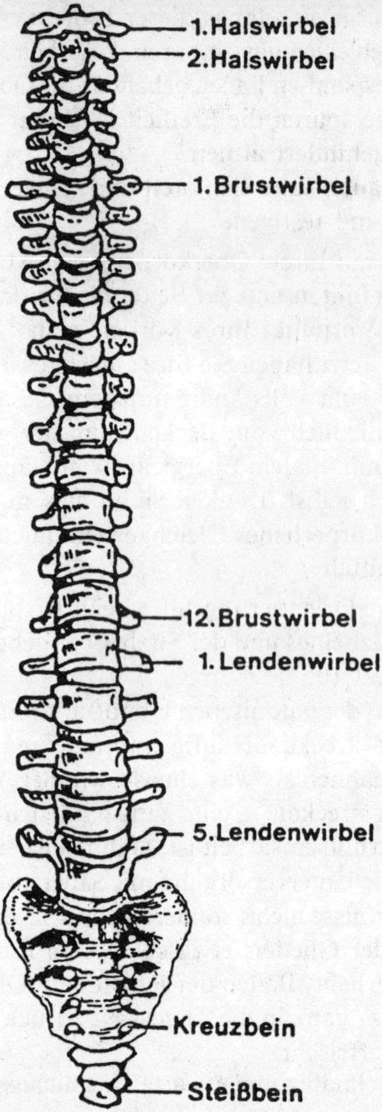

Abbildung 10: Die Wirbelsäule

„Dem Glücklichen schlägt keine Stunde."

Quelle: Gulbransson, O.: Sprüche und Wahrheiten. Albert Langen Georg Müller Verlag in der F.A. Herbig Verlagsbuchhandlung GmbH, München 1986

Kapitel 7: Alexander-Technik: Körperliche Fehlhaltungen aufspüren und Schritt für Schritt auflösen

Frederick Matthias Alexander – 1869 in Tasmanien (Australien) geboren – entwickelte um die Jahrhundertwende im Selbstversuch eine neue Methode zur Selbsterfahrung des Körpers (vgl. Alexander, F.M., 1985; 1988). Wenn der Körper von tiefsitzenden falschen Gewohnheiten befreit wird, bleibt dem Menschen – bei minimalem Energieaufwand – mehr Kraft zum beschwerdefreien Leben und zur Entfaltung seiner Persönlichkeit.

Unter Anleitung des Alexander-Lehrers soll der ,,Schüler" seine ,,eingefleischten" körperlichen Fehlhaltungen aufspüren, sie Schritt für Schritt auflösen und durch exakte Selbst-Beobachtung wieder eine gesündere Körperhaltung erlernen. Ist dieses Ziel erreicht, so hat der ,,Schüler" sein natürliches Gleichgewicht des Körpers wiedergewonnen und er findet ganz automatisch den Weg vom unbewußten, gewohnheitsbestimmten Leben zu einer bewußten, selbstgesteuerten Lebensführung.

F.M. Alexander litt als Schauspieler und Vortragskünstler unter hartnäckigen Atembeschwerden und Heiserkeit. Mehrmals versagte ihm auf offener Bühne die Stimme. Alexander erkannte als Ursache dieser Störung eine körperliche Fehlhaltung, verbunden mit einer entsprechenden geistigen Einstellung. Er beobachtete sich vor dem Spiegel und dabei fiel ihm auf, daß er beim Sprechen seinen Hals zur Brust hin abknickte und so seine Stimmbänder blockierte. Dieses Manko versuchte er durch lauteres Sprechen wieder wettzumachen – mit dem Ergebnis, daß ihm nach einer gewissen Zeit regelmäßig die Stimme versagte. Nachdem es Alexander gelungen war, im Hals-Wirbel-Bereich lockerer und freier zu werden, stellte er fest, daß mit der Stimm-Krise auch eine Reihe anderer Beschwerden verschwunden waren.

In der Alexander-Technik geht man davon aus, daß es natürliche Haltungs-Reflexe gibt, die den Körper bei allen Bewegungen gegen die Schwerkraft in Balance halten. Bei kleinen Kindern funktionieren diese subtilen Mechanismen noch, sie sind jedoch sehr störungsanfällig. Werden Kinder zum Beispiel häufig entsprechend ermahnt („Brust raus, Bauch rein!“, „Halte Dich gerade!“ . . .), so kommt es zum falschen Gebrauch bestimmter Muskelgruppen und damit zu körperlichen Fehlhaltungen.

Unsere Körperhaltung entsteht meist unbewußt und ist damit Ausdruck unserer Persönlichkeit. Selbstverständlich bleiben auch psychische Probleme nicht ohne Einfluß auf die Körperhaltung („gramgebeugter Rücken“, „schwere Last auf den Schultern“ . . .). Wenn diese seelisch bedingten (Ver-)Spannungen zur Gewohnheit werden, beeinträchtigen sie die Entwicklung und freie Ausdrucksmöglichkeit der Persönlichkeit.

Durch die Fehlhaltung des Körpers entstehen Fehlbelastungen, die im Laufe der Zeit auch die Statik des Körpers verändern können. Nur unter entsprechendem Einsatz von Energie können die einseitigen Belastungen ertragen, beziehungsweise wieder ausgeglichen werden. Eine Reihe von „funktionellen Störungen“ (Rückenleiden, Kopfschmerzen, Müdigkeit, Asthma, innerorganische Fehlfunktionen . . .) werden nach der Auffassung von F.M. Alexander von einer schlechten Körperhaltung zumindest mitverursacht.

Die Alexander-Technik – quasi der „Urahn“ der modernen Körpertherapien – versteht sich als *Haltungsschule,* die es sich zum Ziel gesetzt hat, den individuell-anatomisch-orthopädischen Gegebenheiten des Körpers des „Schülers“ so Rechnung zu tragen, daß der „Schüler“ zu einem entspannten und „fließenden“ Gebrauch des Körpers befähigt wird.

Da schnelle und hastige Bewegungen den „Bahnen“ langjähriger Gewohnheiten und Fehlhaltungen folgen, werden die Übungen der Alexander-Technik nicht schnell und zügig, sondern langsam und behutsam durchgeführt. Durch konzentriertes Mit-seinem-Körper-in-Kontakt-Kommen müssen Stehen, Gehen und Sitzen gleichsam neu erlernt werden.

Die Alexander-Technik verzichtet auf Anstrengungen und Willenseinsatz. Alles was durch den massierten Einsatz des Willens erreicht wird, bringt nur kurzzeitigen Erfolg. Sobald die Konzentration nachläßt, schnellt der Körper – wie ein gedehntes Gummiband nach dem Loslassen – unbewußt wieder in die ursprüngliche Fehlhaltung zurück. Falsche Gewohnheiten lassen sich nur dann dauerhaft „umprogrammieren", wenn man den fixen Gedanken an das Ziel aufgibt und seine Aufmerksamkeit – gleichsam nach dem Motto: Der Weg ist das Ziel – ganz auf die Schritte richtet, die zu diesem Ziel führen.

Meist sind sich die Menschen ihrer Fehlhaltungen überhaupt nicht bewußt, weil ihr Selbstbild nicht mit der Realität übereinstimmt. Viele Menschen werfen zum Beispiel – bei hochgezogenen Schultern – beim Hinsetzen auf einen Stuhl ruckartig den Kopf zurück, versteifen ihren Nacken und „klappen" mit rundem Rücken zusammen, anstatt mit geradem Rücken und Beugen der Gelenke Platz zu nehmen (vgl. Abbildung 11). Beim Aufstehen von einem Stuhl lassen viele Menschen Arme, Schultern und Hals die Hauptarbeit machen, anstatt Becken und Beine

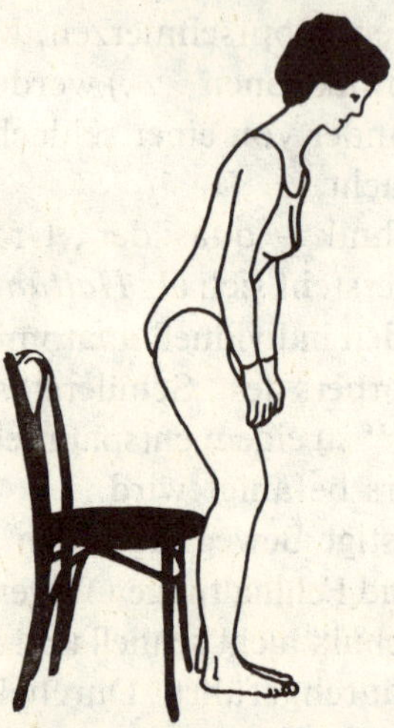

Abbildung 11: Beim Hinsetzen die Gelenke beugen

einzusetzen (vgl. Abbildung 12). Die meisten Menschen gehen schon los, noch ehe sie ihren Körper in eine senkrechte Haltung gebracht haben. Die dabei durch die nach vorne gebeugte Körperachse auftretenden Hebelkräfte müssen von den verschiedensten Muskelgruppen ausgeglichen werden, wodurch es zu Verspannungen und damit verbundenen Fehlhaltungen kommt.

Durch die richtige Haltung des Kopfes werden die beanspruchten Hals-Schulter-Muskelgruppen entlastet und man fühlt sich entspannter und freier.

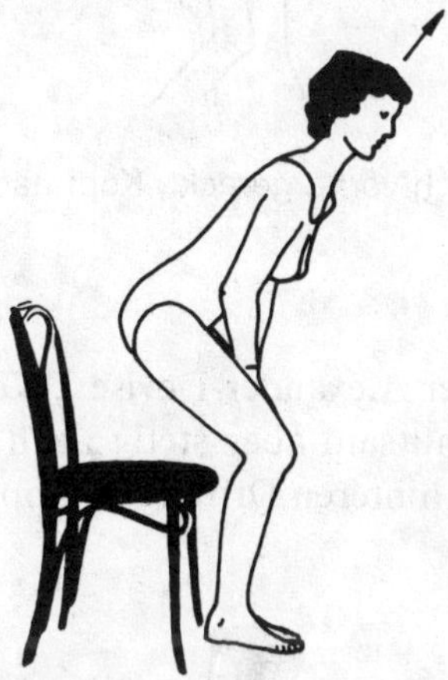

Abbildung 12: Beim Aufstehen dem Kopf nach oben folgen

Ansatzpunkt für die Korrektur einer falschen Kopfhaltung ist der Halsbereich, auf dem der etwa 6 Kilogramm schwere Kopf sitzt. Wird zum Beispiel der Hals nach vorne gereckt (vgl. Abbildung 13), entsteht ein Hebelarm und ein entsprechendes Biegemoment (der Angriffspunkt liegt im Halsbereich). Die Muskelstränge, die den Kopf halten, müssen dieses Moment durch ein Gegenmoment ausgleichen. Um mit dieser Belastungssituation fertig zu werden, verhärten sich diese Muskeln und holen sich zusätzliche Stabilität, indem sie andere Muskelgruppen in ihre ,,Haltungsarbeit" einbeziehen. Die davon betroffenen Muskeln im Schulter- und Rückenbereich verspannen sich deshalb mit der Zeit ebenfalls und geben ihre Haltearbeit an andere, tiefer gelegene Muskelgruppen weiter. Auf diese Weise „verzieht" sich allmählich die gesamte Körperhaltung.

Abbildung 13: Hals nach vorne gereckt, Kopf nach hinten und unten gezogen

Abhilfe: Gemäß der Alexander-Devise: „Kopf hoch und nach vorn" den Kopf behutsam aber stetig nach oben streben lassen, als würde er am hinteren Drittel des Kopfes emporgezogen (vgl. Abbildung 14).

Abbildung 14: Kopf aufrecht gehalten

Dem Grundsatz „Forward and up" folgen alle Bewegungen der Alexander-Technik.

Auch beim Gehen sollten Sie darauf achten, daß sich Ihr Kopf locker vorwärts nach oben bewegt (vgl. Abbildung 15). Gehen und Aufwärtsbewegung müssen gleichzeitig geschehen.

Abbildung 15: Lockeres Gehen

Wenn Sie Ihren Kopf nach vorne oben orientieren, werden Sie auch beim Treppensteigen mit viel weniger Kraft auskommen (vgl. Abbildung 16).

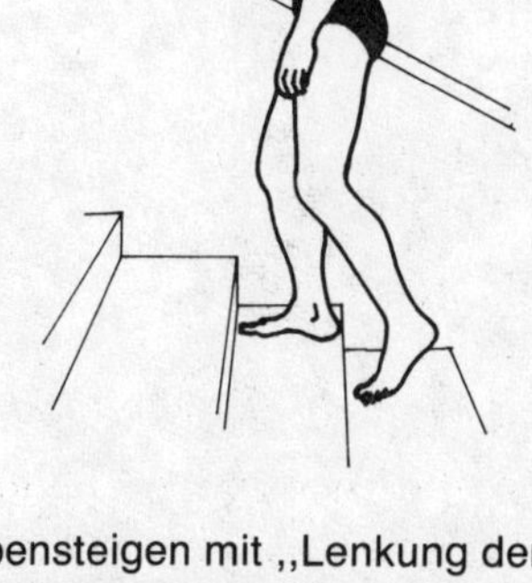

Abbildung 16: Treppensteigen mit „Lenkung der Energie" nach oben

Beim Abwärtsgehen auf einer Treppe sollten Sie Ihren Kopf ebenfalls vorwärts nach oben bewegen und ihren Körper folgen lassen (vgl. Abbildung 17).

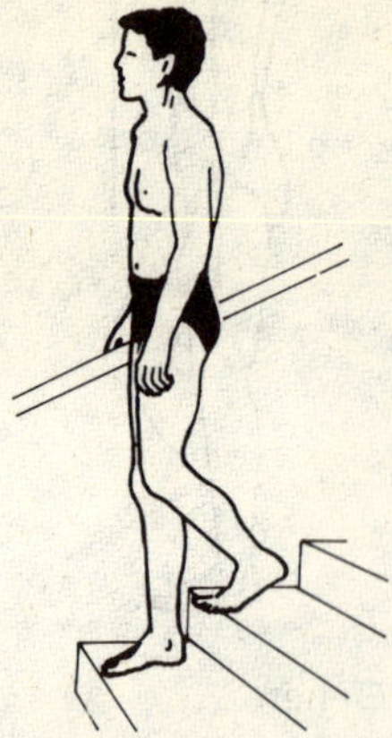

Abbildung 17: Eine Treppe richtig hinuntergehen

Die Alexander-Methode wird in der Regel im Einzelunterricht gelehrt. Es empfiehlt sich, 20 bis 30 Lektionen innerhalb von drei bis fünf Monaten zu absolvieren und anschließend noch einige sporadische Kontroll-Besuche beim Alexander-Lehrer zu machen.

Kapitel 8: Feldenkrais-Methode: „Bewußtheit durch Bewegung“

Moshé Feldenkrais (1904 – 1984) wurde in Rußland geboren. Er studierte Mathematik und Physik in Israel und Frankreich und war lange Jahre Mitarbeiter von Frédéric Joliot-Curie.

Zudem war Feldenkrais ein erfolgreicher Sportler, der es im Judo bis zum schwarzen Gürtel brachte. Bei einem Fußballspiel zog er sich eine erhebliche Knieverletzung zu. Da die Ärzte wenig Chancen sahen, die Funktion des Gelenkes wiederherzustellen, machte sich Feldenkrais – nach einschlägigen anatomischen und neurophysiologischen Studien – selbst auf die Suche nach neuen Wegen zur Beseitigung der Unfallfolgen. Die schwere Verletzung wurde damit zum Ausgangspunkt für die Entwicklung seiner Körpertherapie. Der Erfolg, den Feldenkrais damit bei sich selbst erzielte, veranlaßte ihn, seine Erfahrungen und sein erworbenes Wissen über Bewegungen und Funktionszusammenhänge an andere weiterzugeben (vgl. Feldenkrais, 1978; 1981; 1987) und sich ganz in den Dienst kranker Menschen zu stellen. Feldenkrais arbeitete in der Folgezeit jahrezehntelang mit Körperbehinderten, auch solchen, die schon lange Zeit an den Rollstuhl gefesselt waren.

Der menschliche Körper wird in seinen Funktionen vom Zentral-Nervensystem gesteuert. Bewegungen, Fühlen und Denken sind deshalb gleichsam miteinander „verwoben“. Feldenkrais geht in seiner Theorie davon aus, daß ein Mensch, der mit Bewußtheit seine Bewegungsabläufe verfeinert, gestörte Muskelfunktionen ins Gleichgewicht bringen und gleichzeitig das Gehirn „trainieren“ kann. Die Lektionen der Feldenkrais-Methode zielen deshalb darauf ab, die Sensibilität für die Motorik des eigenen Körpers auszubilden, die vielen an einer Bewegung beteiligten Muskeln zu spüren, am eigenen Körper zu erfahren, wie bewegte Glieder stärker durchblutet werden und die Gewichtskraft bewußt wahrzunehmen, die den Körper auf den Boden drückt. Alle diese Sinneseindrücke werden normalerweise nicht bewußt registriert, weil das Gehirn des Menschen zu sehr mit zukunftsorientierten, planerischen Aufgaben beschäftigt ist; das Hier und Jetzt bleibt deshalb im Wahrnehmungsfilter hängen. Was Feldenkrais mit seiner Methode vor allem erreichen will, sind nicht bewegliche Körper, sondern „bewegliche" Gehirne, denn: „Erst wenn ich weiß, was ich tue, kann ich tun, was ich will".

Feldenkrais geht davon aus, daß die „Verkabelung" des menschlichen Nervensystems auch im Erwachsenenalter noch nicht abgeschlossen ist und daß deshalb der Mensch nahezu unbegrenzt lernfähig ist. Krankheiten entstehen nach der Auffassung von Feldenkrais vor allem durch falsche „Verkabelungen" des Nervensystems, die durch mechanisch ablaufende Bewegungen, Gewohnheiten des Denkens und Verhaltens und automatisch ablaufende Empfindungsmuster bedingt sind. In der Feldenkrais-Arbeit versucht man, solche unbewußten Gewohnheiten durch ungewohnte Bewegungen zu durchbrechen und dadurch die „Verkabelung" zu erweitern und Lernprozesse in Gang zu bringen, die Krankheiten verhindern bzw. therapeutisch wirksam werden können. Da diese Lernprozesse Körper, Geist und Seele betreffen, erreicht man mit der Feldenkrais-Arbeit eine *ganzheitliche* Wirkung.

Die Feldenkrais-Methode ist weder eine Gymnastik noch eine „Haltungs-Schule" (wie die Alexander-Technik), sondern eine *Lern*methode. Nach Feldenkrais ist jede Bewegung ein „Abenteuer" und der Mensch soll sich beim spielerischen Ausprobieren verschiedener Bewegungen selbst näher kennenlernen. Dieses Lernen erfolgt lustbetont, mühelos, ohne Kraftanstrengungen, ganz im „eigenen Tempo".

Das spielerische Erforschen der eigenen Bewegungen wirkt sich ähnlich positiv auf die geistige Flexibilität aus wie disziplinierte Meditation. Die Feldenkrais-Methode ist auch ein hervorragendes Anti-Streß-Mittel. Wer die Methode beherrscht, kann mit einem Zeitaufwand von zehn bis fünfzehn Minuten pro Tag Spannungen abbauen und Gelassenheit einüben.

Die Feldenkrais-Methode wird auf zwei Arten praktiziert:

- Die sogenannte „Funktionale Integration" erfolgt in Einzelarbeit, wobei die Bewegungen *passiv* durchgeführt, das heißt vom „Practitioner" (so wird der Feldenkrais-Lehrer bezeichnet) am „Schüler" vorgenommen werden („Be-Hand-lung"). Der Therapeut spürt durch die Berührung des Körpers des Klienten dessen Bewegungsmuster und Bewegungseinschränkungen auf und lehrt ihn, mit Hilfe von entsprechenden körperlichen Manipulationen neue Bewegungsmuster und Bewegungsalternativen. Diese Form der Behandlung eignet sich vor allem für Körperbehinderte, die dadurch – oft erstaunlich schnell – einen Teil der verlorengegangenen Beweglichkeit wiedererlangen können.
- In der Form „Bewußtheit durch Bewegung" werden die Übungen *aktiv* und unter fachmännischer Anleitung eines Practitioners durchgeführt. Meist liegen die Übenden am Boden. Zu Beginn der Arbeit horcht jeder in sich hinein und „spürt nach", wie sich die einzelnen Gliedmaßan anfühlen. Der Practitioner schlägt dann verschiedene Bewegungsabläufe vor, die jeder Übende erst einmal in der ihm vertrauten Art durchführt. Anschließend werden neue Bewegungsvarianten ausprobiert. Im Laufe der Zeit empfindet man auch die ungewohnten Bewegungen als harmonisch und ist in der Lage, eingefahrene Verhaltensmuster – und durch den falschen Gebrauch des Körpers bedingte Schmerzen – aufzulösen. Diese Art der Feldenkrais-Methode eignet sich besonders gut, um Gesunden neues Körperbewußtsein zu vermitteln und wird meist in Gruppen durchgeführt.

Um eine konkretere Vorstellung von „Bewußtheit durch Bewegung" zu bekommen, können Sie folgende Übung durchführen:

Übung

- Legen Sie sich auf den Boden, auf Ihre linke Körperseite und winkeln Sie die Beine an.
- Bringen Sie den am Boden ausgestreckten linken Arm in eine zur Körperachse rechtwinkeligen Lage und legen Sie die rechte Hand flach auf die Stirn, wobei Ihr rechter Ellbogen vom Körper wegzeigt.
- Rollen Sie nun Ihren Kopf nach rechts und lassen Sie dabei Ihre Hand auf der Stirn liegen. Spüren Sie, wie sich die Bewegung des Kopfes über die Brust und die obere Rückenmuskulatur in den Brustraum fortsetzt und weiter in Richtung Becken schreitet.
- Rollen Sie den Kopf wieder behutsam zurück.
- Stellen Sie sich nun – nachdem Sie die Ausgangslage wieder erreicht haben – den ganzen Bewegungsablauf noch einmal vor. Sie werden feststellen, daß Sie sich den Ablauf eingeprägt haben und daß Sie Ihre Bewußtheit positiv beeinflußt haben.

Das systematische Lernen von „Bewußtheit durch Bewegung" erfolgt in der Gruppe, und zwar in Form von zwei- bis dreitägigen Workshops oder fortlaufenden Kursen.

Kapitel 9: Meditative Techniken in Ost und West

Meditative Übungen sind vermutlich so alt wie die Menschheit. Ihre bisher höchste Entfaltung erlangten sie zuerst im indischen, dann auch im chinesischen und japanischen Kulturkreis. Ohne das exakte naturwissenschaftliche Wissen des modernen Westens zu besitzen, haben die Menschen in den alten Kulturen Asiens vom Prinzip her bereits Dinge begriffen, die uns erst jetzt einfallen.

Was die Denkweisen des Ostens betrifft, ist das derzeit bestehende Interesse daran groß, wenn auch diesbezüglich noch viel Klärung, Interpretation und Assimilation erforderlich sind. Für alle fernöstlichen Heilslehren gilt: Geistige Entwicklungen, die in Jahrtausenden die Menschen eines Kulturkreises geprägt haben, sind allenfalls in Ansätzen in die kurze Spanne des Lebens eines Menschen unserer Tage übertragbar.

Die derzeitige Hochkonjunktur verschiedener Meditationsbewegungen im Westen ist vorrangig wohl in Bedürfnissen des Menschen begründet, die in der westlichen Zivilisation nicht ausreichend befriedigt werden. Aufklärung, Naturwissenschaft und Technik förderten die Dominanz der rationalen Potenz und den Glauben an das Prinzip der umfassenden Machbarkeit und Veränderbarkeit der Lebensbedingungen im Sinne von Fortschritt. Umbrüche im Selbstverständnis des Menschen unserer Tage und die verstärkte Orientierung an den Traditionen des Ostens haben unter anderem ihre Ursachen in der Erkenntnis der Bedrohung der Existenz der Menschheit durch Erzeugnisse der modernen Technik, in der Gefahr der Zerstörung unserer Umwelt durch die rigorose Ausbeutung der Natur, im Überhandnehmen psychosomatischer Erkrankungen, in Zweifeln an der Grenzenlosigkeit menschlicher Emanzipation und in der Wertordnung unserer Zivilisation. Das Denken in Kausalzusammenhängen und die Spaltung der Wirklichkeit in Subjekt und Objekt waren Schritte auf dem Weg zur systematischen Erforschung der Natur. Meditation ist von ihrem Wesen her hervorragend geeignet, menschliches Sein wieder als Ganzheit zu erfahren und sie ist damit per se ein Gegensatz zur Spaltung der Welt in Subjekt und Objekt. Eindeutig kommerzielle Interessen und entsprechende Strategien bestimmter Gurus sind ein weiterer Grund für den Meditationsboom unserer Tage.

1. Meditation – was ist das?

Der Begriff „Meditation" geht auf das lateinische Wort „meditatio" zurück, das die „Versenkung in etwas", die „Einübung auf etwas" bedeutet. „Das Wort Meditation ist heute in vieler Munde und hat sehr unterschiedliche Bedeutung. Das Wort meditieren kommt von medi*tari*, nicht von medita*re*, meint also ein Passivum: meditari, zur Mitte hingegangen werden" (Graf Dürckheim, 1985, S. 80).

Charakteristisch für den Menschen unserer Zeit – von Günther Grass bis zur „Kopfgeburt" hochstilisiert – ist die Überbewertung des Verstandes und die Vernachlässigung des emotionalen Bereichs. Je „kopflastiger" ein Mensch geworden ist, je weiter ist er aus seiner eigenen Mitte herausgefallen, je weiter hat er sich von seiner leib-seelischen Ganzheit entfernt. „Einswerden mit sich selbst" oder „Heilung der Spaltung des Menschen" war für den Tiefenpsychologen C.G. Jung ein zentral wichtiges Anliegen.

In der östlichen Meditation wird – in diesem Zusammenhang – dem „Meister" eine entscheidende Bedeutung zugemessen. Der „äußere Meister" ist ein Mensch, der eine gewisse Erfahrung im Meditieren hat und der von dieser Erfahrung mitteilt und so die Erfahrung im anderen anstößt. Das Erfahren des einen stößt das Erfahren des anderen an. Es geht also nicht um eine Übertragung von Wissen. Der äußere Meister ist von großer Bedeutung, aber er ist nicht unersetzlich. Auf dem Gebiet der Meditation bleibt *jeder* Mensch ein Lernender. Wer nicht mehr lernt, erstarrt; in ihm stirbt alles ab. Der äußere Meister hat etwa die Rolle eines Geburtshelfers. ,,Geburtshilfe" in diesem Sinne heißt, daß die Hauptsache vom Übenden selbst bewirkt werden muß, wie die Mutter bei der Geburt das meiste tun muß, die Amme kann nur eine gewisse Hilfe leisten. Meditative Erfahrungen werden *nicht gemacht;* sie werden dem Übenden in einem ,,empfangenden Tun" *geschenkt* (vgl. Tilmann, 1982, S. 59). Hermann Hesse schreibt einmal: ,,Unrein und verzerrend ist der Blick des Wollens. Erst wo wir nichts wollen, erst wo unser Schauen reine Betrachtung wird, tut sich die Seele der Dinge auf: die Schönheit."

Ziel der Meditation ist es, in Tiefen vorzudringen, die sich mit Worten nicht mehr erfassen lassen. Wer über Meditation reden oder schreiben will, spürt die Grenzen der Sprache. Was Meditation ihrem Wesen nach ist, kann man nur an sich selbst erfahren.

Alles Wissen und Lernen ist,
verglichen mit der Tiefe der Erfahrung,
wie ein Tropfen Wasser,
der ins Meer fällt.

Tokusan Sengan

Meditation heißt dem ,,Klang der Stille" lauschen, damit man zur Ruhe kommt, in die eigene Mitte findet und schließlich aus der so gesammelten Kraft leben kann. In der Meditation wird versucht, die Tiefe der *Wirklichkeit* zu erfahren. Da bei geschlossenen Augen die Gefahr besteht, daß man den Kontakt zur Wirklichkeit verliert, wird in der Regel mit offenen Augen meditiert.

,,Es gibt eine Zeit zu schweigen und eine Zeit zu reden", heißt es in der Bibel. Meditation ist eine Zeit hörenden Schweigens. Nur wer schweigt, hört. In fruchtbarer Stille können Worte empfangen und geboren werden.

Vielen Menschen, die Zugang zur Meditation suchen, geht es mehr um subjektives Wohlbefinden und seelische Fitneß als um absolutes Sein. Unabhängig vom jeweiligen philosophischen, religiösen oder mystischen Hintergrund beinhalten alle Meditationssysteme körperbezogene Methoden der Selbstregulation, die sich als Entspannungsverfahren einsetzen lassen.

Meditative Stimmung entsteht gelegentlich spontan. Vielleicht kennen Sie das Glücksgefühl, das einen Bergsteiger nach einer anstrengenden Wanderung am Gipfel eines Berges umfängt. Die Erde liegt ihm zu Füßen, schweigend horcht er auf das Wehen des Windes, er spürt kaum seinen eigenen Atem, er gerät ins Träumen und Erinnerungen aus der Kindheit steigen auf. Rationales Denken und Worte sind nahezu bedeutungslos geworden. ,,Alle unverbildeten Kinder meditieren, etwa wenn sie ein Märchen gehört haben. Sie verwenden dabei die ganz typischen Hilfen: Sie wollen es noch einmal und *noch einmal hören*, um so seine Sinntiefe zu verkosten; sie wollen es auch *malen*, um in das Erzählte im Tun besinnlich einzudringen und sich darin aufzuhalten'' (Tilmann, 1982, S. 100).

Meditative Stimmungen, die wir nicht mit Absicht herbeigeführt haben, sind uns allen vertraut; tiefgründige Zustände, Abraham H. Maslow nennt sie ,,Spitzenerfahrungen'' (Maslow, 1962). Durch das Ritual der Meditation lassen sich solche Augenblicke innerer Ruhe und frei schwebender Aufmerksamkeit bewußt hervorrufen und ausdehnen. Im Laufe der Jahrhunderte haben die Menschen dazu viele Methoden entwickelt. Man kann zum Beispiel ruhig auf ein Bild oder auf die Flamme einer Kerze blicken oder in Gedanken einen Laut oder eine Lautkombination (Mantra) oder einen Satz wiederholen, man kann aufmerksam seinen eigenen Atem beobachten oder sich auf ein unlösbares Rätsel (Kôan) konzentrieren. Wer richtig meditiert, ist – unabhängig von der jeweils praktizierten Methode – von seinem ,,Meditationsgegenstand'' gefesselt.

Meditieren heißt: Stilles Versenken und Ruhen in sich selbst, in einem Zustand völliger Entspannung, in der Schwebe zwischen Tagesbewußtsein und Schlaf. Durch eine entsprechende Körperhaltung kann man vermeiden, daß man diesen Schwebezustand verläßt und in Schlaf versinkt. ,,Beim Meditieren versucht man sich durch eine anfängliche Besinnung und konzentrierte Zuwendung zu begrenzten Bewußtseinsinhalten und eine die Verinnerlichung begünstigende Abkehr von Reizen der Umwelt in einen länger anhaltenden Schwebezustand des Bewußtseins mit verminderten Reaktionen auf Umweltreize und störende Bewußtseinsinhalte zu versenken . . . Meditierend versucht man, einen solchen Grad der Stabilisation zu erreichen, daß alle Bewußtseinsinhalte, die nicht zu dem primären Objekt gehören, auf das alles Denken gerichtet ist, nicht wahrgenommen werden, um die konzentrierte Zuwendung zu dem primären Objekt möglichst lange aufrecht zu erhalten" (Kugler, in: Reiter, 1976, S. 151 und 134).

Schulte und Tölle (1971, S. 303 f.) reihen meditative Verfahren – ebenso wie autohypnotische – in die Gruppe der Psychotherapien ein. Die Therapieziele umfassen in diesem Zusammenhang das breite Spektrum von der Symptombehandlung einerseits bis zur Veränderung der Persönlichkeitsstruktur andererseits. Nach White (1941, S. 477 ff.) ist das „zielgerichtete" Streben eines der Hauptmerkmale hypnotischer Zustände. Im Zustand der Selbsthypnose kann das körperliche und geistige Verhalten des Menschen durch entsprechende Autosuggestionen besonders nachhaltig beeinflußt werden. Im Gegensatz zur „zielgerichteten" Selbsthypnose, bei der aktiv ein Ziel angestrebt wird, ist die Meditation eher „zweck- und anstrengungsfrei".

Meditationssysteme streben die Verwirklichung von Persönlichkeitsmerkmalen an, wie sie Maslow bei selbstrealisierten Menschen beschreibt. „In der Theorie der Persönlichkeitsausbildung muß man der Selbstvervollkommnung und der Selbstprüfung, der Kontemplation und der Meditation einen Platz einräumen" (Maslow, 1973, S. 52).

2. Äußere Voraussetzungen

Wichtige äußere Voraussetzungen für das Meditieren sind die feste Basis, gleichsam als Verankerung mit dem tragenden Grund, der aufrechte Oberkörper und das völlig freie Atmen. Im allgemeinen sollte man beim Meditieren die Augen offen lassen, weil man weniger schläfrig wird und weil Meditation nicht Isolation bedeutet.

Meditieren heißt nicht: Kreisen um sich selbst, sondern: Einswerden mit der Wirklichkeit. Bei geöffneten Augen hat die Wirklichkeit Zutritt zum Übenden, er kann Wirklichkeit erfahren und beschäftigt sich nicht nur mit sich selbst und seinen eigenen Gedanken.

a) Sitzhaltungen

Was die richtige Körperhaltung beim Meditieren betrifft, existieren widersprüchliche Anleitungen. Meist wird der volle oder der halbe Lotossitz als beste Körperhaltung empfohlen. Andere Meditationslehrer geben den Rat, sich aufrecht – mit dem Rücken gegen die gerade Lehne – auf einen Stuhl zu setzen oder sich auf dem Boden oder auf einer Couch auf den Rücken zu legen. Die meisten diesbezüglichen Anweisungen haben ihren Ursprung in traditionellen, oft uralten Praktiken. Ein wissenschaftlicher Nachweis darüber, welche Körperhaltung am günstigsten ist, fehlt. Manche Körperhaltung wird aus Gewohnheit – manche vielleicht sogar aus Aberglauben – beibehalten. Jeder Meditierende sollte die Körperhaltung herausfinden und praktizieren, die seiner Persönlichkeit am besten entspricht.

Die Sitzhaltung beim Meditieren soll fest und bequem sein. Wichtig ist es, die Knie tiefer zu positionieren als das Becken, damit der Leib Atemfreiheit erhält. Der Körper sollte aufgerichtet, aber nicht starr sein, der Kopf sollte ganz leicht nach vorn geneigt werden.

Körperliche Entspannung ist die Voraussetzung für das Meditieren. Wenn Ohr, Schulter und Hüfte eine senkrechte Gerade bilden – wenn der Mensch sitzend im Lot ist – ruht der gesamte Körper auf dem Gesäß. In dieser Haltung kann man – bei einem geringen Aufwand an Energie – längere Zeit verharren. Ein Hohlkreuz zu bilden und sich nach oben hin zu verspannen, ist genauso falsch wie ein „Zusammensacken" des Oberkörpers. „Der Zen-Meister sagt: ‚So sitzen, als wolle man mit dem Gesäß den Boden eindrücken und mit dem Kopf den Himmel einstoßen'. Wesentlich wird dabei das Gewinnen des Hara, wörtlich ‚Bauch'. Gemeint aber ist eine Gesamtverfassung des Menschen, in der er seinen Schwerpunkt im gefestigten Bauch-Becken-Raum gewonnen hat und dadurch die Spannungen im Schulterbereich aufhebt" (Graf Dürckheim, 1985, S. 81).

Die wichtigste Voraussetzung für richtiges Sitzen ist, daß der Übende die Kraft in seinem Bauch-Becken-Raum spürt und daß er sich von dort aus in die Höhe „aufwachsen" fühlt, so als wäre auf seinem Scheitel ein Faden befestigt, der ihn zum „Himmel" hinaufzieht. Wenn der Übende es fertigbringt, ohne jede Starrheit dazusein, befindet er sich in einer stabilen Lage, die der eines Schilfrohres entspricht, das vom Wind hin und her bewegt wird und immer wieder in seine Ausgangslage zurückkehrt. Stößt man den Oberkörper eines so Meditierenden leicht an, so bewegt er sich aus seiner Mitte heraus und schwingt dann wieder in seine ursprüngliche Lage zurück.

• *Der volle Lotossitz*

Der Lotossitz enthält Elemente des Liegens und des Stehens und stellt damit eine Verschränkung zweier Grundhaltungen des Körpers dar. Diese äußere Haltung versinnbildlicht den doppelten Ursprung des Menschen. Der aufrecht stehende Oberkörper zeigt zum Himmel und ist – über den gleichsam liegenden Unterkörper – quasi verwurzelt in der Erde. Durch diese Form des Sitzens verlagert sich der Schwerpunkt des Körpers nach unten. Der Oberkörper einschließlich des Kopfes soll entspannt und möglichst kerzengerade aufgerichtet sein. Der Lotossitz (Abbildung 18) ist neben dieser aufrechten, „männlichen" Dimension charakterisiert durch die waagerechte, „weibliche". Diese Körperhaltung ist jedoch keine notwendige Bedingung für das Meditieren; wäre Zen in Europa erfunden worden, säße man wahrscheinlich in der Regel auf Stühlen.[1]

Abbildung 18: Voller Lotossitz

Der Lotossitz ähnelt dem Schneidersitz. Der Unterschied besteht jedoch darin, daß jeder Fußspann auf dem jeweils gegenüberliegenden Oberschenkel ruht. Die Füße sind angezogen und dadurch sichtbar in die Einheit des Leibes integriert. Um diese Körperhaltung einzunehmen, setzt man sich auf ein Sitzkissen oder eine Decke, die man auf eine Handbreit zusammengefaltet hat, um das Gesäß anzuheben und damit die Belastung der Beine zu verringern, und zieht den linken Fuß an das Kissen heran, so daß die Fußsohle den rechten Oberschenkel berührt. Anschließend legt man den rechten Fuß – die Fußsohlenseite zeigt dabei nach oben – auf den linken Oberschenkel. Nun wird der linke Fuß so auf den rechten Oberschenkel gelegt, daß die Fußsohle ebenfalls nach oben gewendet ist. Die Knie bleiben auf dem Boden (notfalls kann man den Sitz etwas erhöhen!) und haben damit eine tiefere Lage als das Becken. Der Oberkörper ist gerade aufgerichtet.

1 Vgl. Graf Dürckheim in einem Interview des ZDF am 9. 4. 1985

● *Der halbe Lotossitz*

Der halbe Lotossitz (vgl. Abbildung 19) ist eine Körperhaltung, die viele Anfänger als einfacher empfinden als den vollen Lotossitz. Man setzt sich auf das Sitzkissen und zieht den rechten Fuß möglichst weit an die Sitzunterlage heran. Anschließend legt man den linken Fuß auf den rechten Oberschenkel, wobei die Sohle des Fußes nach oben zeigt. Auch der linke Fuß sollte so nah wie möglich an den Leib herangezogen werden; optimal ist es, wenn die Ferse das Schambein berührt. Der Rücken ist aufrecht.

Abbildung 19: Halber Lotossitz

● *Fersensitz (Diamantsitz)*

Diese Art des Sitzens (vgl. Abbildung 20) ähnelt stark einer unserer christlichen Gebetshaltungen. Man kniet sich nieder und setzt sich dabei auf die Fersen. Der Meditierende kann die Zehen ineinander legen und sich in die Mulde zwischen den Fersen setzen oder er kann die Füße – etwa im Abstand der Sitzhöcker – lang ausgestreckt nebeneinander legen.

Für den Anfänger ist es in der Regel eine Erleichterung, wenn er zwischen Fersen und Gesäß ein Kissen oder eine zusammengerollte Decke legt (vgl. Abbildung 21); von großer Wichtigkeit ist dabei wieder die aufrechte Haltung des Rückens.

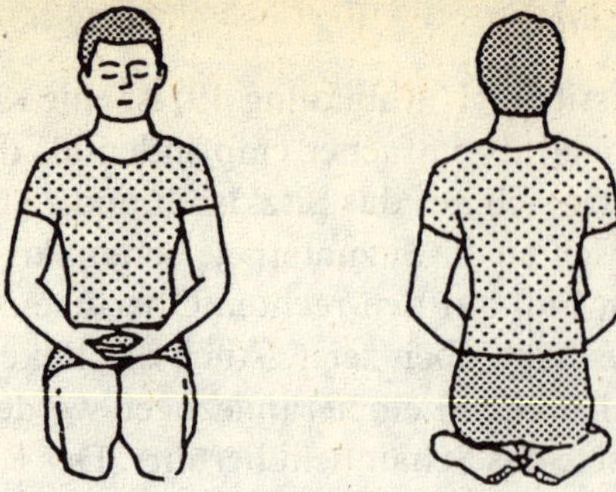

Abbildung 20: Fersensitz (Diamantsitz)

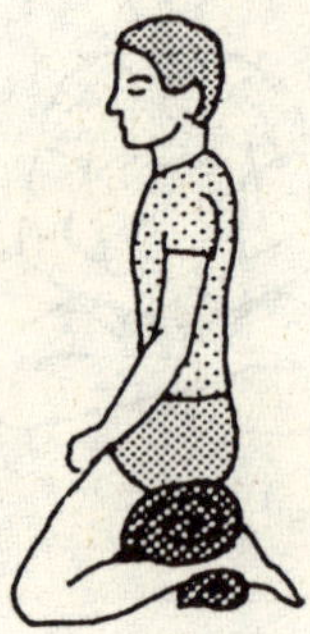

Abbildung 21: Fersensitz mit Polstern

Welcher Sitz gewählt wird, hängt vom „Geschmack“ und von der Gelenkigkeit des Übenden ab. Meditation ist keine Akrobatik. Letztendlich muß eine Sitzhaltung gefunden werden, die es dem Meditierenden gestattet – bei fester Basis – möglichst lange unbeweglich verharren zu können.

Jeder sollte so sitzen, wie es für ihn am besten ist. Wenn es für Sie zu schwierig ist, auf dem Boden zu sitzen, dann ist ein Stuhl oder Hocker – möglichst mit harter Sitzfläche – als Sitzhilfe geeignet. Setzen Sie sich auf den vorderen Teil der Sitzfläche. Spreizen Sie die Beine im Sitzhöckerabstand bequem auseinander und stellen Sie die Füße flach auf den Boden. Auf diese Weise ruht das Körpergewicht auf einer festen, dreieckigen Grundfläche (vgl. Abbildung 22).

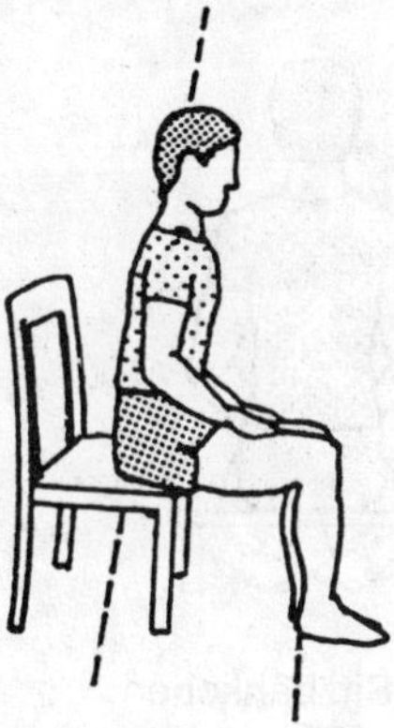

Abbildung 22: Sitzhaltung auf einem Stuhl

Wenn der Stuhl oder Hocker etwas zu niedrig ist, können Sie Ihre Beine auch ungefähr in der Nähe der Knöchel kreuzen, damit sich die Knie tiefer befinden als die Sitzfläche; die Außenkanten Ihrer Füße berühren dabei den Boden und der Unterbauch wölbt sich etwas vor (vgl. Abbildung 23).

Abbildung 23: Sitzhaltung auf einem Hocker mit gekreuzten Beinen

Eine ebenfalls bewährte Sitzhilfe, die in vielen Meditationskursen vor allem von Anfängern verwendet wird, ist ein Meditationsbänkchen mit etwas abgeschrägter Sitzfläche (vgl. Abbildung 24).

Abbildung 24: Fersensitz mit Sitzbänkchen

Als Alternative zu einem solchen Bänkchen empfehle ich Ihnen eine Sitzhilfe, die ich für sehr geeignet halte, weil sie den anatomischen Verhältnissen des Menschen besonders gut entspricht. Auf diesem speziellen Meditationshocker (Sitzhöhe 16 cm, Sitzfläche 18 x 18 cm) nimmt man im Sattelsitz Platz (vgl. Abbildung 25). Die Hände können mit den Handinnenflächen nach oben oder unten auf die Knie gelegt werden oder man kann sie ineinander legen.

Abbildung 25: Fersensitz als Sattelsitz

Schauen Sie während des Meditierens mit halboffenen Augen auf einen Punkt vor Ihnen auf dem Boden. Der Blickwinkel nach unten sollte etwa 45 Grad betragen; der Punkt liegt also ungefähr in einer Entfernung vor Ihnen, die dem Abstand Ihrer Augen vom Erdboden entspricht. Gegebenenfalls müssen Sie dazu Ihren Kopf, der sich auf einer geraden Linie, die durch den Oberkörper verläuft, befindet, ein klein wenig neigen.

Für den europäischen Menschen gehören die Begriffe „Körpermitte", „Herz" und „Brust" – vom Gefühl her – zusammen. Im Gegensatz dazu befindet sich die eigentliche „Mitte" des menschlichen Körpers – wie Yoga und Zen lehren – im Bauchraum. Der physikalische Schwerpunkt liegt etwa in Nabelhöhe. Wenn Sie eine „Bauchwelle" am Reck ausführen, liegt der Drehpunkt in der Nähe des Schwerpunktes. Wie die meisten Menschen unseres Kulturkreises, werden jedoch auch Sie vermutlich zunächst Ihren somatischen Schwerpunkt als wesentlich höher liegend empfinden; das „Schwerpunktgefühl" trügt also. „Hara" ist im japanischen Zen die Verfassung des Menschen, in der er seinen Schwerpunkt im Bauchraum hat. Erst wenn Sie Ihren somatischen Schwerpunkt dort empfinden, wo der physikalische liegt, sind Sie im Hara; dann kann sich das Gefühl des In-der-Mitte-Seins entwickeln und Sie können die Kraft in Ihrem Unterbauch spüren und halten.

Damit man gelöst sitzt und eine verkrampfte Haltung ablegen kann, ist es hilfreich, sich mit dem Oberkörper etwas einzupendeln. Einpendeln nach vorn, nach hinten, nach rechts und nach links bringt den Übenden aus den Verspannungen seines Körpers heraus. Je entspannter man sitzt, je leichter schwingt der Atem. Ruhig, regelmäßig und tief; diese drei Eigenschaften sollte der Atem haben. Der ganze Bogen des Lebens ist im Atem enthalten: Immer neu sich empfangen im Einatmen, immer neu sich hingeben im Ausatmen.

Die Hände kann man auf die Knie legen, so daß die Innenflächen nach unten oder nach oben zeigen. Schalenförmig nach oben zeigende Handinnenflächen stellen eine Geste der Empfänglichkeit dar. Rechtshänder können auch ihre linke Hand –

ihre passive („weibliche") Hand – in die rechte aktive („männliche") legen (vgl. Abbildung 26). Linkshänder machen es umgekehrt. Die passive Hand liegt auf der aktiven und „bändigt" sie. Die Daumen sollten – vergleichbar einer herabgelassenen Zugbrücke – horizontal liegen, wobei die Daumenspitzen einander berühren. Daumen und Zeigefinger beider Hände bilden somit einen abgeflachten Kreis. Die ineinander gelegten Hände liegen leicht im Schoß; sie berühren den Leib locker und werden an den Oberschenkeln abgestützt, um Verspannungen zu vermeiden, die bei „freischwebender" Haltung der Hände auftreten können.

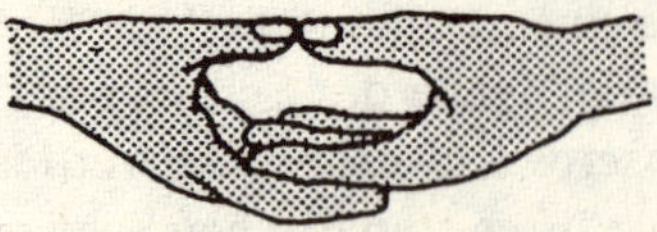

Abbildung 26: Haltung der Hände beim Meditieren

b) Wo, wann, wie oft üben?

Suchen Sie einen ruhigen Ort auf, an dem Sie während Ihrer Übung nicht gestört oder abgelenkt werden. Sie können sich zum Beispiel in der eigenen Wohnung eine Meditationsecke einrichten. Durch Vorziehen eines Vorhangs läßt sich ein günstiges Halbdunkel herstellen. Bitten Sie die Menschen, mit denen Sie zusammenleben, auf Ihr Bedürfnis nach Alleinsein Rücksicht zu nehmen.

Wie man die tägliche Meditation in den Tagesablauf integriert, muß jeder nach seinen Lebensumständen entscheiden. Wer mit dem Aufstehen keine Probleme hat, sollte die Morgenmeditation bevorzugen. Der ganze weitere Ablauf des Tages kann dadurch positiv beeinflußt werden.

Graf Dürckheim schlägt vor, sechsmal in der Woche zu üben. Aus eigener Erfahrung läßt sich der Rat geben: Meditieren Sie möglichst oft; im Minimum einmal pro Woche. Wenn Sie regelmäßig einmal in der Woche üben, werden Sie bald spüren, daß es hilfreich und angenehm wäre, es öfter zu tun.

Das gewöhnliche Maß einer Meditation ist eine halbe Stunde. Im Minimum sollte man zehn Minuten lang üben. Sie werden merken, daß Sie durch das Meditieren sogar Zeit gewinnen. Durch meditatives Üben werden Sie gesammelter und innerlich geordneter und Sie stellen fest, daß diese oder jene Beschäftigung, die Sie bisher für unverzichtbar gehalten haben, eigentlich überflüssig ist.

Man muß auch damit rechnen, daß es ,,Trockenzeiten" gibt, in denen einem das Meditieren überhaupt nicht ,,schmeckt". Wichtig ist es, auf solchen ,,Durststrecken" auszuhalten und dabei die Zeitdauer des Übens eher zu verlängern als sie zu verkürzen. Man wird die Erfahrung machen, daß sich inneres Erleben allmählich von selbst wieder einstellt.

Die Atmosphäre in einer Gruppe, umgeben von anderen Meditierenden und ihrem Schweigen, kann eine große Hilfe sein, in die eigene Tiefe zu kommen und dort zu bleiben.

Wer die Meditation beenden will, muß die inneren Vorgänge langsam ausklingen und zur Ruhe kommen lassen, damit nichts zerstört wird, was vorher gewachsen ist. Sie werden nach kurzer Zeit erleben, daß Ihnen von jeder Übung etwas bleibt; eine Erfahrung, um derentwillen es sich lohnt, den Weg weiter zu gehen.

3. Yoga

Das Wort *Yoga* geht auf das indogermanische ,,Yug" oder ,,Jug" zurück und hat etwa die Bedeutung von ,,ins Joch gehen" oder ,,sich selbst bemeistern". Der Yoga wird zuerst in den Upanischaden, im Sanskrit verfaßten Schriften, erwähnt. ,,Der klassische Yoga wurde im 5. Jahrhundert n. Chr. von Pantañjali entwickelt. Er ist theistisch, sah aber ,Gott' (Iśvara) nicht als Weltschöpfer, sondern als Idealseele, die im Besitz der rechten Erkenntnis nicht dem Werden und Vergehen unterworfen ist" (Lay, 1979, S. 15).

Der Yoga besteht aus verschiedenen Systemen. Die in den Ländern Westeuropas praktizierte Technik ist fast ausschließlich der Hatha-Yoga mit seinen Körper- und Atemübungen. Diese Übungen können „Gymnastik für die Seele" sein. Seine volle Entfaltung als Lebenshilfe erfährt der Yoga jedoch erst in Systemen wie dem Rāja-Yoga, einem Weg der Askese und Meditation.

Die altindische Ātman-Brahman-Philosophie geht davon aus, daß in der Realität unserer Welt der ursprüngliche Gleichklang zwischen dem unvergänglichen Selbst (ātman) und der ewigen Kraft (brahman) gestört wird durch den ruhelosen Geist des Menschen mit seinen Wünschen, Begierden und Zweifeln. Dabei wird im Hinduismus das „brahman", der Urgrund, das Absolute, nicht personal verstanden. Yoga-Meditation zielt darauf ab, einen Zustand zu erreichen, in dem durch Ruhigstellen des menschlichen Geistes die innere und äußere Ordnung, die Harmonie zwischen dem ewigen ātman im Menschen und dem göttlichen brahman, wieder hergestellt wird. Das ātman muß mit dem brahman vereinigt werden, wenn der Mensch frei werden will. Dem Menschen wird dabei die Fähigkeit zugeschrieben, dieses Ziel durch eigenes Bemühen zu erreichen. Nach christlichem Glauben kann sich der Mensch – im Gegensatz dazu – nicht selbst erlösen, sondern er muß durch Jesus Christus erlöst werden. Da der Mensch nach der Lehre des Yoga selbst Teil des alles Sinnliche übersteigenden Sinns ist, braucht er nicht erlöst zu werden; er kann den letzten Schritt zur Vereinigung mit der Urkraft selbst vollziehen.

Das Elend des menschlichen Lebens hat nach hinduistischer Auffassung seine alleinige Ursache in der „Unwissenheit", in der Unkenntnis der wahren Natur des Geistes. Läßt sich der Mensch nur von seinen Sinnen leiten, so verwechselt er seine Emotionen mit dem Wesen des Geistes, er unterliegt dem Trug seiner Sinne. Aus dieser Täuschung führt den Yogi an der Schwelle der Erleuchtung die Erfahrung seines unvergänglichen Selbstes heraus.

Zen – ein spezielles System der Versenkung – ist die Meditation der Buddhisten; angestrebt wird letztlich die Befreiung des Geistes durch Einsicht in das Wesen aller Dinge. Das letzte Ziel des Yoga ist demgegenüber die Vereinigung zwischen dem Individuum und dem im Yoga als unpersönlich verstandenen Absoluten. Yoga-Meditation und Zen haben sich aus denselben Quellen entwickelt und ähneln sich in ihren Methoden.

Nach Pantañjali besteht der Weg des Yoga zur Befreiung des Menschen aus acht Abschnitten (vgl. Lay, 1979, S. 15; Weiss, 1984, S. 13ff., vgl. Tabelle 8).

yama niyama	Beachtung ethischer Normen (nicht töten, nicht lügen, nicht stehlen, nichts besitzen wollen, keusch sein)
āsana	Körperhaltung (Meditationssitz)
prānāyāma	Regulierung des Atems
pratyāhāra	Zurückziehen der Sinnesorgane
dhāranā	Konzentration (Lenkung der Kraft der Gedanken auf einen Punkt)
dhyāna	Versenkung, Kontemplation
samādhi	Vereinigung von ātman und brahman, verbunden mit dem persönlichen Erlebnis eines Glücksgefühls der reinen Erkenntnis. In diesem Stadium ist man sich seiner selbst nicht mehr bewußt.

Tabelle 8: Die acht Stadien des Yoga-Weges

Yoga und Zen sehen ihr Heilsziel in der Gewinnung der Freiheit von Leid und Schmerz und in der Erleuchtung, die grenzenlose Freiheit beschert. In einer Welt voller Schrecken und Unheil ist es daher verständlich, daß von den östlichen Meditation der Buddhisten; angestrebt wird letztlich die Befreiung des Geistes durch Einsicht in das Wesen aller Dinge. Das letzte Ziel des Yoga ist demgegenüber die Vereinigung zwischen dem Individuum und dem im Yoga als unpersönlich verstandenen Absoluten. Yoga-Meditation und Zen haben sich aus denselben Quellen entwickelt und ähneln sich in ihren Methoden.

Nach Pantanjali besteht der Weg des Yoga zur Befreiung des Menschen aus acht Abschnitten (vgl. Lay, 1979, S. 15; Weiss, 1984, S. 13ff., vgl. Tabelle 8).

4. Zen

„Das Wort ‚Zen' kommt vom indischen ‚dhyāna' und heißt ursprünglich ‚Meditation'" (Enomiya-Lassalle, in: Reiter, 1976, S. 55). Die Wurzeln des Zen liegen in der buddhistischen Heilslehre. Ziel dieses – von der japanischen Mentalität her gestalteten – atheistischen Buddhismus ist die Erlangung des „satori" (= blitzartige Erleuchtung), einer Wesensschau, wie sie angeblich dem historischen Buddha Gautama zuteil wurde.

Nach wie vor kontrovers sind in der Literatur die Auffassungen über die Natur des Zen. C.G. Jung zum Beispiel war der Ansicht, es handele sich beim Zen nicht um eine Religion, sondern um eine psychologische Methode. Im Gegensatz dazu sind Ruth Sasaki und andere der festen Überzeugung, Zen sei vor allen Dingen eine Religion.

Wer nach der Methode des Zen meditiert, geht – ebenso wie beim Yoga – von einer Körperhaltung aus, die eine Ruhigstellung bewirkt und sucht von dort aus, unter Einbeziehung der Atmung, den Weg zu innerer Harmonie; damit kommt er – nach einer Formulierung, die auf Johannes B. Lotz zurückgeht – von der *Haltung* zum *Gehalt*. Bei der Bildmeditation zum Beispiel wird, im Gegensatz dazu, der Weg in umgekehrter Richtung – also vom Gehalt zur Haltung – beschritten.

a) Nirwana – das Ziel des buddhistischen Heilsweges

Zen ist eine, in allen Sekten des Buddhismus gepflegte Art der Meditation, die um 520 von Indien nach China und von dort etwa um das Jahr 1200 nach Japan gelangte.

Das Wort „Buddha" stammt aus dem Sanskrit und heißt übersetzt „der Erleuchtete". Es ist der Ehrenname des indischen Prinzen Siddharta Gautama, der etwa 500 Jahre vor Christus lebte und die Religion des Buddhismus stiftete. „Erleuchtung" wird in diesem Zusammenhang als Einsicht in die Nichtigkeit der Welt und in den rechten Weg der Erlösung verstanden.

„Die Lehre des Buddha gilt als atheistische Religion, das heißt sie leugnet einen wesentlichen Einfluß eines Gottes auf das Leben des Menschen. Besonders hinsichtlich der Heilsfrage, der zentralen Frage des Buddhismus, lehrt der Buddha, daß kein Gott dem Menschen hilft oder helfen kann. Der einzelne muß selbst sein Heil erwirken" (Meier, in: Khoury/Hünermann, 1983, S. 44). Es geht um das Erreichen der Erkenntnis (= „dharma"); dadurch soll der Zyklus des „karma" (= „Taten") im Rhythmus der Wiedergeburten durchbrochen werden. Der Zen-Buddhismus sucht nach Erleuchtung durch Meditation.

Im Gegensatz zum Christentum glaubt man im Buddhismus nicht an einen personalen Schöpfergott. Das überpersönliche Buddha-Wesen manifestiert sich in der Form verschiedener Götter. Gebet und Meditation sind der Weg, auf dem sich der Mensch seiner in ihm schlummernden Buddha-Natur gewahr wird. Das Beispiel des „Erleuchteten" lehrt den Buddhisten, daß in jedem Menschen das Potential zur Vollkommenheit und die Möglichkeit zum wahren Glück angelegt ist.

Das Ziel des buddhistischen Heilsweges ist das *Nirwana*, ein Seligkeits*zustand* (kein Ort!) jenseits allen Erkennens, Wollens, Hoffens und Imaginierens. „Nirwana" bedeutet nach einem Wort des großen Zen-Meister Daisetz Suzuki: „Absolutes Freisein von Allem". Der Buddha Gautama war nach buddhistischer Überlieferung der erste Mensch, der das Nirwana erreicht hat. In diesem Zustand ist man von allen Wünschen, Leidenschaften, Gefühlen, Sorgen, Reflexionen frei und somit von ,,nichts" befangen. Dieses ,,Nichts" ist also kein objektives Nichts, sondern ein subjektives und es stellt inneres Freisein in denkbar höchstem Maße dar. Wie sich dieses subjektive ,,Nichts" zur höheren Erkenntnis der Wirklichkeit verhält, läßt sich an einem Beispiel veranschaulichen: Jemand, der am Anfang des Lernens eines Musikinstrumentes steht, ist innerlich nicht frei. Das Instrument, die Noten, einzelne Regeln der Übung, Hoffnung auf Erfolg, Zweifel am Fortschritt, Eitelkeit . . . machen ihn befangen. Wenn – im Gegensatz dazu – ein Virtuose spielt, existiert für ihn in seinem Bewußtsein ,,Nichts": Kein Instrument, keine Noten, keine Zuhörer. Dieses ,,Nichts" ist Kennzeichen höchster Meisterschaft in jeder Kunst. Das eigentliche Anliegen des Zen-Buddhismus ist es, diese Meisterschaft auch im geistigen Leben zu verwirklichen. Im Zustand des Nirwana gibt es keinen Unterschied zwischen Subjekt und Objekt, Leben und Tod, Vergangenheit und Gegenwart, Diesseits und Jenseits. Im Augenblick des inneren ,,Frei-seins" ist alles präsent. Wie zum Beispiel das Musikinstrument und der zu spielende Gehalt der Noten bei der künstlerischen Unbewußtheit objektiv da sind, leugnet man auch im Zen-Buddhismus das objektive Vorhandensein des Gegenständlichen im geistigen Erkennen nicht. In dem Moment, in dem man jedoch vom Objekt spricht, tritt im Subjekt eine Befangenheit ein und zerstört jene höhere Einheit von Subjekt und Objekt. Darin liegt die Begründung dafür, warum man im Zen-Buddhismus nicht von einem bestimmten höheren Wesen spricht. Man will ein solches Wesen damit nicht ausdrücklich ablehnen; danach zu fragen, führt nach buddhistischer Lehre jedoch bereits zu innerer Befangenheit, die den Menschen daran hindert, zu höherer Erkenntnis zu gelangen. Dem Zen-Buddhismus kommt es auf das innere Erlebnis dieses Wesens im Nirwana an – und nicht auf die Frage nach Existenz oder Nichtexistenz dieses Wesens außerhalb des Nirwana. Ein japanischer Zen-Meister würde das Gottesproblem etwa folgendermaßen umschreiben: Man muß Gott suchen, aber wer Gott finden *will*, findet ihn nicht.

Christliche Meditation strebt – im Gegensatz dazu – nicht nach dem „Nichts". Für den Christen hat das Geheimnis dieser Welt einen Namen, den er rufen kann: Jesus Christus; in ihm ist der Urgrund des Lebens und der Welt offenbar geworden. Der christliche Glaube zielt nicht auf die Aufgabe des persönlichen Ichs, sondern auf personale Vollendung.

b) „Hara, die Erdmitte des Menschen": Wege in die Mitte

Knapp unter dem Bauchnabel liegt – umgeben von einem „Kraftfeld" – die Mitte des Menschen. Es handelt sich dabei um eine geheimnisvolle Zone des Körpers, eine Art „seelisches Kraftwerk"; die dort bereitgestellte Energie wartet nur darauf, abgerufen zu werden. „Unsere Mitte dürfen wir uns nicht nach Art einer ebenen Fläche vorstellen, sondern nach Art einer Schale, bei der der mittelste Punkt zugleich der tiefste ist. Wer also in seine Tiefe kommt, gelangt zugleich in seine Mitte" (Tilmann, 1982, S. 18). Graf Dürckheim hat einer Grundübung zur rechten menschlichen Haltung ein eigenes Buch gewidmet: „Hara – die Erdmitte des Menschen".

Menschen mit „geschwollener" Brust und ohne Basis orientieren sich an dem militärischen Motto: „Brust raus, Bauch rein". Menschen, die im Hara sind, haben ihren Schwerpunkt – ihre Basis – in dem Muskel, der unter dem Nabel liegt. Wer seinen Schwerpunkt im Hara-Muskel und nicht, wie die meisten westlichen Menschen, in der angespannten Schulterpartie empfindet, ist körperlich standfester und befindet sich personal in seiner Mitte. Der Mensch, der im Hara ist, hat sich *in* seinen Schultern losgelassen, er hat sich im Bauch-Becken-Raum niedergelassen, er fühlt sich im Bauch-Becken-Raum und spürt sich damit im Hara; er lebt nicht in seiner Peripherie, sondern körperlich und personal in seiner Mitte. Ein Mensch, der in seiner Mitte ist, ist nicht aufgeregt, sondern gelassen. Jemand, der sich leicht kränken läßt, ist zum Beispiel nicht in seiner Mitte. Wenn jemand etwa einen Vortrag halten soll und vorher nervös wird, dann ist er aus seiner Mitte herausgefallen.

In seiner Mitte zu sein bedeutet auch, fähig zu sein, über Kräfte, die man hat, auch wirklich disponieren zu können. Wer im Hara ist, kann eine geheimnisvolle Kraft in sich entwickeln und in sich spüren, die die Japaner *Ki* nennen. Ki ist nach Graf Dürckheim die Kraft, die aus der Spannung von Himmel und Erde resultiert und die in jedem von uns vorhanden ist. Es ist eine Kraft, die aus einer unerklärlichen kosmischen Energie entsteht, eine Kraft, die man einfach zuläßt und die dann plötzlich in einem wirkt; eine Kraft, die auch als Muskelkraft in Erscheinung treten kann. Ki ist demnach eine ,,Tiefenkraft", die man nicht machen, sondern nur zulassen kann.

Wer den Ratschlag eines Weisen des Ostens: ,,Tu alles, was du tust, ganz" befolgt, gelangt in die *Mitte seines Tuns* und er kommt dabei zugleich in seine *eigene Mitte*. ,,Liest du, so lies ganz. Bist du bei deiner Frau, so sei ganz für sie da. Spielst du mit deinen Kindern, so spiele mit ihnen ohne Vorbehalt. Ißt du, so iß wie einer, der darin Beschenkung erfährt. Sprichst du mit jemandem, so sei ganz da zum Hören und geistigen Geben. Tu es so bei allem, bei der Arbeit und beim Schlafen, in der Freizeit und im Gebet. So wirst du mitten im Leben den Weg in die Tiefe finden" (Tilmann, 1981, S. 169). Wer sich so verhält, tut nichts beiläufig und nebenbei, sondern er verwirklicht in seinem Tun sein Leben und damit sich selbst.

Im Zusammenhang mit der ganzheitlichen Betrachtung des Menschen ist auch der richtige Umgang mit dem Atem fundamental wichtig. Besondere Bedeutung kommt dabei dem Ausatmen zu. In einer Schrecksituation zum Beispiel wird meistens kurz eingeatmet und dann der Atem angehalten. Das Gegenteil wäre richtig: Im Ausatmen wird man ruhig, im Ausatmen gewinnt man Gelassenheit. ,,Im Widerspruch zu dem, was der Laie denkt, steht in der Übung am Anfang der Ausatem, nicht der Einatem. Man muß das Gewordene immer wieder hergeben, um das Ungewordene empfangen zu können. Wer glaubt, erst nehmen zu müssen, um geben zu können, überträgt die Einstellung des auf Besitz und Bestehen gerichteten Welt-Ichs auf die auf seine Überwindung gerichtete, dem Aufgehen des Wesens dienende Bewegung . . . Der rechte Einatem kommt von selbst und ist das Geschenk eines guten Ausatems" (Graf Dürckheim, 1985, S. 85).

Für das Meditieren wird eine Tonuslage etwa in der Mitte zwischen völliger Entspannung und Überspannung – also zwischen Aktivität und Passivität – angestrebt. Der Übende stellt sich im Zustand des Hellwach-Seins auf völlige Gedankenlosigkeit ein. Der Meditierende kann sich, als Hilfe zur geistigen Sammlung – *ohne* dabei steuernd einzugreifen – auf den Rhythmus seiner Atmung konzentrieren. „Sich loslassen, sich niederlassen, eins werden, neu werden" lautet eine auf Karlfried Graf Dürckheim zurückgehende „innere" Formel, die das Atemgeschehen begleiten kann (Graf Dürckheim, 1981, vgl. Tabelle 9).

„Sich loslassen" heißt unter somatischem Blickwinkel zum Beispiel nicht, die Schultern loszulassen, sondern sich *in* den Schultern loszulassen; unter psychisch-geistigem Aspekt bedeutet es, vertrauensvoll alle Sorgen loszulassen. „Sich niederlassen" bezieht sich auf die Verlagerung des Schwerpunktes nach unten und bedeutet zugleich „das Hineinfinden zu einem Grundvertrauen, das keine rationale Legitimation in Gestalt erkennbarer oder geglaubter Sicherungen braucht . . . In religiöser Hinsicht bedeutet das das Erfahren eines echten Glaubens, der definiert werden kann als: *Sprung in Unbekannt, ohne Rest, voller Vertrauen*. Es ist, als bewähre sich hier schon eine Ahnung von einem Leben, das jenseits ist von Leben und Tod und so das Sterben in Freiheit möglich macht" (Dürckheim, 1981, S. 155 f.). „Eins werden" beschreibt nicht nur das harmonische Zusammenspiel von Psyche, Geist und dem auf seinem Grund verwurzelten Leib, sondern es bedeutet für den, der sich auf die Basis des Seins einläßt, auch vertrauensvolle Offenheit demgegenüber, was die Welt begründet. Schließlich kann dann im Einatmen leibliches „Neu-Werden" und seine seelisch-geistige Entsprechung in der Form erfolgen, daß auch in der Vorläufigkeit des irdischen Daseins ein letztgültiger Sinn immer wieder transparent wird.

Formelteil	Kopplung mit
,,sich loslassen'', ,,sich niederlassen''	Ausatmen
,,eins werden''	Atempause
,,neu werden''	Einatmen

Tabelle 9: ,,Innere'' Formel zur Begleitung des Atemgeschehens (nach Graf Dürckheim)

c) ,,Leerwerden'' im Sinne des Zen: Das Nicht-Denken denken

Za-Zen (Za = Sitzen) ist ein Meditieren ohne Gegenstand oder Thema. Angestrebt wird die innere *Leere*. Wer frei wird von inneren Bildern, Wünschen, Sorgen und sonstigen Gedanken, wird gleichsam zur leeren und damit aufnahmebereiten Schale.

Der Reifen eines Rades wird
gehalten von den Speichen,
aber das Leere zwischen ihnen
ist das Sinnvolle beim Gebrauch.

Aus nassem Ton formt man Gefäße,
aber das Leere in ihnen ermöglicht
das Füllen der Krüge.

Aus Holz zimmert man Türen und Fenster,
aber das Leere in ihnen macht das
Haus bewohnbar.

So ist das Sichtbare zwar von Nutzen,
doch das Wesentliche bleibt unsichtbar.

Lao-tse

Lassen Sie den Ausdruck ,,das Leere in Ihnen'' auf sich wirken; darin wird eine fundamentale Erfahrung angesprochen. Das ,,Wesentliche'' ist die Weise, in der eine höhere Welt sich in unserer Raum-Zeit-Wirklichkeit manifestiert. Die Seinserfahrung, die dieser Spruch beschreibt, lautet: Das Stoffliche birgt Nutzbarkeit, das Unstoffliche birgt Wesenheit. Alles, was uns umgibt, hat damit einen doppelten Wirklichkeitsgehalt.

Die Begegnung mit diesem Vers des Tao-te-king von Lao-tse bezeichnet Graf Dürckheim als Wendepunkt seiner geistigen Entwicklung, als seine „große Seinserfahrung". „Und plötzlich geschah es! Während ich zuhörte, durchfuhr mich ein Blitz. Der Vorhang zerriß. Ich war erwacht! Ich hatte das ‚Es' erfahren. Alles war und war nicht, die Welt und durch sie hindurch der Einbruch einer anderen Wirklichkeit . . . Die Wirklichkeit, die mich umgab, bestand plötzlich aus zwei Polen: der eine, der unmittelbar sichtbar war, und der andere, unsichtbar, der doch das Wesen dessen war, was ich sah. Ich sah wirklich das Sein . . . Wir glauben, daß die einzige Wirklichkeit jene von Raum und Zeit ist, und für Descartes ist wirklich nur das, was sich in ein System vorgefaßter Begriffe einordnen läßt; aber all dies ist nichts als die Hülle von etwas ganz anderem und verbirgt in Wahrheit die tiefere Wirklichkeit" (Graf Dürckheim, 1985, S. 12 und S. 8).

Die Meditation ist die wichtigste religiöse Übung für jeden Buddhisten; sie ist die in der Konzentration des Geistes gesuchte Verwirklichung des eigenen Buddha-Wesens.

In buddhistischen Klöstern ist Einfachheit und Konzentration der Maßstab für alles Tun. Grundlegendes Element des Zen-Buddhismus ist das Za-Zen, das stundenlange (bis zu 16 Stunden pro Tag!) gemeinsame, schweigende Sitzen der Mönche und Schüler – meist im Lotossitz – im Dämmerlicht eines Zen-Tempels. „Za-Zen" ist Sitzen („Za") in Meditation („Zen"); ein Weg nach innen, eine Rückkehr zu sich selbst. Ein buddhistischer Priester (Bonze) geht durch die Reihen der Meditierenden und versetzt jedem, der seine Meditationshaltung verliert oder schläfrig wird, mit einem langen Bambusstock einen Schlag oder mehrere Schläge auf die Schultern. „Es wird hier mehr, dort weniger, hier fester, dort sanfter geschlagen. Ein Europäer, der das zum erstenmal mitmacht, ist meist empört und ungehalten darüber und meint, daß solche Methoden nicht in die heutige Zeit passen. Wenn er sich trotzdem nicht abschrecken läßt, wird er freilich bald bemerken, daß ein Schlag mit dem Stab eine lockernde Wirkung hat. Der versteifte Körper wird aufgefrischt und der Schlaf vertrieben" (Enomiya-Lassalle in: Reiter, 1976, S. 63). Die beschränkte Nahrungsaufnahme, das Atmen während der Sitzmeditation und das Einschieben von Pausen erfolgen nach festen Regeln. Am Ende der Übungszeit wird man durch einen Gong aus der Versenkung geholt.

Damit die Tiefe des Bewußtseins erfahrbar wird, muß zunächst der Strom der Gedanken, die wie „herumtollende Affen" unablässig „von einem Ast des Baumes zum anderen springen", zur Ruhe gebracht werden. Durch Willenskraft allein ist der unruhige menschliche Geist nicht zu bändigen. Meister Dogen gab vor über 700 Jahren in diesem Zusammenhang den Rat: „Denke das Nichtdenkende". Dabei geht es „um ein Nichtdenken, das nicht gleichbedeutend ist mit einem Zustand des bloßen Dösens". Eine andere gebräuchliche Formel für diese Haltung lautet: „Ohne Begriffe und ohne Gedanken" (munen-muso). Man könnte das Za-Zen demzufolge als „Meditation ohne Gegenstand und Thema" bezeichnen (Enomiya-Lasalle, in: Reiter, 1976, S. 57). Wenn das unruhige Bewußtsein schweigt, kann über den Meditierenden eine tiefe mystische Erfahrung von Ruhe, Glück und Frieden hereinbrechen, die sich der näheren Beschreibung weitgehend entzieht, da sie jenseits der sprachlichen Ausdrucksfähigkeit des Menschen liegt. Angestrebt wird ein Da-Sein ohne jede vom Ich gelenkte geistige Aktivität, in dem das Ich sich öffnet und rezeptiv wird. Ziel ist damit ein Zustand des Hörens – ohne, daß man sich jedoch bemüht, etwas zu hören, denn eine solche Anstrengung wäre bereits wieder vom Ich veranlaßt und gesteuert. Es geht um vertrauensvolles „Lassen" und *nicht* um „Machen"; also nichts erzwingen wollen, sondern geschehen lassen.

Das Freiwerden von Gedanken ist nur schwer zu erreichen. Da zielgerichtetes, diesbezügliches Bemühen dazu führt, daß sich innere Bilder nur um so nachdrücklicher aufdrängen, sollte man spontan auftauchende Vorstellungen zulassen und möglichst nicht darauf eingehen. Eine gute Hilfe zur Erreichung innerer Leere ist die Konzentration auf den eigenen Atem oder die Beschäftigung mit einem Kôan (vgl. Teil 2; Kapitel 9; 1.).

Das Leer-Sein in Stille – also das Freisein von eigenen Gedanken und Gefühlen, sowie von Reizen jedweder Art im hellwachen Zustand – ist auch die optimale Voraussetzung für objektorientiertes Üben in Form der Bild-, Musik- oder Wortmeditation. Die spezifische Ausstrahlung eines Bildes, eines Musikstückes oder eines Wortes kann im Gleichgewicht von Körper-Sein und Körper-Haben weitgehend ungestört erfahren werden. Wer so meditiert, kann die *Technik* östlicher Meditation mit *Gehalten* des Westens verbinden. Auch in der westlichen Tradition gibt es – etwa bei Meister Eckhart – objektlose Meditation und im Osten – zum Beispiel im Hinduismus – objektorientierte.

d) Zu sich selbst kommen: Hilfen zur geistigen Sammlung

Leere im Sinne des Zen ist die Leere, die die eigentliche Fülle in sich birgt. Der Meditierende muß leer werden von Vorstellungen, inneren Bildern, Wünschen und Begierden. Das Atemzählen, das innere Verfolgen des Atems und das Kôan sind Hilfen, die dem Zen-Meditierenden zur Verfügung stehen, um „die Konzentrationsfähigkeit, besonders die Fähigkeit, sich auf nichts zu konzentrieren, zu steigern" (Lay, 1979, S. 242). Die Präsenz des Verstandes verhindert das Gefühl für die Religiosität und die Tiefe des Menschen. In der Wiederholbarkeit der Atemübungen oder eines Kôans eröffnet sich eine Möglichkeit für das „Einschläfern" des Verstandes. Was man mit seinem begrifflichen Verstand versteht, hat keine Tiefenbedeutung mehr; es kann gemeistert werden. Im Gegensatz dazu kann das, was für den Meditierenden religiöse Bedeutung hat, nicht von ihm gemeistert werden, sondern es meistert den Übenden.

Das *Atemzählen* ist eine Hilfe zur geistigen Sammlung. Lenken Sie Ihre Aufmerksamkeit ganz auf Ihren Atemrhythmus und verfahren Sie wie folgt: Versuchen Sie, die Spannungen in den

Schultern loszulassen. Es nützt nichts, die Schultern loszulassen; man muß sich *in* den Schultern loslassen, sich allmählich herunterlassen in den Bauch-Becken-Raum und dabei den Kopf freimachen von Gedanken und Bildern, indem man sich auf *eine* Sache konzentriert, in diesem Beispiel auf den Atem.

Denken Sie beim	jeweils
Einatmen	eins
Ausatmen	zwei
Einatmen	drei
Ausatmen	vier
Einatmen	fünf
Ausatmen	sechs
Einatmen	sieben
Ausatmen	acht
Einatmen	neun
Ausatmen	zehn

Ist die Zahl zehn erreicht, wird wieder von vorn begonnen. Konzentrieren Sie sich ganz auf das Zählen. Wenn Ihre Gedanken abschweifen, beginnen Sie beim nächsten Einatmen einfach wieder von ,,eins'' ab zu zählen.

Eine andere Form des Atemzählens besteht darin, daß man nur den Aus-Atem zählt, bis die Zahl ,,zehn'' erreicht ist. Anschließend beginnt man wieder von vorn mit der Zahl ,,eins'' und zählt, bis man wieder bei ,,zehn'' angekommen ist. Dem Einatmen (Aufladen, Spannen) wird bei dieser Variante des

Atemzählens keine Beachtung geschenkt, registriert wird nur das befreiende, lösende Ausatmen, in dem man „sich lassen kann".

„*Es*" atmet, nicht: *ich* atme, ist das Ziel, das es beim inneren Verfolgen des Atems zu erreichen gilt. Dazu konzentriert man sich völlig auf das Ein- und Ausströmen der Atemluft und überläßt sich ganz dem Rhythmus seiner Atmung. Die Methode des geistigen Verfolgens des Atems, bei der man seinem natürlich fließenden Atem gleichsam mit dem „geistigen Auge" zuschaut, wie er kommt und geht, ohne willentlich in ihn einzugreifen, ist für den Anfänger in der Regel wesentlich schwieriger zu erlernen als das Atemzählen.

Eine weitere Konzentrationshilfe ist die Beschäftigung mit einem Kôan, einem Rätsel, das mit dem Verstand nicht zu lösen ist. Ein Kôan ist eine alogische, paradoxe Aussage oder eine Frage, auf die es keine Antwort gibt – ein sinnloser Rätselsatz. Die intensive Versenkung in einen Kôan soll den gewohnten Verlauf von Denkprozessen unterdrücken und zur „Entleerung" des Bewußtseins beitragen. Der Übende soll „mit allen Kräften versuchen, das Unlösbare zu lösen, das Unverständliche zu verstehen, damit das Denken darüber zur Ruhe und endlich zur Aufgabe kommt" (Lay, 1979, S. 242).

Beispiele

– „Der japanische Meister *Hakuin* klatschte in die Hände, dann erhob er die eine Hand und verlangte von seinem Schüler: ‚Höre den Ton der einen Hand!' . . . Der Schüler sucht zunächst eine logische Lösung zu finden. Nach einiger Zeit wird ihm klar, daß es auf diesem Wege keine Lösung gibt. Nun gibt er das logische Denken auf. Aber inzwischen ist er so in das Problem verstrickt, daß er es nicht mehr los wird" (Enomiya-Lassalle in: Reiter, 1976, S. 60).

– „Wenn du auf dem Weg einem Meister des Weges begegnest, darfst du ihm nicht mit Worten und nicht mit Schweigen erwidern. Was also willst du ihm erwidern?"
Dieses Kôan aus der Sammlung des Meisters Wu-men „fordert die Haltung der Leere jenseits von Schweigen und Sprechen ein. Aus dieser Leere wird jede Antwort richtig sein, Schweigen wie Sprechen. Diese Leere kommt aus der vollkommenen Begegnung mit den Dingen der Wirklichkeit" (Lay, 1979, S. 246).

5. Transzendentale Meditation und Benson-Technik

Das System der Transzendentalen Meditation – propagiert als Programm des geistigen Friedens – geht auf Maharishi Mahesh Yogi zurück, der etwa 1918 in Indien geboren wurde und der diese Methode von seinem Lehrer Guru Dev erhalten haben will. „Maharishi" („der große Seher") nennt sich Mahesh Yogi seit Mitte der fünfziger Jahre. Transzendentale Meditation ist eine an das westliche Denken angepaßte Mantra-Meditation, die Elemente aus der Tradition des Hinduismus enthält und fast eine Million Anhänger – zwei Drittel davon in den USA – hat. Das Verfahren wurzelt in der uralten vedischen Überlieferung und wird heute in standardisierter Form angeboten; es ist in einem mehrtägigen Grundkurs leicht erlernbar und kann, relativ unabhängig vom Therapeuten, individuell zu Hause durchgeführt werden.

Angestrebt wird, mit Hilfe dieser mentalen Technik, ein Zustand reinster Bewußtheit. Dieses Ziel soll spontan und anstrengungslos – ohne jede Autosuggestion – erreicht werden, durch eine systematische Hinwendung der Aufmerksamkeit nach innen. Die Technik der Transzendentalen Meditation wird von Maharishi Mahesh Yogi definiert „als ein Wenden der Aufmerksamkeit zu feineren Gedankenbereichen hin, bis der Geist die Erfahrung des feinsten Gedankenzustandes transzendiert und am Ursprung des Gedankens ankommt" (Maharishi Mahesh Yogi, 1971, S. 450).

„Entspanne Dich jetzt – genieße Dein Leben!" fordert die Transzendentale Meditation. Die Praktizierung des Verfahrens ist denkbar einfach: Man setzt sich täglich zweimal – möglichst jeden Morgen und jeden Abend vor dem Essen – je zwanzig Minuten in einen bequemen Sessel, schließt die Augen und sammelt sein Bewußtsein auf ein Mantra hin; ein in Intensität und Rhythmus flexibles Klangwort aus dem Sanskrit (zum Beispiel: „Om"). Durch die häufige, stumme Wiederholung des Mantras, dessen Wortsinn dem westlichen Denken meist verschlossen bleibt, sollen gewohnte Denkbahnen und Assoziationsketten durchbrochen werden, die Aufmerksamkeit soll sich vom Konkreten abwenden, die Wahrnehmung vom Äußeren auf das Innere richten, das Bewußtsein soll „entleert" werden. Auf diese Weise soll der Meditierende durch die zahlreichen Schichten seines Bewußtseins in sein innerstes Bewußtsein vordringen und die Grenze zum kosmischen Bewußtsein überschreiten (transzendieren).

Das mentale Geschehen bewirkt eine körperliche Entspannung, die ihrerseits – aufgrund des psycho-physischen Wechselwirkungsprinzips – eine seelische Entspannung mit sich bringt.

Das Ausschalten von äußeren und inneren Reizquellen und die Konzentration auf einen monotonen Reiz führen dazu, daß die störende Flut von Gedanken eingedämmt wird. Innere Erfahrungen während der Meditation werden nicht begrifflich erfaßt, sondern sie werden – ohne Kontrolle oder gar Zensur – einfach „zugelassen". Die Eigengesetzlichkeit der stetigen stereotypen Wiederholung des Mantras versetzt den Meditierenden bezüglich der auftauchenden Erlebnisinhalte in eine eher distanzierte, betrachtende Haltung, vergleichbar etwa dem subtilen Prozeß der freien Assoziation, wie er in der Psychoanalyse eingesetzt wird. Wichtig ist in diesem Zusammenhang das richtige „Nicht-Wollen". Wer seine Sache besonders „gut" machen will, gerät meist in eine aktive Spannung, die den Prozeß der Meditation aufhebt. Wenn die Gedanken abschweifen, soll sich der Meditierende passiv verhalten und sich nicht anstrengen, um zum Mantra zurückzukehren, sondern er soll einfach die Repetition des Mantras wieder aufnehmen. Gedanken, Gefühle, Bilder oder körperliche Empfindungen, die spontan auftauchen, werden als Ausdruck eines normalen Geschehens mit therapeutischen Eigenschaften betrachtet.

Bei der Mantra-Meditation wird – vergleichbar mit dem Resonanzboden einer Geige – die Fähigkeit des menschlichen Körpers zum Mitschwingen mit einem Laut, der gesprochen, gemurmelt oder nur gedacht wird, ausgenützt. Durch die stumme Wiederholung des formelhaften, mystischen Schlüsselwortes löst sich das Bewußtsein vom Ich und sammelt sich auf ein irrationales Zentrum hin – das in der Regel unverständliche Mantra. Der Übende wird durch diesen psychologischen Trick von seinen individuellen Vorstellungen unabhängig, sein Geist „gleitet" quasi ins Leere. Gegenständliches Bewußtsein führt nicht zur Selbstwahrnehmung; soll Selbstwahrnehmung gelingen, müssen in einem irrationalen Akt Subjekt und Objekt zusammenfallen. Ziel ist eine Bewußtseinserweiterung bei vollständiger Entspannung und Versenkung. Durch diese Erweiterung des Bewußtseins sollen die geistige Klarheit, die Intelligenz und die Kreativität gesteigert werden.

Jedem Teilnehmer eines – teuer zu bezahlenden – Einführungskurses in die Methode wird von seinem in Transzendentaler Meditation ausgebildeten Instruktor, im Namen des Maharishi, ein angeblich ausschließlich für ihn bestimmtes Mantra zugesprochen, das er niemals jemand anderem verraten darf, weil es sonst angeblich seine Wirkung verliert. Da es im System der Transzendentalen Meditation jedoch nur einige Dutzend solcher Mantras gibt, die je nach Alter und Geschlecht des Meditierenden ausgewählt werden, teilt jeder Kursteilnehmer sein Mantra mit vielen anderen Anhängern dieser Methode.

Zu Beginn des Kurses muß jeder Teilnehmer vor dem Bild des Guru Dev ein Opfer darbringen (Blumen, Obst, Taschentuch), um seine Verehrung dieses hinduistischen Lehrers zu dokumentieren. Religionsgeschichtlich betrachtet, ist ein Opfer eine

Gabe, die einem höheren Wesen in ritueller Weise dargebracht wird, um Günstiges zu erlangen und Unangenehmes abzuwehren. Vor diesem Hintergrund kann man der Aussage des Maharishi, daß seine Methode nicht im Zusammenhang mit einer Religion stehe, sicher nicht uneingeschränkt zustimmen; der Hinduismus „schimmert“ unverkennbar durch. Zudem ist der Personenkult, der mit dem Maharishi getrieben wird, fragwürdig.

Die Amerikaner Herbert Benson und Keith Wallace beschäftigten sich intensiv mit der Erforschung der Transzendentalen Meditation und erbrachten den ersten labormäßigen Beweis, daß durch Meditation der menschliche Stoffwechsel stark reduziert werden kann (vgl. Wallace/Benson, 1972, S. 84ff.). Benson entwickelte schließlich seine eigene Form der Meditation, die als Benson-Technik bekannt wurde. Die Methode wird bei entspannten Muskeln, in ruhiger Umgebung, in einer passiven Haltung praktiziert. Das Verfahren besteht aus einer einfachen Atemübung, bei der man sich bei jedem Ausatmen das Wort „eins“ (oder ein anderes selbstgewähltes Wort) denkt. Mit Hilfe dieser Technik kann der gleiche allgemeine Entspannungszustand – von Benson als „Entspannungsreaktion“ bezeichnet – erreicht werden, wie bei der Transzendentalen Meditation. Auf diese Weise ist es auch möglich – ebenso wie bei der Transzendentalen Meditation – den Verbrauch von Sauerstoff, die Ausscheidung von Kohlendioxid und die Atemfrequenz zu senken.

Benson folgerte daraus, daß „jede der uralten oder neu entwickelten Techniken (der Meditation) ungeachtet der angewandten geistigen Mittel die gleichen physiologischen Ergebnisse erzielt“ (Benson, 1975, S. 114). Ablenkende Gedanken sollen nach Benson nicht gewaltsam verdrängt, sondern einfach ignoriert werden. Der Übende soll immer wieder zur Wiederholung des Wortes „eins“ zurückkehren und es mit der Ausatmung koordinieren. Diese Verbindung des Atems mit dem Mantra, bei der der Atem das Mantra kontrolliert, unterscheidet die Benson-Methode von der Technik der Transzendentalen Meditation, in der dem Mantra sein eigenes Tempo gelassen wird.

6. Die Silva Mind-Control-Methode

Der Begriff *„mind“* (Gemüt, Verstand, Denken, Wille, Absicht) umfaßt die gesamte Vielfalt der geistigen Funktionen des Menschen; *„control“* bedeutet: Beherrschung, Kontrolle, Macht, Überwachen, Beaufsichtigen, Gezieltes Einsetzen. Mit Hilfe der *Mind-Control*-Methode soll der Anwender Macht über den eigenen Geist bekommen und sich sein ganzes mentales Potential erschließen. Dieses Trainingsprogramm zur Erweckung verborgener geistiger Fähigkeiten wurde von José Silva 1966 erstmals der Öffentlichkeit vorgestellt.

Silva verspricht bei Praktizierung seiner Methode „den Streß durch Meditation (zu) besiegen“ (Silva/Stone, 1990, S. 133) und verheißt: „Begeisterung statt Streßsymptome“ (Silva/Stone, 1990, S. 69).

Das im folgenden beschriebene Meditationsverfahren (Silva/Stone, 1990, S. 134ff.) ist die wichtigste Übung der Mind-Control-Methode:

- Schließen Sie im Liegen Ihre Augen und drehen Sie die Augäpfel um etwa 20 Grad nach oben. Das leichte Drehen der Augen nach oben unterstützt das Eintreten in den Alpha-Rhythmus.
- Zählen Sie nun *langsam* – im Geiste – rückwärts von 100 bis 1; zwischen jeder Zahl sollten Sie eine Sekunde Abstand lassen. Empfinden Sie dabei, wie Sie tiefer und tiefer in sich gehen.
- Bleiben Sie, nachdem Sie die Zahl 1 erreicht haben, noch für einige Minuten still liegen und genießen Sie die Entspannung.
- Kehren Sie nun in den Wachzustand zurück, indem Sie sich – in Gedanken – folgende Worte „zusprechen“: „Ich zähle jetzt langsam von 1 bis 5. Wenn ich bei 5 angekommen bin, werde ich meine Augen öffnen. Ich fühle mich dann vollkommen wach, ausgeruht, gesund und in besserer Verfassung als je zuvor. 1, 2, 3 . . . Wenn ich meine Augen bei der Zahl 5 öffne, fühle ich mich wach, gesund und besser . . . 4, 5.

Ich öffne die Augen. Ich fühle mich wach, gesund und besser. Und das ist so!"

„Halten Sie streng an der hier angegebenen Methode zum Eintritt in die Entspannung und zum Beenden fest! Nach zehn Tagen zählen Sie für das Eintreten nur noch von 50 bis 1. Nach weiteren zehn Tagen zählen Sie nur noch von 25 bis 1, und zehn Tage später wird Sie schon das Zählen von 10 bis 1 zum Alpha-Rhythmus bringen. Das Beenden der Entspannung geschieht jedesmal durch das Zählen von 1 bis 5. Öffnen Sie die Augen immer bei der Zahl 5, nicht früher und auch nicht später. Das disziplinierte Beachten dieser Anweisung ist grundlegend wichtig, wenn Sie Ihren Geist unter Kontrolle bringen möchten.

Nach *vierzig aufeinanderfolgenden Tagen* des morgendlichen Übens, wobei Sie die letzten zehn Tage von 10 bis 1 zählten, können Sie nochmals abkürzen. Schon das Zählen von 5 bis 1 wird Sie in die nötige Vertiefung bringen.

Sie haben nun eine ‚5-bis-1-Methode' zum Eintritt in die meditative Entspannung und eine ‚1-bis-5-Methode' zum Austritt" (Silva/Stone, 1990, S. 136).

Mit Hilfe der Mind-Control-Methode kann man sich durch „Programmierung" mental auf die Bewältigung von zukünftigen Problemsituationen vorbereiten. Die Programmierung durch Visualisierung erfolgt dadurch, daß man sich im Zusammenhang mit der vorbereitenden Bewältigung eines Problems – im Zustand der Entspannung – auf dieses Problem bezogene „Bilder" vorstellt und diese dadurch im Unterbewußtsein verankert. Die letzte visualisierte Vorstellung stellt dabei die Lösung des Problems dar.

Nachdem das Unterbewußtsein auf diese Weise „instruiert" wurde, kann durch ein auslösendes Signal im gewünschten Moment der Alltagssituation die entsprechende Problemlösung abgerufen werden. In der Silva Mind-Control-Methode wird als Signal das Zusammenlegen der Spitzen der drei ersten Finger einer Hand („Drei-Finger-Technik") empfohlen, da es unauffällig und leicht ausführbar ist. Um das durch das Aneinanderlegen der Fingerspitzen von Daumen, Zeigefinger und Mittelfinger einer Hand gegebene Signal im Unterbewußtsein zu verankern, gehen Sie folgendermaßen vor:

„Nachdem Sie Ihre Augen geschlossen und leicht nach oben gedreht haben und sodann von 5 bis 1 zählten, legen Sie die drei ersten Finger einer Hand aneinander. Sprechen Sie nun im Geiste: ‚Immer wenn ich in Zukunft diese drei Finger aufeinanderlege, wird mein Unterbewußtsein mich aktiv unterstützen. Geistesgegenwärtig und spontan kann ich dann im rechten Moment das Richtige tun und sagen.'" (Silva/Stone, 1990, S. 162).

Eine besondere Bedeutung wird in der Mind-Control-Methode der Stimulierung der Thymusdrüse beigemessen. Diese innere Brustdrüse hat regulierende und steuernde Aufgaben für eine Vielzahl anderer Drüsen und Organe zu erfüllen. Die Thymusdrüse befindet sich in der Gegend der oberen Brustplatte. Leichtes Antippen des Brustbeins im Bereich dieser Drüse (empfohlen wird eine Stimulation von etwa einer Minute Dauer) normalisiert und aktiviert verschiedene Körperfunktionen und erhöht die Leistungsbereitschaft durch Bereitstellung von Energie.

José Silva geht davon aus, daß seine Methode eine Harmonisierung der Arbeit der beiden menschlichen Gehirnhälften bewirkt. Während die linke Hemisphäre die logischen und intellektuellen Funktionen unseres geistigen Tuns steuert, verfügt die rechte Hälfte des menschlichen Gehirns über besondere Möglichkeiten der Intuition, Phantasie und Kreativität. In der Geschichte unseres Kulturkreises haben Sozialisationsbedingungen und Erziehungssysteme zu einer Bevorzugung der linken Hemisphäre geführt; intuitive und kreative Fähigkeiten blieben deshalb in weiten Bereichen unentwickelt. Im Alpha-Rhythmus wird die „rechte Hirnhälfte besonders angeregt und mit den Funktionen der linken in Einklang gebracht" (Silva/Stone, 1990, S. 18).

Die Silva-Methode ist eine ganzheitliche Methode, die sich erschöpfend nicht aus Büchern lernen läßt. Verschiedene Träger von Veranstaltungen zur Erwachsenenbildung und einige niedergelassene Therapeuten bieten entsprechende Kurse an.

7. Initiatische Meditation

Graf Dürckheim nennt die von ihm, zusammen mit Maria Hippius und einer Reihe von Mitarbeitern seit 1948 in Todtmoos-Rütte (Hochschwarzwald) entwickelte psychotherapeutische Methode *initiatische Therapie*. „Initiare" heißt eigentlich: Das Tor zum Geheimen öffnen. Als Einstieg dient die Erinnerung an eine Erfahrung mit einem Ereignis, das einen tiefinnerlich ergriffen hat, das einen mehr als andere Dinge oder Begebenheiten „gepackt" hat. „Inmitten irgendeiner Wirklichkeit dieser Welt können wir von einer Wirklichkeit berührt werden, die nichts mit dieser Welt zu tun hat; es ist eine andere Dimension, die den gewöhnlichen Horizont unseres Bewußtseins transzendiert. Wir sind mit einem Mal von innen ergriffen von etwas, das allem, was innen oder außen ist, der ganzen Stimmung unseres gegenwärtigen Zustands, eine besondere Qualität gibt, die man das ‚Numinose' nennt . . . Es gibt frühe Erfahrungen des Numinosen. Immer wieder kommen Berichte, die so anfangen: ‚Als ich sechs Jahre alt war . . . ich saß auf einer Wiese, ich hörte die Mücken summen und sah die Blumen um mich herum . . .', und dann kommt die Schilderung einer Situation, die gekennzeichnet ist durch das Erfülltsein vom Numinosen. Menschen, die solche Erinnerungen haben, haben eine besondere Chance, auch im Lauf ihres weiteren Lebens Seinsfühlungen zu haben, ja, mehr noch, zu einem bleibenden Innesein des Seins zu gelangen" (Graf Dürckheim, 1985, S. 50 und S. 60).

Nahezu jeder Mensch kann – wenn er in sich hineinhört – von Erfahrungen berichten, die ihn, einem „inneren Erdbeben" vergleichbar, seelisch erschüttert haben. Solches initiatisches Geschehen ereignet sich am häufigsten in folgenden Bereichen:

– In der Natur – etwa im Erlebnis des Schweigens des Waldes oder beim Betrachten der Brandung des Meeres von einem Felsen aus, wenn die Wellen wie aus der Unendlichkeit herangerollt kommen.

- In der Musik oder in der bildenden Kunst – beim Anhören eines Musikstückes oder beim Betrachten eines Kunstwerkes; überall da, wo das Wort „schön" zur Beschreibung eines Werkes von Menschenhand nicht mehr ausreicht.
- In der Erotik, wenn der Mensch sich plötzlich als ein ganz anderer fühlt, sich sozusagen zu einem größeren Leibe ausdehnt – zumeist während des zärtlichen Vorspiels, nur selten beim Orgasmus.
- Im echten religiösen Kult; dabei kommt etwas von Gott – also aus einer ganz anderen Dimension – auf den Menschen zu. Transzendenz als Erfahrung heißt, daß sich jemand zu seiner Tiefendimension hin öffnet. „Jede Teilnahme an einem Gottesdienst enthält die Chance einer numinosen Erfahrung . . . Die lebendige Teilnahme an einem Kult, welcher Religion es auch sei, kann zu einer Seinsfühlung führen" (Graf Dürckheim, 1985, S. 50 f.).

Die aktiv erinnernde Beschäftigung und intensive gedankliche Verbindung mit solchen „Gipfelerfahrungen" läßt etwas von den Gefühlen wieder lebendig werden, die in den vergangenen „Sternstunden" mit ihnen verbunden waren. Das Meditieren solcher Erfahrungen aus dem Leben des Menschen ist ein wichtiger Bestandteil der initiatischen Therapie. Die Bewußtmachung initiatischer Erlebnisse kann eine Veränderung des Lebens einleiten: Blick und Gefühle lösen sich von Oberflächlichkeiten und werden in die Tiefe gerichtet.

In der initiatischen Therapie wird auch der Körper des Menschen sehr ernst genommen. Graf Dürckheim macht in diesem Zusammenhang einen grundlegenden Unterschied zwischen dem *Körper*, den man *hat* und dem *Leib*, der man *ist*. „Der Körper, den man hat, wird wahrgenommen als ein Gegenstand, ein Objekt, bei dem es um Gesundheit und Schönheit geht; der einem gehorchen muß, um welche Leistungen in der Welt es auch geht. Demgegenüber muß man unter dem ‚Leib, der man ist', die Einheit der Gebärden verstehen, in denen man sich ausdrückt und darstellt, verfehlt oder verwirklicht" (Graf Dürckheim, 1985,

S. 78). Der Körper, den man hat, sollte möglichst gesund und fit sein; er ist Gegenstand der medizinischen Wissenschaft. Der Leib ist Ausdrucksmedium des ganzen Wesens.

Ein weiteres Element der initiatischen Therapie ist das „geführte Zeichnen“. Der Übende wird dazu „von innen her“ angeleitet. Wenn er mit dem Stift auf dem Papier nach Belieben agieren kann, wird er zu ganz bestimmten Bildern hingeführt. Nach einiger Zeit entstehen ganz von selbst Darstellungen mit einer biographischen Thematik. Auch das Arbeiten in Tonerde, in einem „Tonfeld“, in dem man machen kann, was man will, ist eine in Todtmoos-Rütte praktizierte Therapieform. Die geschaffenen Gegenstände spiegeln das wider, was den Töpfer zu innerst bewegt; was meistens im Unterbewußtsein bleibt, jetzt aber hervorkommt, indem es aus der Tonerde gleichsam herauswächst.

Graf Dürckheim versucht in seiner Meditationsmethode nicht, den japanischen Zen zu imitieren, sondern er entwickelte eine Form des Zen, die nicht im All-ein mündet, sondern in einer strukturierten Person. Graf Dürckheim will keineswegs vom Christentum wegerziehen. Ein gewisser Synkretismus ist bei ihm allerdings unverkennbar. Graf Dürckheim versteht nicht den Zen-Buddhismus vom Christlichen her, sondern das Christliche vom Zen-Buddhismus her. Weltanschaulich bewegt er sich am Rande des Pantheismus. In der initiatischen Meditation geht es letztendlich um eine Art von Selbsterlösung.

8. Christliche Meditation

Als mein Gebet immer andächtiger
und innerlicher wurde, da hatte ich
immer weniger und weniger zu sagen.
Zuletzt wurde ich ganz still.

Ich wurde, was womöglich noch ein
größerer Gegensatz zum Reden ist,
ich wurde ein Hörer.

Ich meinte erst, Beten sei Reden.
Ich lernte aber, daß Beten nicht
bloß Schweigen ist, sondern Hören.

So ist es: Beten heißt nicht sich
selbst reden hören, beten heißt
still werden und still sein und warten,
bis der Betende Gott hört.

Sören Kierkegaard

Meditation ist eine Grunddimension christlicher Spiritualität. ,,Meditari" bedeutet im Sprachgebrauch der lateinischen Bibel soviel wie ,,betrachten, vertiefend sprechen, üben, bedenken, nicht vergessen etc." (Severus, 1953, S. 368). In der östlichen Meditation kann der Mensch des Westens – unabhängig von der Einbettung in ein anderes kulturelles Umfeld – relevante Hinweise zur Körperhaltung und Atmung, also zur äußeren Form des Meditierens, finden. Indem er sich die Stille und Leere erschließt, hat der Meditierende die Möglichkeit, zu einer Haltung der Offenheit zu kommen, in der er den Grund seines Seins erfahren kann. Meditation in christlichem Sinne ist keine Selbsterlösung.

Das menschliche Leben ist mit einem Rad vergleichbar. Die Nabe bildet die Mitte, des Rades; dort ruht es und von dort bekommt es seine Bewegung. Für den Christen ist Gott die Nabe seines Lebensrades, die Mitte, aus der der Mensch kommt und aus der er besteht. Das Rad läuft den Lebensweg entlang. Dabei ziehen zentrifugale Kräfte den Menschen immer wieder an die Peripherie. Wer existieren und nicht nur vegetieren will, darf das Zentrum nicht aus dem Auge verlieren; er muß versuchen zur Mitte – zum Wesentlichen – zurückzukehren. Ein Weg zu dieser Mitte ist die christliche Meditation.

Wenn christliche Meditation gelingen soll, muß der Mensch sich freimachen von äußeren und inneren Abhängigkeiten, er muß sich offen und durchlässig halten für die zentralen Inhalte der christlichen Botschaft und er muß bereit sein zur personalen Antwort auf den Anruf Gottes; einer Antwort, die aus der Mitte des Menschen kommt. Das Evangelium, als frohe Botschaft, kann so zur Kraftquelle für den Alltag werden und Gott zum festen Boden unter unseren Füßen. Besonders in einer Zeit des Verfalls christlicher Grundwerte sollte man sich darüber klar werden, daß Glücklichsein etwas zu tun hat mit dankbar sein und mit dem Staunen über die Wunder in und um uns.

Christlicher Glaube ist Vertrauen, Zuversicht und Zuneigung zu dem Herrn, den wir nicht sehen können. Wie kann man aber Gott erfahren, wo ihm begegnen? Man muß auf jede Spur achten, die sich den Sinnen zeigt. Auf Klemens Tilmann geht der folgende Vergleich zurück: „Wenn Du im Wald Wild sehen willst, darfst Du nicht mit dem Moped kommen und kreuz und quer durch den Wald fahren; sonst wirst Du gewiß keines zu Gesicht bekommen. Wenn man im Wald Wild sehen will, muß man vor allem still sein, leise gehen und ganz wach sein für alles, was auf das Wild hinweisen könnte. Man muß lauschen. Gut ist es ferner, wenn einem der Förster eine Stelle sagt, eine Waldwiese vielleicht, wo das Wild häufig heraustritt. Dann muß man dorthin gehen und geduldig und mit wacher Aufmerksamkeit warten. Trotz alledem kann man die Tiere nicht herbefehlen. Aber vielleicht wird es einem geschenkt, daß man sie sieht" (Legler, 1984, S. 36).

Christliche Meditation heißt, Gott im Meditieren erlebbar machen. Dazu müssen die Gedanken – und damit auch die Gebete – vom Kopf ins Herz gebracht werden. In diesem Zusammenhang ist es viel wichtiger, daß ein einziges Element in der

Seele Wurzeln schlägt, als daß man vieles in sich bewegt, was nachher wieder „verfliegt", was also nicht in die Tiefe gegangen ist.

Mit welcher Art des Meditierens soll man beginnen? Aus eigener Erfahrung schlage ich Ihnen vor, mit der Bildmeditation anzufangen. Ikonen der Ostkirche oder Bilder von Chagall können zum Beispiel eine wertvolle Meditationsanregung sein. Man stellt ein solches Bild vor sich hin, nimmt es in sich auf, schließt die Augen und verfolgt, was aus diesem Bild in der inneren Vorstellung wird. Man wiederholt dieses Vorgehen mehrmals. Auf diese Weise erfährt man, wie das Bild sich allmählich verwandelt, wie es immer mehr der Eigenart des Betrachters entspricht und wie man allmählich über die Gegenständlichkeit der Darstellung hinauskommt. Ein Bild analysiert man nicht rational, sondern man *schaut* es. Durch das Bild wird man ins Schauen eingestimmt und damit in einen Vorgang, der nicht rationaler Natur ist. Auf diese Weise kann man den engen „Gefängnishof" der eigenen Vorstellungen verlassen und man wird zum Meditieren hingeführt.

Ein geeigneter Einstieg in die Kunst der Meditation kann auch ein Musikstück sein. Es gibt ein großes Angebot meditativer Musik (vgl. Teil 2; Kapitel 10). Man hört sich eine Komposition an und beginnt zu meditieren. Auch das Hören ist – wie das Schauen – nicht rationaler Natur. Man kommt damit von vornherein in eine Geisteshaltung hinein, die dem Meditieren gemäß ist.

Sehr hilfreich ist es auch, beim Meditieren von einem Wort auszugehen, das einem „Halt" gewährt und das auch einen gewissen Gehalt hat, der das Meditieren anstößt. Ohne „Halt" gerät man leicht ins Dösen. Man kann ein Bibelwort wählen oder das Wort eines Dichters, oder auch ein Wort ganz alltäglicher Natur, das einen tief berührt hat. Ein solches Wort kann man in sich bewegen, zum Beispiel im Rhythmus des Atems. Wer ein solches Wort mehrmals repetiert und dann bei ihm verweilt, kann dafür sorgen, daß es in den Grundrhythmus seines Lebens „hineingewebt" wird und daß es in die Tiefe seiner Seele eindringt. Die regelmäßige Wiederholung eines Wortes bewirkt seelische Einswerdung mit dem Angesprochenen.

Geschehnisse und Worte, die im Herzen bewahrt werden, nennt man in der christlichen Tradition „Saatgedanken“. Das immerwährende Jesusgebet – auch „Herzensgebet“ genannt – gehört dazu. Dieses Gebet geht in seinen Anfängen zurück bis in die Zeit der Kirchenväter. Es verbreitete sich vor allem in der Ostkirche und wurde besonders im vorrevolutionären Rußland von Mönchen und frommen Laien gepflegt. Der Betende wiederholt dabei unablässig, in passiver Haltung und im Zustand der Entspannung, bei jedem Ausatmen – oder in Einklang mit seinem Herzschlag – den Satz: „Herr Jesus Christus, erbarme dich meiner“ oder „Herr Jesus Christus, Sohn Gottes, erbarme dich unser.“ Das Jesusgebet „verwächst“ so mit dem Atem, mit dem Pulsschlag, es betet sich sozusagen von selber, bei Tag und auch bei Nacht. In der Tiefe des Herzens geht das immerwährende Jesusgebet weiter. Auf dem Berg Athos gibt es Mönche, die auf diese Weise mit dem Jesusgebet „verwachsen“ sind. In dieser Meditationsform wird eine „Entleerung“ des Geistes von allen Gedanken, Bildern und Leidenschaften und eine Versenkung in die Gegenwart Jesu angestrebt. Das Herzensgebet als Form stiller, innerer Einswerdung hat damit „reinigende“ Wirkung und es ist gleichzeitig ein Weg zu innerer Freiheit und Gelassenheit. Pater Lassalle, einer der besten, in unserem Kulturkreis geborenen, Kenner des Zen – wahrscheinlich der Mensch, der am allertiefsten, vom Christentum herkommend, in den Zen-Buddhismus eingedrungen ist – „sagt, daß das Gebet Jesu innerhalb der christlichen Tradition das der Zen-Meditation nächste sei“ (Goettmann, in: Graf Dürckheim, 1985, S. 109).

Kapitel 10: Entspannung im Rhythmus der Musik: Sich von der Musik ,,tragen" lassen

Wo die Sprache aufhört, fängt die Musik an.

E.T.A. Hoffmann

Musik ist höhere Offenbarung
als alle Weisheit und Philosophie.

L.v. Beethoven

Bei näherer etymologischer Betrachtung wird die enge Beziehung zwischen den Begriffen *Psyche, Person,* dem musikalischen *Ton* und den Phänomenen *Spannung* bzw. *Entspannung* deutlich. ,,Psyche" hat unter anderem die Bedeutung von: Seele, Hauch, Leben, Atem als Lebensprinzip, Lebenskraft, Denkvermögen, Gemüt, Sitz der Leidenschaften und des Begehrungsvermögens und umschreibt damit die personale Ganzheit. ,,Person" leitet sich ab vom lateinischen ,,per-sonare" (durch-tönen). ,,Der Ton macht die Musik"; ,,tonare" geht zurück auf das griechische Wort ,,tonus" (Spannung). Musik fordert und fördert die Wahrnehmungsfähigkeit des Zuhörers und kann auf diesen antriebssteigernd oder beruhigend und damit spannungserzeugend oder spannungslösend wirken.

Das Erlernen einer Entspannungstechnik kann musikalisch unterstützt werden. Man kann zum Beispiel in den Pausen zwischen verschiedenen Übungsteilen oder am Ende des Trainings geeignete Kompositionen einspielen und sich von der Musik ,,tragen" lassen. Bei ruhiger Hintergrundmusik kann man auch einzelne Übungen real oder mental noch einmal wiederholen oder sich bestimmte Körperteile bewußt machen.

Entscheidend für die Auswahl eines Musikstückes ist die beruhigende Wirkung, die von ihm ausgeht. Kompositionen mit stark melodischem oder betont rhythmischem Charakter sind für die Unterstützung des Entspannungstrainings und für meditative Übungen in der Regel nicht geeignet. Gut bewährt haben sich hingegen zum Beispiel langsame Passagen aus kammermusikalischen Werken, Opern, Symphonien, Sonaten – sofern der Zuhörer diese Art von Musik mag. Die Goldberg-Variationen von Johann Sebastian Bach und Adagio-, Larghetto- oder Largo-Sätze wirken – wie auch in musikgeschichtlichen Studien festgestellt wurde – entspannend auf den Körper und gleichzeitig „weckend" auf den Geist. Wer Jazz-Musik bevorzugt, entscheidet sich vielleicht für eine Komposition aus dem Bereich des Cool Jazz oder einen Blues-Titel. Man kann sich auch von der Andacht ergreifen lassen, die von einem gregorianischen Choral ausgeht, wie es zum Beispiel in der christlichen Meditation des Mittelalters praktiziert wurde.

Die Zusammenstellung einer Musik-Vorschlagsliste ist nicht einfach, da es keine einheitliche Geschmacksrichtung gibt. Um möglichst vielen Lesern dieser Zeilen entgegenzukommen, sind bei der folgenden Auswahl Musikstücke verschiedener Epochen und Stile berücksichtigt worden. Der Bogen spannt sich von der klassischen und speziell meditativen Musik über Volksweisen bis zur Unterhaltungsmusik:

- *Ludwig van Beethoven:*
  Sonate Nr. 14, op. 27 Nr. 2, Mondscheinsonate, 1. Satz
- *Johann Sebastian Bach:*
  Aria zu den Goldberg-Variationen, BWV (Bachwerkverzeichnis) 988
- *Georg Friedrich Händel:*
  Largo aus Konzert Nr. 3 in D-Dur (Feuerwerksmusik)
- *Antonio Vivaldi:*
  Largo aus „Winter" – Die vier Jahreszeiten
- *Georg Philipp Telemann:*
  Largo aus Phantasien für Cembalo, Nr. 17 in g-Moll

- *Robert Schumann:*
  Träumerei (aus Kinderszenen, op. 15)
- *Jacques Offenbach:*
  Barcarole (aus Hoffmanns Erzählungen)
- *Eberhard Schoener:*
  Music for Meditation (Ariola 62844)
- *Georges Moustaki:*
  En Méditerrané
- *Paul Simon:*
  El Condor Pasa
- *Count Basie:*
  After Supper
- *Simon & Garfunkel:*
  Bridge over troubled Water
- Gregorianische Gesänge aus Assisi (DGG 272 6004)
- Der Mond ist aufgegangen
- Am Brunnen vor dem Tore

Musik beeinflußt unser emotionales Befinden – unsere Stimmungslage – und wirkt sich auf das vegetative Nervensystem aus. Kompositionen, möglichst ohne große Tonsprünge und in einem Rhythmus voll Gleichmaß, wirken besonders beruhigend und entspannend. Probieren Sie es aus: Legen Sie sich in bequemer Haltung auf eine Decke auf dem Boden oder setzen Sie sich eutonisch auf einen Stuhl, schließen Sie die Augen und lassen Sie die „musikalischen Tranquilizer" auf sich wirken. „Gehen" Sie mit Ihrem Bewußtsein den einzelnen Tönen nach. Zwischen den akustischen Schwingungen und Ihrem Bewußtsein baut sich eine Beziehung auf. Stellen Sie sich vor, daß Ihr ganzer Körper – oder Ihr Bewußtsein – auf der Melodie „schwimmt".

Kapitel 11: Biofeedback-Methoden

Die aufwendige Methode der biologischen Rückkopplung bedient sich einer Versuchsanordnung, bei der unbewußte körperliche Funktionen optisch oder akustisch wahrnehmbar gemacht und an den Übenden zurückgemeldet werden.

Mit Hilfe dieses Verfahrens kann man – über ein apparativ vermitteltes sensorisches Feedback – in einem dreistufigen Prozeß lernen, verschiedene Funktionen des autonomen Nervensystems willentlich zu beeinflussen. Zunächst werden physiologische Parameter eines Probanden, wie zum Beispiel Herzfrequenz, Muskelspannung, Hauttemperatur oder Gehirnwellenstruktur, festgestellt und diese Informationen werden in elektrische Signale umgewandelt und verstärkt. Die elektrischen Impulse werden anschließend in optische und/oder akustische Signale umgesetzt, das heißt für den Menschen ablesbar und/oder hörbar gemacht. Der Proband hat nun die Aufgabe, zu versuchen, das Feedbacksignal – in Abhängigkeit vom jeweils angestrebten Ziel – auf einem bestimmten Level zu halten oder ihn zu erhöhen beziehungsweise abzusenken. Ein Signal kann auf diese Weise auch hervorgerufen oder ganz zum Verschwinden gebracht werden.

Muskuläre Aktivitäten – in Form der Veränderung von Muskelspannungen – werden durch das Aufzeichnen von Elektromyogrammen erfaßt; Kurven, die den Verlauf des neuromuskulären Tonus widerspiegeln. Biofeedback kann zur Selbstregulierung der Muskulatur eingesetzt werden, um Verspannungen und Angst zu reduzieren. Dazu werden in einem elektromyographischen Verfahren die abgeleiteten Aktionsströme eines Muskels gemessen, verstärkt und in akustische Signale unterschiedlicher Tonhöhen umgewandelt. Der Proband soll nun diese Signale, durch Veränderung seiner Muskelspannung, gezielt beeinflussen, das heißt die Frequenz des Tones – je nach der angewandten Methode – erhöhen oder erniedrigen.

Nachlassende Spannung führt zu einer Erweiterung der Blutgefäße und zu einer besseren Durchblutung der entspannten Körperpartien. Die dadurch verursachte Erhöhung der Hauttemperatur kann zum Beispiel an den Fingerkuppen gemessen und an den Übenden zurückgemeldet werden. Der Trainierende beobachtet dieses Feedbacksignal und versucht, die entsprechende Körperfunktion in die gewünschte Richtung zu lenken.

Verstärkte Schweißdrüsenaktivität – etwa bedingt durch willentliches Anspannen von Muskeln oder durch Angstgefühle – verringert den Übergangswiderstand der Haut. Diese psychogalvanische Hautreaktion ist ein Charakteristikum für den Entspannungszustand und sie kann durch Biofeedback dem Übenden bewußt gemacht werden.

Die Elektroenzephalographie ist ein Verfahren zur Aufzeichnung elektrischer Begleitvorgänge der Hirntätigkeit. Im Zustand der Entspannung werden sogenannte Alpha-Wellen produziert (vgl. Teil 2; Kapitel 1, 3.), die an den Übenden zurückgemeldet werden. Auch Alpha-Wellen-Biofeedback eignet sich zum Erlernen muskulärer Entspannung. In Versuchen von Barbara Brown (1974) hat sich gezeigt, daß damit eine besonders tiefe Entspannung erzielt werden kann und daß Probanden in ihrem EEG eine ähnlich starke Alpha-Wellen-Aktivität entwickelten, wie Personen mit fundierten Erfahrungen in Zen und Yoga. Die Einsatzmöglichkeiten des Alpha-Wellen-Feedbacks werden allerdings eingeschränkt durch die Tatsache, daß „nur etwa ein Drittel unserer gesunden Bevölkerung . . . ein EEG mit leicht erkennbaren Alpha-Rhythmen (hat) . . . Bei den anderen bestehen Unregelmäßigkeiten oder rasche Wellen, die die Alpha-Rhythmen zeitweilig ersetzen oder überlagern, so daß sie schwer beurteilbar sind. Diese Schwierigkeiten können auch die begeistert aufgenommenen modernen Analyse-Automaten nicht überwinden“ (Kugler, in: Reiter, 1976, S. 140).

Verfahren zur kontrollierten Beeinflussung an sich autonomer Körpervorgänge durch Biofeedback sind besonders für Menschen geeignet, die erhebliche Probleme mit dem Erlernen einer Entspannungstechnik haben. Die prompte Rückmeldung erleichtert die gezielte Einwirkung auf vegetative Aktivitäten. Bei unsachgemäßer Anwendung dieser Methoden besteht allerdings die Gefahr, daß krankhafte Fehlreaktionen durch Übung verfestigt werden.

Kapitel 12: Streßverhalten verhaltenstherapeutisch ändern lernen

Man sollte öfter einmal im Leben einhalten und einen Moment der Besinnung einlegen. Unwillkürlich stößt man dabei auf die Frage: Was habe ich falsch gemacht? Bei genauem Überlegen kommt da meist einiges zusammen: Fehler über Fehler, gerade im mitmenschlichen Bereich, in der Familie, am Arbeitsplatz . . . zuwenig Liebe, zuwenig Zärtlichkeit, zuwenig Geduld, zuwenig Entgegenkommen, zuwenig Rücksichtnahme auf die eigene Gesundheit . . . und hier und da sogar regelrechtes Versagen. Kein Zweifel: Ich muß mich ändern, es wenigstens versuchen!

Unser Verhalten und unser ganzer Lebensstil ist – wesentlich stärker als die meisten Menschen vermuten – durch Lernprozesse bestimmt. Wir alle spüren es schmerzlich, wenn diese Lernprozesse falsch oder unglücklich verlaufen sind; wir fühlen uns nicht wohl, sind ständig angespannt und werden schließlich krank.

Aus den Erkenntnissen der Lernforschung ist die Verhaltenstherapie hervorgegangen. Verhaltenstherapeuten erklären psychische Störungen als ,,fehlerhaft vollzogene Anpassungsleistungen des Individuums''.

Die Verhaltenstherapie nimmt Bezug auf die ,,persönliche Lerngeschichte'' eines Menschen und geht von zwei Grundannahmen aus:

- Verhaltensweisen (und Einstellungen) werden im Laufe der Persönlichkeitsentwicklung *erlernt*.
- Wenn Persönlichkeitseigenschaften durch (ungesteuerte) Lernprozesse entstanden sind, dann können sie auch durch Verlernen, Umlernen oder Neulernen verändert werden.

Ein verhaltenstherapeutisches Selbstveränderungskonzept (Selbstmodifikation) gliedert sich in drei Schritte:

- Selbstbeobachtung
- Verhaltensanalyse
- Veränderungsansätze

Der Verlauf einer Selbstmodifikation wird im folgenden am Beispiel der *Änderung von Streßverhalten* genauer beschrieben.

Selbstbeobachtung

Zuerst müssen Sie feststellen, in welchen Situationen und unter welchen Bedingungen Sie sich gestreßt fühlen. Führen Sie dazu eine Woche lang jeden Tag ein Beobachtungsprotokoll (vgl. Tabelle 10), in dem Sie die Situationen notieren, in denen Sie Streß ausgesetzt waren und in denen Sie mit Ihrem eigenen Verhalten nicht zufrieden waren.

Tag/Datum			
Situation	Sichtbares Verhalten	Gefühle, Empfindungen	Selbstgespräche, Gedanken, Einstellungen

Tabelle 10: Beobachtungsprotokoll

Der Boß

Quelle: Halbritter K.: Gesellschaftsspiele, Carl Hanser Verlag, München/ Wien 1978

Verhaltensanalyse

Die Verhaltensanalyse befaßt sich mit den Bedingungen, unter denen Streßverhalten entsteht; sie macht Verhaltensabläufe transparent. Wenn Sie Verhaltensabläufe systematisch in ihre Bestandteile zerlegen, werden Ursachen und Wirkungen streßbetonter Verhaltensweisen deutlich, die Ihnen vielleicht bisher nicht bewußt waren.

Ein Handlungsablauf läßt sich in sechs Phasen einteilen:

Situation:	Gegebenheiten; Verhalten anderer Personen; Reize, die bei Ihnen Streßverhalten auslösen.
Einstellungen:	Einstellungen, Normen, Erwartungen, die Ihr Verhalten und Erleben beeinflussen.
Gefühle:	Zum Beispiel das Gefühl des Überfordertseins.
Organismus:	Körperliche Reaktionen wie Anspannung, „Herzjagen", Schweißausbrüche.
Reaktion:	Streßbetontes Verhalten in Handlungen, Gestik, Mimik oder Sprache.
Konsequenzen:	Auswirkungen des streßbetonten Verhaltens – auf die eigene Person, – auf die Mitmenschen.

Veränderungsansätze

Viele Menschen erreichen bei ihren Bemühungen, ihr Verhalten zu ändern nicht den Erfolg, den sie sich wünschen, weil sie keine klaren Ziele haben.

Ein Ziel beschreibt, welches Ergebnis in welcher *Situation,* in welcher *Weise* und in welchem *Umfang* erreicht werden soll. Ziele sind also Ergebnisse und keine Tätigkeiten. Aktivitäten lassen sich erst aus den Zielen ableiten.

Fragen Sie sich in diesem Zusammenhang:

- *Was will ich wirklich?*

• *Was soll kurzfristig, was langfristig erreicht werden?*

Wenn Sie Ihr Ziel kennen, können Sie sich Schritt für Schritt aus der jetzigen Situation befreien. Suchen Sie sich klare Ziele, die Sie von innen heraus bejahen können.

Innere Begeisterung und Überzeugungen bzw. der feste Glaube an ein Ziel fördern Ihre Entwicklung in Richtung des Zielbildes, das Sie sich selbst gedanklich geschaffen haben. Ein überstarker Willenseinsatz kann dabei jedoch hinderlich sein, „weil ein Zuviel an Absicht – ein Handicap bedeutet; je mehr es einem um den Sieg geht, umso mehr hat man den Sieg auch schon vergeben" (Viktor Frankl).

Setzen Sie sich realistische Ziele. Orientieren Sie sich vom Prinzip her zum Beispiel am „24-Stunden-Programm" der Anonymen Alkoholiker, das heißt, streben Sie zunächst kurzfristig erreichbare Ziele an. Wer sich etwa vornimmt, vom durch Nichtrauchen gesparten Geld ein neues Auto zu kaufen, läuft Gefahr, daß er bereits wieder zur Zigarette greift, wenn er ein paar hundert Mark gespart hat.

Beantworten Sie sich in diesem Zusammenhang die folgenden Fragen:

Was möchte ich erreichen?

Ein persönlicher Vorsatz könnte zum Beispiel lauten: „Die zur Verfügung stehende Freizeit intensiver für die Gesundheit nutzen." Werden Sie sich darüber klar, ob Sie auch wirklich fest entschlossen sind, das gesetzte Ziel zu erreichen. Wenn Sie sich nur von Ihrem Partner überredet fühlen, sollten Sie sich die schädlichen Auswirkungen von Streß selbst deutlich vor Augen führen.

Wie ließe sich das erreichen?

Den größten gesundheitlichen Effekt erzielen Sie, wenn Sie *regelmäßig* etwas für Ihre Fitneß tun. Am besten erarbeiten Sie sich ein Zeitschema, das den Sport mit den sonstigen Verpflichtungen abstimmt. Sie können zum Beispiel jede Woche zur gleichen Zeit einen Sportverein aufsuchen oder regelmäßig an einem Lauftreff teilnehmen. Versuchen Sie auch, Ihren Partner für sportliche Aktivitäten zu gewinnen, denn gemeinsam hält man sich viel leichter an die gefaßten Vorsätze.

Verfolgen Sie nie gleichzeitig konkurrierende Ziele. Sie könnten dann zumindest bei einem der Ziele nicht erfolgreich sein und die demotivierende „Niederlage" in diesem Bereich wäre damit schon vorprogrammiert.

Aus den Ergebnissen der Verhaltensanalyse lassen sich konkrete Ansatzpunkte für Veränderungen ableiten. Solche Veränderungsmöglichkeiten können zum Beispiel sein:

- Durchführung eines Programms zur Normalisierung wichtiger vegetativer Funktionen (zum Beispiel das Erlernen eines Entspannungsverfahrens)
- Schrittweise Gewöhnung an angstbesetzte Situationen
- Vermeidung von Überforderung
- Abbau eines überhöhten Anspruchsniveaus
- Veränderung des Problemverhaltens durch Kurse, zum Beispiel Schlankheitstraining, Raucherentwöhnungsprogramm, Lehrgänge zur Zeit- und Arbeitsplanung, Rhetorikkurse
- Strategien zur Erreichung von Erfolgserlebnissen
- Verzicht auf Vermeidungsverhalten
- Ausschalten negativer Suggestionen
- Einsatz positiver Suggestionen
- Übungen im Neinsagen
- Lernen des Umgangs mit eigenen Gefühlen
- Vermeidung von katastrophisierendem Denken („Panikgedanken")
- Angemessener Umgang mit Ärger und destruktiver Kritik
- Direkte Modifikation des Verhaltens
  Vor dem Hintergrund lernpsychologischer Erkenntnisse kann das Verhalten direkt verändert werden durch

- Regelmäßiges und häufiges Üben
- Nachahmung von Modellen
- Kontrolle der Auslöser (Signale) für bestimmte Reaktionen
- Steuerung der positiven oder negativen Konsequenzen eines Verhaltens

● Veränderung des Erlebens

Lernen Sie, rationaler und kontrollierter zu reagieren, zwischen richtigen und falschen Schlußfolgerungen, günstigen und ungünstigen Denkmustern zu unterscheiden. Menschen, die bei einem auftauchenden Problem rational, das heißt, mit geringer emotionaler Beteiligung reagieren, erleiden weniger körperliche Symptome als „gefühlsstark" reagierende Personen. Dies ist dadurch zu erklären, daß bei gefühlsmäßiger Erregung Streßhormone freigesetzt werden, die auf Dauer zu Organschädigungen führen können.
Sehr hilfreich ist in diesem Zusammenhang die Methode des amerikanischen Psychotherapeuten Albert Ellis, die „Rational-Emotive Therapie" (vgl. Ellis, 1977). Der Name soll ausdrücken, daß durch Veränderung des Denkens – der „ratio" – die Gefühle (Emotionen) verändert werden. Nach Auffassung von Ellis sind die „inneren Selbstgespräche" entscheidend bei der Entstehung psychischer Probleme und damit indirekt auch beim Auftreten psychosomatischer Störungen beteiligt: „Nicht die Dinge selbst beunruhigen die Menschen, sondern die Vorstellungen von den Dingen" (Epiktet).

Diese Selbstgespräche sind häufig *irrational,* weil
- die Vergangenheit oder die aktuellen Probleme einseitig wahrgenommen werden,
- voreilige Schlußfolgerungen gezogen werden,
- man übergroße Erwartungen an seine Umgebung hat, die dann zwangsläufig enttäuscht werden müssen, was zu depressiven Gefühlen führen kann,
- man sich über Dinge aufregt, die nicht zu ändern sind.

Irrationale Selbstgespräche führen dazu, daß man in Schreck-, Flucht- oder Kampfstimmung und in eine vegetative Fehlsteuerung gerät. Durch Veränderung dieser Selbstgespräche in konstruktive Richtung kann man sich selbst, andere Menschen und bestimmte Situationen realistischer sehen, und man kann sich mit Problemen gelassener auseinandersetzen.

Wann wollen Sie damit beginnen, Ihr Streßverhalten zu ändern? Bevor es losgeht, sollten Sie den Zeitpunkt, an dem Sie sich eine Verhaltensweise, wie etwa das Rauchen, abgewöhnen wollen, genau festlegen. Sie rauchen immer dann am meisten, wenn's hektisch wird? Sie sind der typische Streßraucher? Dann prüfen Sie, ob der Jahresanfang mit seinem Termindruck für Sie wirklich so zweckmäßig ist. Für Sie ist die Urlaubszeit vielleicht viel besser geeignet. Wenn Sie den Zeitpunkt für eine Änderung Ihrer Gewohnheiten richtig wählen, können Sie damit energie- und motivationsraubende Fehlschläge vermeiden.

Ein gravierendes Problem bei der Überwindung schlechter Gewohnheiten (Rauchen, Trinken, übermäßiges Essen, Arbeitswut, etc.) ist die Gefahr, rückfällig zu werden. Besonders, wenn Sie sich gestreßt fühlen, greifen viele Menschen unwillkürlich wieder auf das erlernte, automatisierte Verhalten – auf „liebgewonnene" Gewohnheiten – zurück.

Zur Verhütung von Rückfällen bieten sich mehrere Strategien an:

- Sie können die Verhaltensweisen, die abgelegt werden sollen, durch neue ersetzen, die Ihnen ebenfalls Befriedigung verschaffen (sportliche Betätigung, Tanzen, etc.), denn: Ihre seelischen Bedürfnisse bleiben bestehen, auch wenn mit alten Gewohnheiten Schluß ist. Beantworten Sie sich in diesem Zusammenhang zuerst die Frage, *warum* Sie überhaupt Ihrem alten „Laster" verfallen waren.
- Machen Sie sich bereits im voraus Gedanken darüber, was Sie tun werden, wenn Sie das Bedürfnis nach alten Gewohnheiten unverhofft wieder überkommen sollte. Sie können sich für diesen Fall zum Beispiel vornehmen, sich sportlich zu betätigen oder im Garten zu arbeiten.

– Meiden Sie Risikosituationen. Kennen Sie Ihre persönlichen „Gefahrensituationen“? Wenn Sie etwa abends beim Fernsehen – allein oder im Familienkreis – stark „rauchgefährdet“ sind, könnten Sie darauf verzichten, den Fernseher einzuschalten. Gehen Sie doch stattdessen zum Beispiel spazieren oder besuchen Sie Freunde. Und wenn Sie schon fernsehen müssen, dann beugen Sie Ihrem Rauchbedürfnis vor: Mit Obststückchen und Rohkost zum Beispiel können Sie Ihre Gewohnheiten leichter „umpolen“.

– Richten Sie sich Ihr kleines Belohnungssystem ein. Die Vorfreude auf eine Belohnung und das Erfolgserlebnis, wenn man sie sich tatsächlich verdient hat, fördern die „Standhaftigkeit“ und stärken die Willenskraft. Mit jedem Sieg über sich selbst gelingt es Ihnen leichter, die nächste Etappe zu schaffen. Sie wissen am besten, wie teuer zum Beispiel das Rauchen ist, wieviel Geld Sie Tag für Tag, Woche für Woche und Monat für Monat in die Luft geblasen haben. Lassen Sie das durch Nichtrauchen ersparte Geld nicht einfach in Ihrem Haushaltsbudget untergehen. Stecken Sie diesen Betrag – oder zumindest einen Teil davon – in ein Sparschwein. Mit dem gesparten Geld können Sie sich dann so manchen langgehegten Wunsch erfüllen.

– Verlieren Sie bei Rückschlägen nicht den Mut. Mark Twain, ein passionierter Zigarrenraucher, soll gesagt haben: „Ich kann es aufgeben, wann es mir beliebt. Das habe ich schon tausendmal getan.“
Häufig braucht man mehrere Anläufe, bis man eine alte Gewohnheit tatsächlich für immer abgeschüttelt hat.

Kapitel 13: Überleben im Streß durch physische Fitneß

1. Körperliche Bewegung

,,Bewegungsmangelkrankheiten" sind charakteristisch für unsere technisierte und automatisierte Welt. Dabei geraten wir immer mehr in einen Circulus vitiosus: Bewegungsmangel erzeugt Bewegungsunlust und umgekehrt.

Laufen ist für den Menschen die natürlichste Bewegungsform. Der langsame Dauerlauf (Trimmtrab, Jogging) ist als Freizeit-, Erholungs- und Ausgleichssport besonders geeignet. Wer gesund ist, kann sofort beginnen, wer zweifelt, frage seinen Arzt. Versuchen Sie, jeden Tag mindestens einmal, durch Bewegung in Schweiß zu geraten, um Herz und Kreislauf zu trainieren. Eine optimale Versorgung der Zellen mit dem Lebensaktivator Sauerstoff und damit eine echte Gesundheitsvorsorge geschieht, ,,indem man täglich langsam trabend viele Kilometer zurücklegt, ohne in Atemnot zu geraten, so daß man sich bei diesem Lauftraining, vorwiegend im Wald, entsprechend unterhalten könnte und wieder Gehpausen zur vollständigen Erholung einlegt" (van Aaken, 1974).

Der amerikanische Sportmediziner und Astronautentrainer K.H. Cooper entwickelte ein Punktesystem, mit dessen Hilfe man seine körperliche Leistungsfähigkeit auf einfache Weise ständig selbst kontrollieren kann (Cooper, 1970). ,,Der Schlüssel zum Ganzen . . . heißt Sauerstoff." Diesen Satz stellt Cooper seinen Ausführungen voran. Jeder von ihm vorgeschlagenen Übung wird, entsprechend der zu ihrer Durchführung benötigten Sauerstoffmenge, eine bestimmte Zahl von Punkten zugeteilt. Man kann zwar wählen zwischen folgenden aeroben (aerob = mit Sauerstoff lebend) Übungen: Laufen, Schwimmen, Radfahren, Gehen, Laufen auf der Stelle, Handball und Basketball, doch: ,,Wenn mich gelegentlich jemand fragt, durch welche Übungsart man am einfachsten und am schnellsten zum gewünschten Erfolg kommt, so nenne ich ohne Zögern das Laufen. Meine hiesigen Sportjünger erreichen ihre Fitneß, wie ich selbst auch, ausschließlich auf diese Weise. Zweifellos bringt das Laufen größeren Nutzen als jede andere Form der Leibesübung, und es bringt ihn am schnellsten" (Cooper, 1970, S. 32). Trainiert werden sollte mindestens drei- bis viermal pro Woche, am besten sechsmal.

Ein 12-Minuten-Lauftest („Cooper-Test") gestattet es Ihnen, Ihren Fitneß-Zustand (vgl. Tabelle 11 und Tabelle 12) zu überprüfen (vgl. Bloss 1989, S. 54). Sie können dazu zum Beispiel

Alter			**Bewertung**
bis 30 Jahre	**30 – 45 Jahre**	**über 45 Jahre**	
mehr als 2,2 km	mehr als 2 km	mehr als 1,8 km	**gut**
1,9 – 2,2 km	1,7 – 2 km	1,5 – 1,8 km	**mittel**
weniger als 1,9 km	weniger als 1,7 km	weniger als 1,5 km	**schlecht**

Tabelle 11: Ausdauertest für Frauen (Laufstrecke)

Alter			**Bewertung**
bis 30 Jahre	**30 – 45 Jahre**	**über 45 Jahre**	
mehr als 2,5 km	mehr als 2,3 km	mehr als 2,1 km	**gut**
2,2 – 2,5 km	2 – 2,3 km	1,8 – 2,1 km	**mittel**
weniger als 2,2 km	weniger als 2 km	weniger als 1,8 km	**schlecht**

Tabelle 12: Ausdauertest für Männer (Laufstrecke)

auf einer 400 m langen Aschenbahn im Jogging- oder Ausdauertempo laufen. Sie sollten dabei zwar schwitzen, sich jedoch *nicht* bis zur Erschöpfung verausgaben. Wenn Sie nicht mehr im Joggingtempo laufen können, so gehen Sie zügig weiter, bis die 12 Minuten um sind. Die in 12 Minuten insgesamt zurückgelegte Strecke ist dann ein Maß für Ihre Fitneß.

,,Wenn Sie über 35 Jahre alt sind und vorher nicht regelmäßig (das heißt wenigstens dreimal wöchentlich sechs Wochen lang) Sport getrieben haben, rate ich vom 12-Minuten-Test ab und empfehle Ihnen, ohne Test, mit einem der 16-Wochen-Übungsprogramme für die niedrigste Fitneß-Kategorie zu beginnen" (Cooper, 1970, S. 42; Fitneß-Programme, S. 171ff.).

Auswertung:

,,Die Bewertung ‚gut' sagt aus, daß Sie ein gut trainiertes Herz-Kreislauf-System haben und Ihr regelmäßiges Ausdauertraining fortsetzen sollten.

Wenn Ihre Ausdauer ‚mittel' ist, haben Sie eine durchschnittliche Herz-Kreislauf-Fitness, die noch verbesserbar ist, wenn Sie regelmäßiger, mindestens aber 2mal pro Woche ein Gesundheitstraining durchführen. Eine ‚schlechte' Ausdauer zeigt an, daß Ihr Herz-Kreislauf-System beeinträchtigt ist und Ihr Bewegungsmangel einen Risikofaktor für Ihre Gesundheit darstellt. Sie sollten möglichst umgehend – am besten nach vorheriger ärztlicher Untersuchung – mit einem dosierten Ausdauertraining beginnen, egal wie alt Sie sind" (Bloss, 1989, S. 54/55).

Körperliche Bewegung ist auch die von der Natur vorgesehene muskuläre Beantwortung des Streß. In den Streßsituationen des Alltags ist unser Körper auf Angriff oder Flucht programmiert. In der Regel ist in der Realität jedoch weder das eine noch das andere möglich; meist ,,schluckt" man sitzend seinen Ärger hinunter. Durch langsamen Dauerlauf zum Beispiel läßt sich streßbedingter ,,Stau" abbauen; wer regelmäßig läuft, sorgt auch dafür, daß sein Organismus in Streßsituationen das physiologische Gleichgewicht *schneller* wieder herstellen kann. Man sollte dabei keinen festen Rhythmus des Atmens anstreben, sondern einfach so atmen, daß man ausreichend Luft bekommt. Atmen Sie entspannt und locker vorwiegend durch den *Mund* aus und ein – so wie es Ihr Körper braucht. Eine Forcierung der Atmung durch die Nase kann zu „Seitenstechen" führen.

Körperliche Bewegung ist zudem ein bewährter „Stimmungsheber"; sie erzeugt biochemische Veränderungen im Körper, die sich auch positiv auf das Gemüt auswirken. Bewegung beeinflußt den Hormonspiegel im Blut und kann die Menge der Beta-Endorphine – das sind chemische Stoffe im Gehirn, die die Stimmung steuern – erhöhen.

Wissenschaftliche Untersuchungen haben ergeben, daß regelmäßiger langsamer Dauerlauf das seelische Befinden positiv beeinflußt und dazu beitragen kann (Weber, 1985, S. 60):

- die Lebensfreude zu vermehren,
- das seelische Gleichgewicht zu stärken,
- Vitalität und Energie zu steigern,
- die Selbstachtung (das Selbstgefühl) zu erhöhen,
- Angst abzubauen,
- leichte Depressionen zum Abklingen zu bringen,
- mit Streßsituationen besser umzugehen.

Weber belegt seine Erkenntnisse unter anderem mit Aussagen untersuchter Läufer (Weber, 1982):

- „Nach dem Laufen bin ich froh und ausgeglichen."
- „Ich fühle mich danach ausgeglichen und zufrieden."
- „Zu der Entspannung kommt nach dem Lauf eine gewisse frohe Stimmung."
- „Nach dem Lauf bin ich die Ruhe selber, ich fühle mich fit und ausgeglichen, es ist einfach wunderschön."
- „Während des Laufens werde ich ruhiger, ausgeglichener und entspannter; nach dem Laufen habe ich ein Gefühl . . . des seelischen Gleichgewichts."

– ,,Seelische Verkrampfungen lösen sich während des Laufens im Schweiße auf; danach fühle ich mich ausgeglichener.“

Bewegungstraining ist ein Handlungsfeld, in dem wir uns individuell fordern und realisierbar gestellte Anforderungen bewältigen können. Regelmäßig durchgeführte sportliche Übungen sind streßausgleichend und verbessern die psychischen und somatischen Voraussetzungen, mit Streß umzugehen. Aus dem Gefühl körperlicher Fitneß heraus kann man auch an die Bewältigung anstehender Anforderungen mit mehr Selbstbewußtsein und Erfolgszuversicht herangehen.

Sportliche Fitneß nimmt im Berufsleben einen immer höheren Stellenwert ein und ist auch ein Faktor beruflicher Leistung im Sinne außerfachlicher Qualifikationen. Zu diesem Ergebnis kommt eine Umfrage des Instituts der deutschen Wirtschaft, an der sich 617 Führungskräfte der Wirtschaft beteiligt haben und die 1988 veröffentlicht wurde. Unter den Gründen, Sport zu treiben, steht bei den Befragten – bei Mehrfachnennungen – das Motiv ,,Prävention, Rehabilitation und Gesundheit“ klar im Vordergrund (88 Prozent), gefolgt vom ,,Streben nach Entspannung“ (47 Prozent) und vom ,,Spaß an der Bewegung“ (31 Prozent). Führungskräfte deutscher Unternehmen schreiben der sportlichen Betätigung eine Reihe positiver Auswirkungen zu (vgl. Abbildung 27).

Sie fühlen sich zu untrainiert, um mit dem Jogging zu beginnen? Mit solchen Ausreden ist es jetzt vorbei: ,,Walking“ oder ,,Fitneß-Gehen“ heißt die neue Welle aus Amerika, deren Ausläufer soeben die alte Welt erreicht haben. Dabei ist ,,Walking“ nichts anderes als das englische Wort für ,,Wandern“, ein Begriff, der bei uns, gerade bei Jüngeren, lange Zeit als ,,verstaubt“ galt. Walking, das ist ,,etwas mehr“ als Spazierengehen und ,,etwas weniger“ als Jogging.

Eine von US-Sportmedizinern durchgeführte Untersuchung ergab, daß ,,Walking“, wenn es richtig praktiziert wird, den gleichen Trainingseffekt auf das Herz-Kreislauf-System hat wie das Jogging; zudem ist es ungefährlicher, weil man sich nicht

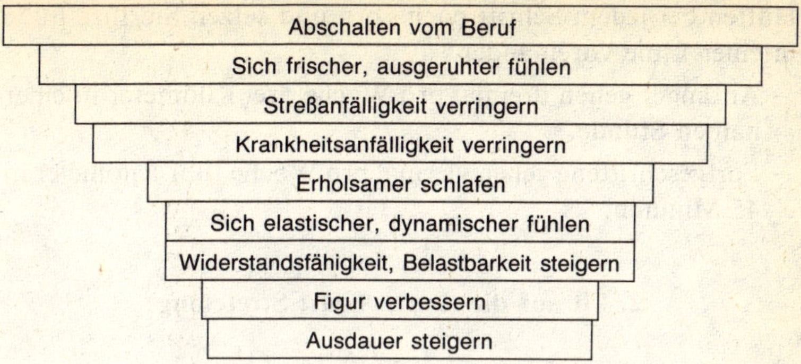

Abbildung 27: Positive Auswirkungen sportlicher Betätigung (die jeweilige Balkenlänge entspricht dem Prozentsatz der Mehrfachnennungen)

Quelle: IW-Umfrage bei 617 Führungskräften deutscher Unternehmen. 1988

so leicht überfordern kann. Gemessenen Schrittes, aber dennoch forsch können Sie genau das Wandertempo einschlagen, das Ihrem Gesundheitszustand entspricht. „Fitneß-Gehen" kann wie jedes andere regelmäßige körperliche Training erhöhten Blutdruck normalisieren, zu hohe Blutfettwerte senken, Streß abbauen und Übergewicht reduzieren.

Entscheidend ist dabei das Ausmaß der Anstrengung. Was für den einen das reinste Bummeltempo ist, ist für den anderen vielleicht schon zu schnell. Wenn Sie das Gefühl haben, sich beim „Walking" bequem unterhalten zu können, liegen Sie tempomäßig richtig. Mit ein paar Minuten Anstrengung ist es bei dieser Sportart allerdings nicht getan. Wer einen Trainingseffekt erzielen will, muß schon etwas Durchhaltevermögen zeigen.

„Walking" – So wird's gemacht:

Halten Sie Ihren Kopf aufrecht und Ihren Rücken gerade. Gehen Sie mit locker hängenden Armen, die aus den Schultern heraus im Rhythmus der Schritte mitschwingen. Schieben Sie Ihre

Hüften bei jedem Schritt nach vorn und setzen Sie Ihre Füße in einer Linie voreinander.

– Anfänger gehen dreimal pro Woche drei Kilometer in einer halben Stunde.
– Fortgeschrittene gehen viermal pro Woche fünf Kilometer in 45 Minuten.

2. Fit auf die sanfte Tour: Stretching

Stretching (engl. to stretch: strecken, dehnen) ist ein optimales Dehnungstraining zur Verbesserung der Beweglichkeit, Gelenkigkeit und Flexibilität des Bewegungsapparates. Stretching – die Dehnungsmethode mit der geringsten Verletzungsgefahr – kam Anfang der 80er Jahre aus den USA zu uns. Die Grundprinzipien dieser Technik sind allerdings schon lange bekannt und Stretch-Übungen werden von Ballett-Tänzern, Eiskunstläufern und Artisten seit langer Zeit praktiziert.

Stretching verbessert die Durchblutung und den Stoffwechsel der Muskeln und fördert den Erholungsprozeß und die Regeneration. Diese Methode beugt Verletzungen vor und ist heute Teil jedes sportlichen Aufwärm- und Abwärmprogrammes.

Beim Stretching wird der inverse Dehnungsreflex der Sehnenspindeln ausgenutzt. Überschreitet die Muskeldehnung einen bestimmten Schwellenwert, so wird die interne Muskelanspannung, die den Muskel sonst vor dem Zerreißen schützt, unter Beteiligung der Sehnenspindeln gelöst und die Muskulatur wird deutlich entspannt.

Für die Durchführung des Stretchings gibt es vom Prinzip her zwei Variationen:

- *Passives Stretching* („sanftes Dauerdehnen“)
  Die betreffende Muskelgruppe wird in einer langsamen Bewegung bis zur Endposition gedehnt, ohne daß unangenehme Empfindungen oder gar Schmerzen auftreten. Diese Stellung wird ungefähr 10 bis 30 Sekunden lang gehalten.

- *Aktives Stretching* („harte Anspannungs-Entspannungs-Methode")
  Die zu stretchende Muskelgruppe wird zunächst allmählich und „weich" bis zur Endposition gedehnt. Im Anschluß daran wird diese Muskelgruppe sechs bis zehn Sekunden lang maximal angespannt. Bei gleichbleibender Gelenkstellung entspannen sich unmittelbar danach die Muskeln für zwei bis vier Sekunden. Nach Ablauf dieser kurzen Pause werden die in die Übung einbezogenen Muskeln „sanft" weitergedehnt, und die nach dieser Dehnung erreichte Endposition wird etwa zehn Sekunden lang gehalten.

Für das Praktizieren des Stretchings im Fitneß- und Gesundheitssport empfiehlt sich besonders die „sanfte" (passive) Methode. Gehen Sie dabei in drei Stufen vor.

– Nehmen Sie die jeweilige Dehnungsposition (siehe Abbildungen 28 bis 33) – ähnlich wie beim Körper-Yoga – langsam und behutsam ein, bis Sie ein leichtes „Ziehen" in den beanspruchten Muskelgruppen spüren.
– Verbleiben Sie 10 bis 30 Sekunden lang in dieser Position und versuchen Sie dabei, die gedehnten Muskeln bewußt zu entspannen. Sobald ein gewisser Punkt der Muskeldehnung überschritten ist, läßt das „Ziehen" nach. Die Muskelanspannung geht jetzt in einen Entspannungszustand über. Nehmen Sie diese Entspannung *bewußt* wahr.
– Verstärken Sie nun die Dehnung weiter („Nachdehnung"), bis Sie ein erneutes Ziehen spüren. Halten Sie diese Position abermals 10 bis 30 Sekunden lang ein und konzentrieren Sie sich wiederum auf die nach kurzer Zeit einsetzende Muskelentspannung.

Denken Sie daran:

Die Übungen dürfen *nicht* weh tun, sondern nur ein leichtes „Ziehen" auslösen. Beim Auftreten von Schmerzen sollten Sie sportmedizinischen Rat einholen.

Führen Sie Ihr Übungsprogramm regelmäßig und systematisch durch. Besonders empfehlenswert ist es, jeden Morgen etwa zehn Minuten lang zu üben, um die Gelenke beweglich zu machen und die Durchblutung der Muskeln anzuregen. Stretchen Sie insbesondere vor jeder sportlichen Betätigung. Stretching stellt unter anderem auch eine hervorragende Ergänzung zum Jogging dar.

Die Abbildungen 28 bis 33 zeigen eine Auswahl besonders einfach durchzuführender und wirksamer Dehnübungen für verschiedene Muskelgruppen (Nacken-, Rücken-, Schulter-, Gesäß-, Unterschenkel-, Oberschenkel-, Hüftmuskeln). Weitere Anregungen zu Übungen finden Sie in der Fachliteratur (zum Beispiel: Blum/Wöllzenmüller, 1985).

Achten Sie bei allen Übungen besonders darauf, daß Sie während des Stretchings ruhig und möglichst tief weiteratmen. Vermeiden Sie jede Preßatmung.

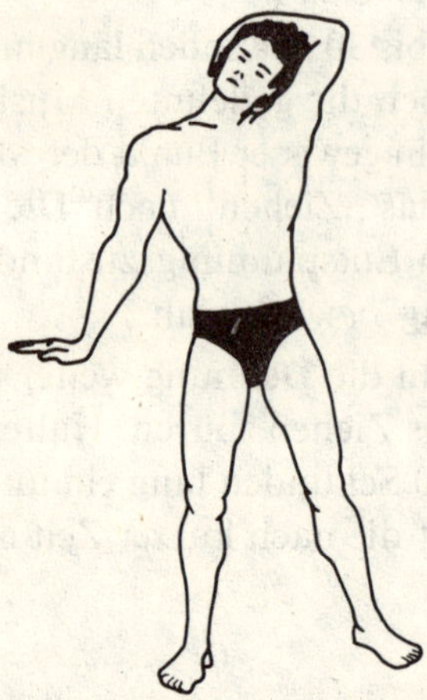

Abbildung 28: Dehnung der seitlichen Nackenmuskeln

Ziehen Sie den Kopf mit einer Hand zur Seite und drücken Sie den anderen Arm nach unten.

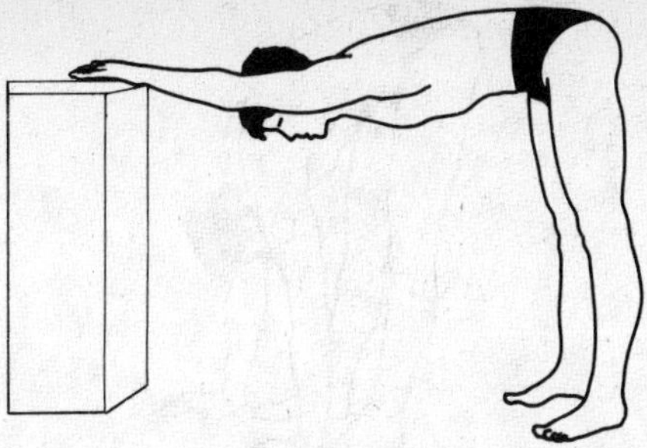

Abbildung 29: Dehnen der Wirbelsäule, des kleinen Rückenmuskels, einiger kleiner Schultermuskeln und des großen Brustmuskels

Stellen Sie sich vor einen Tisch. Legen Sie, bei gespreizten und gestreckten Beinen und im rechten Winkel gebeugtem Oberkörper, die schulterbreit gestreckten Arme auf die Tischplatte. Drücken Sie den Oberkörper bis zur gewünschten Dehnung nach unten.

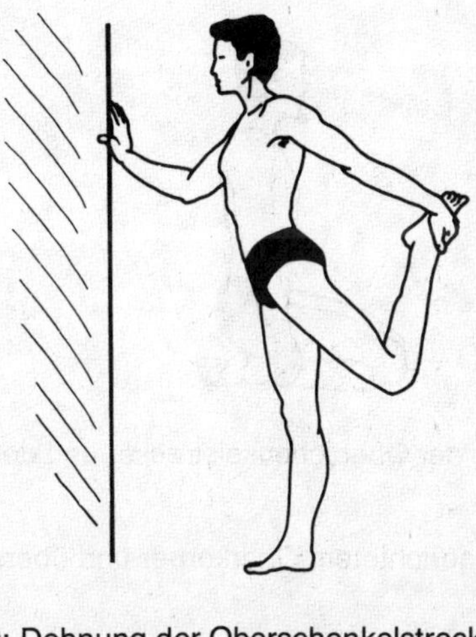

Abbildung 30: Dehnung der Oberschenkelstrecker und der Hüftbeuger

Umfassen Sie im Stehen einen Fuß und ziehen Sie ihn in Richtung Gesäß.

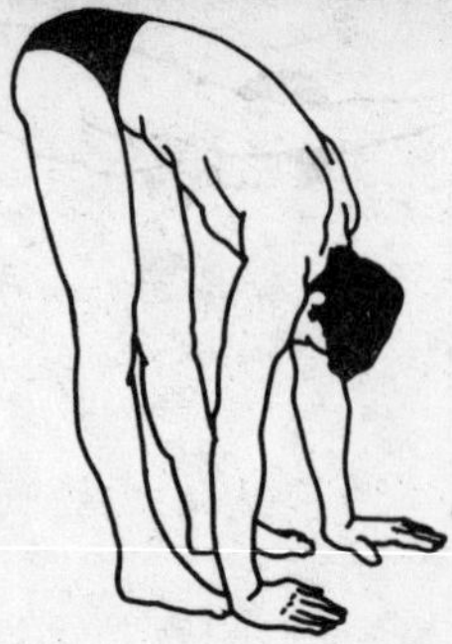

Abbildung 31: Dehnung der Oberschenkelbeuger und der Hüftstrecker

Stellen Sie die Füße parallel – etwa in Schulterbreite – nebeneinander. Beugen Sie den Oberkörper – bei gestreckten Kniegelenken – langsam nach vorn und lassen Sie die Arme hängen oder stellen Sie mit Ihren Händen den Bodenkontakt her.

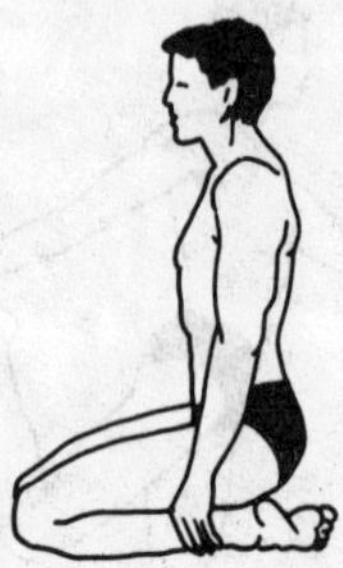

Abbildung 32: Dehnung der Oberschenkelstrecker und der Schienbeinmuskeln

Setzen Sie sich mit aufgerichtetem Oberkörper und überstreckten Füßen auf Ihre Fersen.

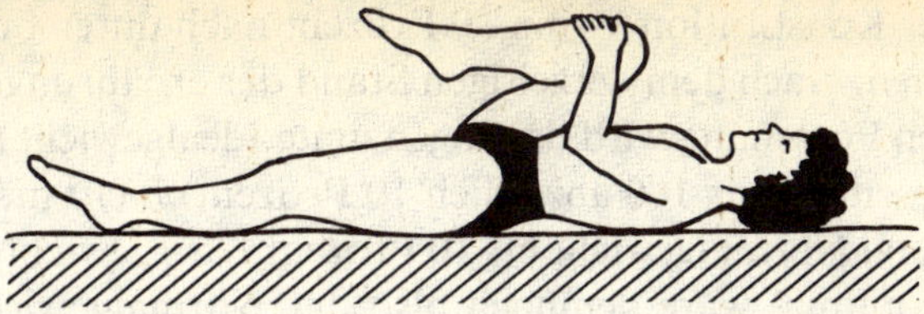

Abbildung 33: Dehnung der Gesäßmuskeln, der Unterschenkelbeuger und der unteren Rückenmuskulatur

Legen Sie sich flach auf den Rücken und ziehen Sie ein Knie so weit wie möglich zur Brust. Das andere Bein bleibt gestreckt, der Kopf ist am Boden.

3. Vernünftige Ernährung

Das vielzitierte Wort vom „Selbstmord mit Messer und Gabel" ist leider bei vielen Menschen eine Realität. Der durchschnittliche Kalorienverbrauch pro Mensch und Tag betrug 1850 in Deutschland 2 700 kcal, heute liegt er bei 3 000 kcal; dabei machte seinerzeit der Anteil der Schwerarbeiter an der Gesamtbevölkerung 40 Prozent aus, während er in unseren Tagen auf 10 Prozent abgesunken ist. „Übergewicht stellt sich, von ganz wenigen Ausnahmen abgesehen, die auf Stoffwechselstörungen zurückgehen, immer als Folge zu hoher Energiezufuhr ein. 6 000 Kalorien (25 000 kJ), die zuviel aufgenommen werden, bewirken 1 kg mehr an Fettgewebe" (Axt/Axt, 1984, S. 104). 1950 hat die Bevölkerung der Bundesrepublik zum Beispiel zwölf kg Fleisch und Fleischprodukte pro Person und Jahr verzehrt. Heute ißt der Bürger zwei Zentner Fleisch und Fleischprodukte pro Jahr. Da der Mensch nach seiner Anatomie kein Fleischesser ist, muß es bei dieser „Eiweißmast" zu gesundheitlichen Beeinträchtigungen kommen.

Zur Bestimmung des Normalgewichts im Erwachsenenalter gilt auch heute noch die Faustregel: Normalgewicht in kg = Körpergröße in cm minus 100. Dieser Wert kann – je nach körperlicher Konstitution – um 10 Prozent nach unten oder oben abweichen. Nach dem derzeitigen Stand der ernährungsphysiologischen Forschung wird das sogenannte Idealgewicht (Körpergröße in cm minus 100 abzüglich 10 Prozent) *nicht* mehr empfohlen und Normalgewicht bis 10 Prozent Übergewicht wird toleriert; optimal wäre demnach also das Normalgewicht.

Der menschliche Organismus ist ein sehr sparsamer ,,Motor". Bei einer Stunde Dauerlauf zum Beispiel verbraucht er – zusätzlich zum Ruhegrundumsatz von etwa 1 600 kcal – nur etwa 220 kcal. Durch Freizeitsport kann deshalb das Körpergewicht nicht wesentlich reduziert werden. Kurzzeitige Gewichtsabnahmen von 1 bis 2 kg im Zusammenhang mit sportlichen Leistungen werden hauptsächlich durch Flüssigkeitsverluste verursacht und durch nachfolgendes verstärktes Trinken wieder weitgehend wettgemacht.

Die Deutschen kommen (erfreulicherweise!) immer mehr auf einen neuen, gesünderen Geschmack: Ihnen mundet die Vollwert-Kost. ,,Vollwert-Kost ist keine Mager-Kost. Sie schmeckt und ist gesund. Jeder wird satt, ohne dick zu werden" (Max Otto Bruker).

,,Vollwert ist wertvoll" und Vollwert-Kost ist eine Ernährung, die alles enthält, was der Organismus jeden Tag braucht; sie ist eine Synthese altbewährter Erfahrungen und neuer wissenschaftlicher Erkenntnisse.

Die Deutsche Gesellschaft für Ernährung (DGE) gibt dazu die folgenden Empfehlungen:

- weniger oder kein Fleisch
- weniger oder kein Fabrik-Zucker
- möglichst jeden Tag und möglichst vor jedem Essen eine Portion Salat
- möglichst viel Vollkorn und Vollkornprodukte
- möglichst viele frische Produkte, keine Konserven
- möglichst viele Produkte aus biologischem Anbau

Die Bedeutung einer naturbelassenen Ernährung hatte schon Pfarrer Kneipp klar erkannt, wenn er feststellte (vgl. Meier, 1990,

S. 14): ,,Die Nahrung ist auch nur dann gesund, wenn sie der Natur des Menschen zuträglich ist und von ihr verarbeitet wird. Durch Speisen und Getränke kann manches in die Natur kommen, das krank macht.“ Wie wahr ist doch dieser Satz! Die Hälfte aller Krankenhausbetten werden heutzutage infolge Fehlernährung belegt. Kneipp selber war in bezug auf die Ernährung kein Fanatiker. ,,Ich verwerfe“, so schreibt er, ,,zu große Einseitigkeit in der Ernährung, allein im Maß liegt die Ordnung. Wer gesund und kräftig bleiben will, der bewahre Mäßigkeit und Einfachheit in Speise und Trank.“ Man fühlt sich fast in unsere Zeit versetzt, wenn wir seine Worte lesen: ,,Ich bin der Überzeugung, daß die Leute noch mehr fehlen durch die Bereitung der Speisen als durch die Wahl derselben“ (Meier, 1990, S. 14). Bereits vor 100 Jahren empfahl er seinen Zuhörern in seinen täglichen Gesundheitsvorträgen, die Rohkost und das Korn mitsamt der Kleie zu mahlen oder – man höre – sich eine Schrotmühle anzuschaffen. Er selber verfaßte ein Rezept über die Zubereitung eines Vollkornkleiebrotes.

Eure Nahrungsmittel sollen
eure Heilmittel
und eure Heilmittel sollen
eure Nahrungsmittel sein.

Hippokrates

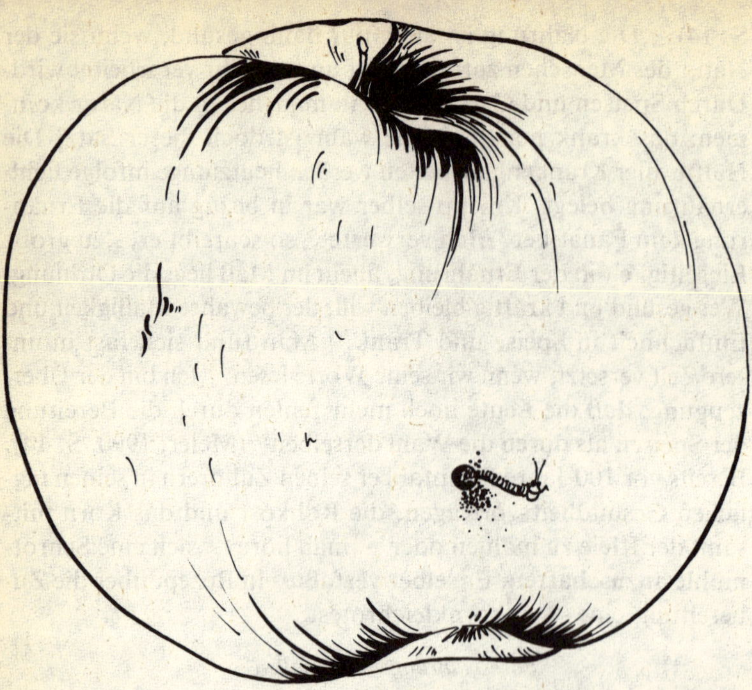

Em ma gsonda Äpfl
isch au d'r Wurm gsond!
Mathias Richling

(In einem gesunden Apfel
ist auch der Wurm gesund!)

Quelle: Fink, A. in: Schulkalender 1989, Ansichten und Einsichten aus Oberschwaben. Gewerbliche Schule Ravensburg/Gewerbliche Schule Saulgau

Kapitel 14:
Kneippen: Hebung des Schwellenwerts der Streßbeantwortung

Kneippsche Anwendungen härten ab, fördern den Blut-Kreislauf und erhöhen die Spannkraft des ganzen Körpers. Das Wasser, das dabei im Mittelpunkt steht, fungiert als Auslöser thermischer, chemischer und mechanischer, ja selbst hydroelektrischer Reize.

,,Gerade durch häufige Wasseranwendungen erreichen wir eine vermehrte Tonisierung auf dem venösen Schenkel des Kreislaufes, das Herzminutenvolumen wird angehoben, der Wärmehaushalt wird verbessert, die Immunitätslage des menschlichen Körpers wird positiv beeinflußt, und es kommt zu einer Stimulierung des Hormonsystems. Die entscheidende Wirkung des Wassers liegt jedoch in seiner Fähigkeit, in funktionelle Dysregulationen einzugreifen. Wiederholt abgestufte Wasseranwendungen wirken wie Stressoren, die in der Formatio reticularis und im Limbischen System eine streßähnliche Reaktion erzeugen. Der Unterschied besteht jedoch darin, daß wir mit individuell abgestimmten Kneippanwendungen eine genaue Abstufung der Streßeinwirkung vornehmen können und somit das Zentrale Nervensystem auf Streß adaptieren. Es wird der Schwellenwert der Streßbeantwortung angehoben, so daß der Patient auch mit Streßsituationen des täglichen Lebens besser fertig wird. Wenn *Halhuber* die Hydrotherapie nach Kneipp die Mikrometerschraube des vegetativen Nervensystems nennt, so will er damit ausdrücken, daß wir aktiv regulierend in das feine Schaukelspiel zwischen Sympatikus und Parasympatikus eingreifen können" (Meier, 1990, S. 15).

Kneippen ist – trotz des kalten Wassers – keine ungemütliche Angelegenheit. Im Gegenteil! Wer beim Spaziergang schon einmal Schuhe und Strümpfe ausgezogen hat und die erfrischende Kühle eines Baches erlebte, weiß, daß Kneippen eine gesunde Alternative ist. Es bedarf keines kostspieligen Kuraufenthaltes in einem Sanatorium. Man braucht lediglich ein bißchen Energie und einen Kaltwasserhahn. Eine ganze Reihe der Kneippschen Anwendungen zur Vorbeugung und Gesunderhaltung läßt sich nämlich zu Hause durchführen. Man sollte jedoch die Grundregeln des Kneippens und der Kaltwasseranwendungen kennen (vgl. ,,Der große Familien-Ratgeber der Gesundheit". Verlag Naumann & Göbel, 1986, S. 432).

- Kaltes Wasser darf nie am ausgekühlten oder fröstelnden Körper angewandt werden! Er muß vorher immer erwärmt sein, sei es im Bett, im warmen Raum, durch eine heiße Dusche oder durch körperliche Bewegung.
- Der Kältereiz darf nie so lange wirken, daß es zu Frösteln oder Frieren kommt (eine halbe Minute genügt meistens). Die Haut kann sich röten – das ist ein Zeichen, daß sie auf den Kältereiz mit Wiedererwärmung reagiert –, aber sie darf nicht bläulich werden.
- Ein eiskalter Guß oder eine kalte Dusche sind im ersten Moment zwar ein kleiner Schock, der uns den Atem nimmt, doch man gewöhnt sich bald daran.
- Nach jeder Kaltwasseranwendung muß für Wiedererwämrung gesorgt werden: im Bett, durch warme Kleidung oder durch Bewegung.

Wenn Sie organisch gesund sind, können Sie die im folgenden beschriebenen Wasseranwendungen durchführen; konsultieren Sie im Zweifelsfall bitte vorher einen Arzt.

1. Kneippsche Waschungen

Am besten, man führt sie gleich morgens nach dem Aufwachen durch. Ein rauhes, mehrfach zusammengefaltetes Handtuch oder ein grober Wasch-Handschuh wird in kaltes Wasser eingetaucht. Nun wäscht man damit den ganzen Körper in genau festgelegter Reihenfolge: Angefangen wird an der rechten Hand, die Außenseite des Armes entlang hinauf zur Schulter, dann zurück zur Innenseite. Das gleiche beim linken Arm, anschließend kommen Brust und Rücken dran. Vom rechten Fuß außen das Bein entlang geht's weiter hinauf über die Leiste und innen herunter. Linkes Bein ebenso! Anschließend kommen Bauch und untere Rückenpartie dran. Das ganze sollte nicht länger als eine halbe Minute dauern. Ohne sich abzutrocknen, hüllt man sich in den Bademantel oder ein Badetuch, später dann in die Kleider, und fühlt sich wie neugeboren.

2. Kaltes Armbad

Das kalte Armbad stärkt die Herztätigkeit, regt den Kreislauf an, hebt zu niedrigen Blutdruck und erfrischt bei sommerlicher Hitze. Beide Arme werden bis zur Oberarmmitte ins kalte Wasser getaucht, bis sich starkes Kältegefühl einstellt, aber keinesfalls länger als 20 bis 30 Sekunden. Danach schlenkert man locker mit beiden Armen, bis die Haut trocken ist, ohne das Handtuch zur Hilfe zu nehmen. Die belebende Wirkung ist erstaunlich.

3. Wassertreten

Wassertreten ist ein ausgezeichnetes Mittel zur Belebung müder Füße, gegen Stauungen in den Beinen und zur allgemeinen Erfrischung. Man füllt dazu – sofern man nicht gerade das strömende Wasser eines Baches zur Verfügung hat – die Badewanne wadenhoch mit kaltem Wasser und sorgt für Trittfestigkeit. Man steigt hinein und tritt sozusagen auf der Stelle. Abwechselnd immer ein Bein hochziehen, also ganz aus dem Wasser heraus. Etwa 30 bis 60 Sekunden sollte die Prozedur dauern. Wenn sich Kältegefühl einstellt, ist auf jeden Fall Schluß zu machen. Man steigt aus der Wanne, streift das Wasser von den Beinen und schlüpft, ohne sich abzutrocknen, in Strümpfe und Schuhe – oder ins

Bett. Nach des Tages Arbeit ist diese Anwendung am wohltuendsten.

Kneippen ist kein heroisches Kaltwasserverfahren. Es kostet vielleicht anfangs etwas Überwindung, mit dem kalten Wasser Freundschaft zu schließen. Aber nach kurzer Zeit wird man die belebenden Reize, die eine signifikante Veränderung der Mikrozirkulation bewirken, nicht mehr missen wollen.

Sebastian Kneipp hat bereits vor 100 Jahren in seinem Buch „So sollt ihr leben" die Grundzüge eines *ganzheitlichen* Naturheilverfahrens dargelegt. Die Wasseranwendung ist die wohl bekannteste Säule dieser Physiotherapie. Die anderen Säulen des Verfahrens sind:

- Die Phytotherapie
  Darunter ist eine Behandlung mit Heilkräutern zu verstehen.
- Die richtige Ernährung
- Die Bewegungstherapie
- Die Ordnungstherapie
  Die Ordnungstherapie hat das Ziel, die natürliche Ordnung im psychischen und somatischen Lebensbereich wiederherzustellen. „Die Gesundheit ist die Frucht echter Lebensordnung . . . Heute leiden mehr als die Hälfte aller Patienten, die einen Internisten oder praktischen Arzt aufsuchen, unter funktionellen oder seelischen Erkrankungen. Da wir in den meisten Fällen den häuslichen oder beruflichen Streß nicht abbauen können, muß es unser Bestreben sein, die Reaktion des Patienten auf seine krankmachende Umgebung zu verändern. Hierbei ist es wichtig, daß unseren Patienten klargemacht wird, welche Rolle das Unterbewußte in ihrem Verhalten spielt. Alles, was wir über unsere Sinnesorgane aufnehmen, wird gleichsam wie auf einer Matrize in unserem Unterbewußtsein gespeichert. Die Veränderung eines Menschen, soweit sie überhaupt möglich ist, kann letztendlich nur durch ein verändertes Denken und Fühlen bewirkt werden" (Meier, 1990, S. 16).

Kapitel 15: Akupressur: Beruhigung und Harmonisierung durch Fingerdruck

Das biologisch wirksame Verfahren der Akupressur (lat. „acus" = Punkt; lat. „pressare" = drücken) stammt – wie die Methode der Akupunktur – aus China. Die chinesische Vorstellung von der Harmonie der gesamten Schöpfung basiert auf zwei einander entgegengesetzten Energieströmen: Yin und Yang.

Yin: Das Weiche, Nachgiebige, Passive, Regenerierende, Weibliche
Yang: Das Harte, Starke, Aktive, Männliche

Der – vor dem Hintergrund der modernen Medizin – sinnvolle Kern dieser Vorstellung besteht in ihrer Ähnlichkeit mit den entgegengesetzt wirkenden Steuerungssystemen des menschlichen Körpers: Sympathikus und Parasympathikus (Vagus). Der „sympathische" Anteil des vegetativen Nervensystems beeinflußt die Organfunktionen in der Weise, daß der Organismus leistungsfähig und leistungsbereit wird. Im Gegensatz dazu sorgt der Parasympathikus für die Erholung des Körpers; er ist zuständig für den Aufbau neuer Reserven. Jedes Organ wird von sympathikotonen und vagotonen Nerven gesteuert. Sympathikotone Dominanz bewirkt Antrieb und Leistung, überwiegend vagotone Beeinflussung zielt auf Ruhe und Erholung (vgl. auch Teil 1, Kapitel 1 und Kapitel 2).

Die Akupressur stützt sich auf Erfahrungen, die bei der Akupunktur gewonnen wurden und sie setzt wie diese die Kenntnis bestimmter Heil-Punkte voraus. Akupressur- und Akupunkturpunkte sind in den meisten Fällen identisch. Am menschlichen Körper gibt es weit über tausend solcher Punkte, die auf sogenannten Leitlinien (Meridianen) liegen. Es werden in diesem Zusammenhang 12 Hauptmeridiane, 12 Nebenmeridiane und 8 Sondermeridiane unterschieden und mit diesen Leitlinien werden jeweils Organe oder Organsysteme in Verbindung gebracht, deren Funktionen – durch Akupressur bestimmter Punkte des betreffenden Meridians – beeinflußt werden können.

Man unterscheidet Harmonisierungs-, Anregungs-, Beruhigungs-, Alarm- und Spezialpunkte. Die Akupressur der Harmonisierungspunkte fördert den harmonischen Gleichklang der den Leitlinien zugeordneten Organe. Die Beeinflussung der Anregungspunkte durch Akupressur bewirkt die Aktivierung der Kraftreserven der betreffenden Organe. Werden Beruhigungspunkte akupressiert, kommt es zu einer Beruhigung nervöser Funktionen. Reagiert ein Alarmpunkt auf Fingerdruck empfindlich, so deutet das auf eine Erkrankung des zugeordneten Organs hin. Die Akupressur eines Alarmpunktes kann andererseits eine unverzügliche Besserung der erkrankungsbedingten Beschwerden bewirken. Die Beeinflussung von Spezialpunkten durch Akupressur ist bei jeweils genau umschriebenen Beschwerden indiziert.

Bei sachgerechter therapeutischer Pressur entsprechender Hautpunkte durch den Druck des Fingers können funktionelle Beschwerden und Schmerzen oft bereits nach kurzer Behandlungszeit gelindert werden. Akupressur ist in der Regel nicht zu empfehlen bei bestehender Schwangerschaft, schweren organischen Herz- oder Kreislauferkrankungen und bei lokalen Entzündungen oder Verletzungen der Haut über den zur Pressur vorgesehenen Punkten.

- Versuchen Sie, sich vor jeder Akupressur, zum Beispiel durch einige ruhige und tiefe Atemzüge, zu entspannen.
- Wenn Sie die weiter unten gegebene anatomische Beschreibung korrekt beachten, werden Sie die betreffenden Punkte leicht auffinden. Akupressurpunkte sind in der Regel empfindsamer als ihre Umgebung und sie „melden" sich bei gefühlvollem Herantasten.
- Nach Aufsuchen eines Punktes wird die Kuppe des Zeige-, Mittel- oder Ringfingers oder die des Daumens mit sanftem

bis mittelstarkem Druck auf den betreffenden Hautbezirk aufgelegt; die mittelstarke Pressung ist dabei der Regelfall. Fingernägel dürfen, um Verletzungen zu vermeiden, die Kuppen der Endglieder nicht überragen.

- Lassen Sie nun Ihre Fingerkuppe rotieren, indem Sie zwei bis drei Kreise pro Sekunde beschreiben und dabei die Haut gegenüber der darunter liegenden Muskulatur oder dem darunter liegenden Knochen verschieben. Der massierende Finger bleibt – relativ zur Haut – stets an dem einmal eingenommenen Ort, um eine gleichmäßige Beeinflussung des Akupunkturpunktes zu ermöglichen; die Haut wird bei der Massage also von der Fingerkuppe „mitgenommen". Meistens dauert es zwei bis vier Minuten, bis man eine entsprechende Wirkung spürt.

Aus der Vielzahl möglicher Akupressurpunkte werden im folgenden drei Punkte herausgegriffen, über die das „innere Gleichgewicht" wieder hergestellt und das vegetative Nervensystem stabilisiert werden kann.

- Seitlich und eine Handbreit unterhalb der Kniescheiben – direkt unter dem Kopf des Schienbeinknochens – liegen die beiden Punkte, die von den Chinesen „Orte des göttlichen Gleichmuts" genannt werden (vgl. Abbildung 34). Sie gelten als Harmonisierungspunkte des „inneren Gleichgewichts"; Angstzustände und Nervosität können durch Pressur dieser Punkte positiv beeinflußt werden.
- Der wirksamste Akupressurpunkt zur Stabilisierung des vegetativen Nervensystems ist der Punkt „ha-aou-ha" auf der Fußsohle, in der Vertiefung zwischen dem Ballen der großen Zehe und den übrigen Zehenballen, also etwa in der Mitte zwischen Großzehen- und Kleinzehenballen (vgl. Abbildung 35). Die Pressur dieses Punktes sollte man zum Beispiel bei „innerer Unruhe", Schlafstörungen, Kopfschmerzen und „Herzklopfen" – soweit diese Beschwerden auf Fehlreaktionen des vegetativen Nervensystems (vegetative Dystonie) zurückzuführen sind –, anwenden.

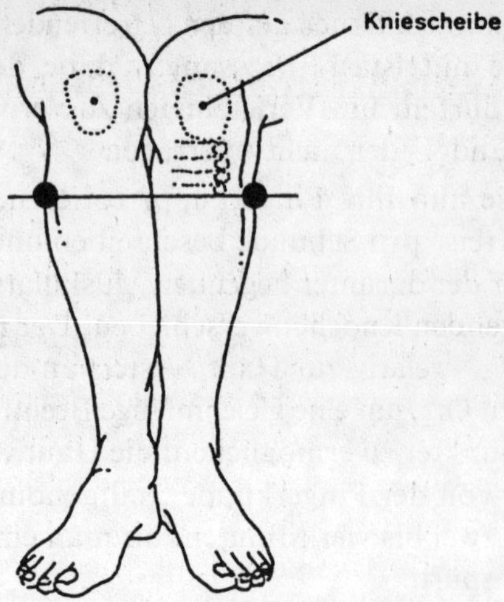

Abbildung 34: Harmonisierungspunkte „Göttlicher Gleichmut"

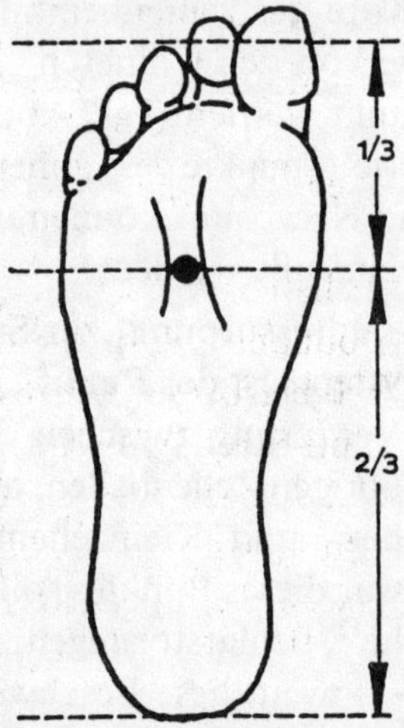

Abbildung 35: Spezialpunkt „ha-aou-ha" auf der Fußsohle

Kapitel 16: Anti-Streß-Mittel aus der Apotheke

,,Die ganze Natur ist eine Apotheke'', wußte schon Paracelsus. Seit Jahrhunderten sind verschiedene Heilpflanzen bekannt, die eine beruhigende Wirkung haben. Baldrian, Hopfen und Melisse sind ,,klassische'' Heilkräuter mit beruhigenden, schlaffördernden Eigenschaften. Weißdorn wird bei Herz-, Kreislauf- und Blutdruckstörungen empfohlen und beeinflußt auch Streßfolgen wie nervöse Gereiztheit und Schlafstörungen positiv. Johanniskraut hat eine tranquilizerartige Wirkung und eignet sich vornehmlich zur Behandlung von Angst, allgemeiner Nervosität, Gereiztheit, depressiven Verstimmungen und Schlafstörungen. Eine spürbare, anhaltende Wirkung tritt nach regelmäßiger, etwa zehn- bis vierzehntägiger Einnahme auf.

Setzen Sie – bei entsprechender Indikationsstellung – die Wirkstoffe der Heilpflanzen wenn möglich in Form von Dragées, Kapseln oder Tropfen ein, die in Apotheken oder Reformhäusern angeboten werden, da sie standardisierte Mengen enthalten, die die Dosierung erheblich erleichtern. Beachten Sie bitte die den Packungen beiliegenden Gebrauchsinformationen ganz genau.

Magnesium – erhältlich zum Beispiel als Magnesiumkarbonat-Kapseln oder gebunden in Form eines Aminochelats – wirkt auf viele vom Streß betroffene Körperfunktionen günstig; es gilt gleichsam als ,,Anti-Streß-Mineral'', weil es eine harmonisierende Wirkung auf das vegetative Nervensystem ausübt und erhöhte Blutfett- und Blutgerinnungswerte günstig beeinflußt. Zudem wird dem Magnesium ein herzinfarktvorbeugender Effekt nachgesagt.

Psychopharmaka ist der Sammelbegriff für Arzneimittel, die auf die Psyche, beziehungsweise auf psychische Phänomene einwirken. Aus pharmakologischer Sicht sind es Medikamente, die überwiegend das Zentralnervensystem beeinflussen; zugleich wird aber auch das periphere Nervensystem maßgeblich in die Wirkung miteinbezogen.

Tranquilizer (tranquillitas = Meeresruhe) und *Ataraktika* (Ataraxie = Seelenruhe) wirken leicht entspannend auf die Muskulatur und allgemein beruhigend. Sie sollen einen Zustand von Gelassenheit und Ausgeglichenheit erzeugen und werden ärztlich verordnet gegen innere Spannungen und Unruhe, Angstgefühle und übersteigerten Antrieb. Beispiele: Valium®, Adumbran®, Lexotanil®, Tavor®, Tranxilium®, Nobrium® . . .

Mögliche Nebenwirkungen: Tranquilizer können zur Abhängigkeit (daher möglichst nicht länger als vier bis sechs Wochen nehmen) und zur Beeinträchtigung der Reaktionsfähigkeit führen; Alkoholgenuß verstärkt ihre Wirkung unkontrollierbar.

Neuroleptika wie Haldol®, Atosil®, Truxal®, Megaphen® . . . haben zentral und peripher dämpfende Wirkungen. Ohne das Bewußtsein dabei auszuschalten, richtet sich ihr hauptsächlicher Effekt gegen Sinnestäuschungen, Wahnideen und andere psychotische Erscheinungen.

Mögliche Nebenwirkungen: Mundtrockenheit und andere Störungen der Körpersekretionen (Schweißdrüsen) und dadurch bedingte Hautreaktionen sowie Beeinträchtigung der Magen-Darm-Funktionen.

Antidepressiva (Anafranil®, Tofranil®, Saroten®, Gamonil®, Ludiomil®, Thombran® . . .) wirken stimmungsaufhellend, antriebsfördernd, ausgleichend auf die Gemütsverfassung. Anwendungsbereich: Anhaltende Melancholie, Schwermut infolge bedrückender Kindheitserlebnisse, labile Phasen (Wechseljahre, Krisen in der Lebensmitte . . .).

Mögliche Nebenwirkungen: Schwindel, Schwitzen, Zittern, Mundtrockenheit, Kreislauf- und Sehstörungen. Nach vier bis sechs Wochen verschwinden diese Nebenwirkungen in den meisten Fällen.

Psychoenergizer (Stimulantien, Psychotonika) sind zentral stimulierende Mittel. Sie wirken psychisch anregend und schlafhemmend und sollen das Gefühl von Müdigkeit und Antriebslosigkeit beseitigen. Bekannte Psychoenergizer sind zum Beispiel: Captagon®, Pervitin®, Ritalin®, AN_1®.

Mögliche Nebenwirkungen: Herzklopfen, Zittern, ,,Fahrigkeit", Schlaflosigkeit, Appetitlosigkeit, Gewichtsverlust, Auslösen von Depressionen. Bei längerdauernder Einnahme dieser anregenden Präparate, die wie zum Beispiel Ritalin® und Pervitin® der Betäubungsmittel-Verordnung unterliegen, besteht hohes Abhängigkeitsrisiko.

Kapitel 17: Positives Denken und psychische Hygiene contra Streß

Die Innenwelt-Verschmutzung, Selbstvergiftung von innen durch negative Gedanken und Vorstellungen, ist für den Menschen nicht weniger gefährlich als die Umwelt-Verschmutzung, von der heute alle Welt redet. Sozial bedingter Streß hat seine Ursachen unter anderem in der Lieblosigkeit der Mitmenschen, im gleichgültigen Nebeneinander, in übersteigertem Konkurrenz- und Leistungsdenken, in der Jagd nach Anerkennung und Statussymbolen und im ständigen Vergleichen mit anderen, aus dem eine permanente Unzufriedenheit resultiert.

Wir denken selten darüber nach, was wir haben,
immer nur darüber, was uns fehlt.

Arthur Schopenhauer

Haben-Wollen, Nie-genug-kriegen-Können sind charakteristisch für den auf HABEN programmierten Menschen unserer Zeit. Dabei wird vergessen, daß Leben vor allem SEIN ist, daß sich die Tür zum wahren Glück nur nach innen öffnet und daß jeder Mensch mit allen seinen Vorzügen und Fehlern auf wunderbare Weise einmalig ist.

Wir leben in einer „habensorientierten" Zeit (Erich Fromm) und sind durch eine sehr kommerziell ausgerichtete Welt zu „Besitzern" geworden; vielfach meinen wir zu sein, was wir haben. Viele Menschen sind gierig, wollen zuviel und können *nicht loslassen.* Buchmann (1990, S. 44) berichtet in diesem Zusammenhang über die malaiische „Affenfalle": „Dort fangen die Eingeborenen Affen für die westlichen Zoos dadurch, daß sie unter den Bäumen, in denen sich die neugierigen Tierchen aufhalten, ausgehöhlte Kokosnüsse, mit Reiskörnern gefüllt, auslegen.

Die Nüsse haben eine kleine Öffnung, in die die Affen gerade ihre Pfote hineinstecken können. Die Eingeborenen gehen dann (scheinbar) weg. Die Affen – neugierig – untersuchen immer hungrig die Nüsse, stecken ihre Pfoten hinein, umschließen die Reiskörner – und können die Hände in ihrer Gier nicht mehr öffnen. Die Häscher eilen herbei und ‚sammeln' die nicht mehr kletterfähigen Affen ein . . . Sind wir nicht auch oft in einer sehr ähnlichen Situation?"

Vieles was im Leben eines Menschen heute geschieht, ist nur die Verwirklichung früherer Gedanken; ebenso kann man seine Zukunft durch seine gegenwärtigen Gedanken mitbeeinflussen. Sie glauben es nicht? Probieren Sie es doch einfach aus!

Alles, was wir sind, ist das Ergebnis dessen,
was wir gedacht haben.

Buddha

Das aktuelle Handeln wird von den Inhalten des Unterbewußtseins mitbestimmt. Wer die Sprache seines Unterbewußtseins versteht, kann es positiv „programmieren" und damit sein zukünftiges Leben glücklicher gestalten. Phantasien, Vorstellungen, Emotionen, Intuitionen sind „sprachliche" Äußerungen des Unterbewußtseins. „Positives Denken" ist ein autosuggestives Beeinflussungsverfahren, dem folgende Prinzipien zugrunde liegen:

- Jede bildhafte Vorstellung, die der Mensch in seinem Innern entwickelt, hat die Tendenz sich zu verwirklichen, wenn nicht andere – gleichzeitig bestehende – Vorstellungen ihr entgegengerichtet sind (ideomotorisches Prinzip).
- Das Wollen des Menschen ist seinen Vorstellungen untergeordnet; der Wille unterliegt, wenn Wille und Vorstellung einander entgegenstehen (Gesetz des Primats der bildhaften Vorstellung).
- Anstrengungen, die unter dem Einsatz starker Willenskraft unternommen werden, bewirken oft das Gegenteil des Erhofften (Prinzip des paradoxen Verhaltens).

- „. . . jeder dauernde oder systematisch sich wiederholende Reiz, der über entsprechende Nervenbahnen einen bestimmten Punkt der Hirnrinde erreicht, (führt) . . . , vorausgesetzt, daß seine Wirkung nicht durch einen anderen dazwischenkommenden weckenden Reiz gestört wird, früher oder später zur zwangsartigen Schläfrigkeit" (Meinhold, 1980, S. 51f.; Punktreflexgesetz von I.P. Pawlow).

Positive Vorstellungen als geistige Bilder zeigen dem Menschen, wohin er möchte und fördern damit das Denken und Handeln in Richtung auf dieses Ziel. Wer sich mehrfach im Zustand tiefer Entspannung ein positives Zukunftsbild ausmalt, verankert damit diese Vorstellung im Unbewußten, von wo aus sie eine enorme „Sogwirkung" entfalten kann. Sehen und suchen Sie das Positive in der Welt. Konsequentes positives Denken kann tiefsitzende „Negativmechanismen" ausschalten und Ausstrahlung und Leben eines Menschen grundlegend verändern.

Positive Gedanken können Sie durch Imagination, das heißt durch die Kraft Ihres Vorstellungsvermögens, im Unterbewußtsein verankern. Entspannen Sie sich dazu möglichst tief und lassen Sie vor Ihrem geistigen Auge ein Ziel, das Sie anstreben, als möglichst plastisches Bild erscheinen. Erwecken Sie Ihre Wunschvorstellungen zum Leben. Stellen Sie sich zum Beispiel im Zusammenhang mit einem Examen, das Sie vor sich haben, den ganzen Handlungsablauf einschließlich der Freude und des Stolzes vor, die Sie nach bestandener Prüfung empfinden werden.

Wenn negative Gedanken in Ihnen auftauchen, sollten Sie sofort eine positive Gegenvorstellung dazu bilden. Es ist sicher erfreulich, wenn die Sonne scheint. Warum muß man aber den reinigenden, wachstumsfördernden Regen weniger positiv erleben? Sie könnten in diesem Zusammenhang daran denken: Es gibt kein schlechtes Wetter, sondern nur Leute, die unzweckmäßig angezogen sind. Die Welt ist so, wie wir sie sehen. Wer durch den Wald geht, kann seine Aufmerksamkeit auf die Schönheit der Natur richten – oder auf die Abfälle, die Mitmenschen liegen gelassen haben. Erleben Sie die Vitalität und Schönheit des Daseins in der Natur. Wieviel Kraft und Zuversicht kann doch ein Blick auf eine Blume oder einen Baum vermitteln.

Viele Menschen machen Zeit Ihres Lebens ihre Erziehung, die Situation am Arbeitsplatz oder in der Familie, das Wetter oder andere Umstände für ihre Probleme verantwortlich. Vermeiden Sie solche verhängnisvollen Ursachenzuschreibungen. Sie leben Ihr Leben und müssen die Verantwortung dafür selbst übernehmen. Ziehen Sie in einer ruhigen Stunde – besonders gut eignet sich dazu der Urlaub – die Bilanz Ihres bisherigen Lebens. Was war positiv? Was ist aus heutiger Sicht negativ verlaufen? Wie auch immer diese Bilanz ausfällt, zentral wichtig ist es, daß Sie den Ist-Zustand akzeptieren, ohne sich selbst oder anderen Menschen deshalb Vorwürfe zu machen. Den Ist-Zustand anzunehmen heißt, zu akzeptieren: *Es ist wie es ist.* Mit der Kraft der eigenen Gedanken und bildhaften Vorstellungen sollten Sie anschließend gegebenenfalls versuchen, das Leben in positivere Bahnen zu lenken.

Unser Unbewußtes drückt sich zum Beispiel in unseren Träumen aus. Auch gedankliche Bilder, die sich ohne unser Zutun einstellen und Worte, die wie von selber in unser Bewußtsein treten, können mitgeteilte Erfahrungen aus den Tiefen unserer Person sein. Vertrauen Sie darauf, daß Ihr Unterbewußtsein versucht, jeden Gedanken umzusetzen, ihn zu „materialisieren". Zweifeln Sie nicht an der Realisierung Ihrer Vorstellungen.

Nach psychosomatischer Lehrmeinung können körperliche Krankheiten seelisch verursacht sein und sie können gleichzeitig eine Linderung psychischer Probleme darstellen. Seelisch verursachten oder mitbedingten Krankheiten liegen unbewußte psychische Konflikte zugrunde; die Seele wählt den Weg über den Körper, wenn es ihr an anderen Ausdrucksmöglichkeiten fehlt (vgl. auch Teil 1, Kapitel 2, 5.).

„Wo viel Licht ist, ist viel Schatten", heißt es im Götz von Berlichingen. Ohne den Begriff „Licht" ist der Terminus „Schatten" ohne Sinn. So hat jedes Ding und jeder Sachverhalt zwei Seiten. Eine davon ist in der Regel positiv; dieser Seite sollten Sie sich vor allem zuwenden.

Leute, die auf Rosen gebettet sind,
verraten sich dadurch,
daß sie immerzu über die Dornen jammern.

Verfasser unbekannt

Alles was vergangen ist, können Sie nicht mehr ändern. Warum also darüber aufregen? Leben Sie im Hier und Jetzt. Lenken Sie Ihre volle Aufmerksamkeit auf das, was Sie gerade tun. Hobbys erleichtern – wenn sie nicht zu einer Pflichtübung werden – das „Abschalten". Ihr besonderer Wert liegt in der unbefangenen Freude am spielerischen Tun. Wer richtig spielt, ist ganz im Hier und Jetzt, er schaut nicht auf die Uhr und er vergißt, was gestern war und möglicherweise morgen sein wird.

„Keiner ist eine Insel." Damit der Mensch *Ich* sein kann, ist er auf das *Du*, auf den Umgang mit anderen, angewiesen. „Alles wirkliche Leben ist Begegnung" (Martin Buber).

Nur wer zuhören kann, ist in der Lage, seine Mitmenschen wirklich zu verstehen – das hörende Schweigen ist eine Voraussetzung für mitfühlendes Eingehen auf andere. Denken Sie auch daran, daß Ihnen andere Menschen in der Regel immer auf der Ebene antworten, auf der sie von Ihnen angesprochen wurden. Je positiver Sie sich Ihren Mitmenschen nähern, desto positiver wird – langfristig gesehen – das „Echo" sein. Wer die eigenen Vorurteile zum Maß aller Dinge erhebt oder wer sein Unbehagen als Motor seines Verhaltens anderen gegenüber einsetzt, braucht sich nicht zu wundern, wenn sich in diversen Lebenslagen persönliche Probleme wie von selbst einstellen. Wenn Sie sich über jemanden ärgern, treffen Sie damit nicht den, der Ihren Ärger ausgelöst hat, sondern Sie schaden *ausschließlich* sich selbst.

Kein Mensch kann mich je demütigen oder verletzen.
Ich gestatte es ihm nicht.

Bernhard Baruch

Aus Krisen können Chancen wachsen. Die Chinesen haben für „Chance" und „Gefahr" dasselbe Wort: „wei-dschi". Wer ein Risiko eingeht, hat die Chance, etwas besser machen zu können – zugleich aber besteht die Gefahr des Mißlingens. Nicht: „Jedem Risiko ausweichen", sondern: „Bei Abwägung möglicher Konsequenzen ein kalkuliertes Risiko selbstbewußt eingehen und bereit sein, einen mißglückten Versuch zu tolerieren", heißt die Devise, deren Befolgung von Selbstvertrauen zeugt. Rückschläge sind da, um überwunden zu werden. Lassen Sie sich von Ihren Mitmenschen keine Schuldgefühle einreden, rechnen Sie mit der Macht der Beharrlichkeit und hüten Sie sich vor Ungeduld. Denken Sie daran: Wer empfangen will, muß geben.

Unangemessene Gefühlszustände und Verhaltensweisen werden häufig von irrationalen Anschauungen und irrationalen Lebensphilosophien hervorgerufen. Albert Ellis, der Begründer der Rational-Emotiven Therapie, hat solche selbstschädigenden Ansichten und Ideen, die den Menschen in psychische Verwirrung versetzen können, zusammengestellt. In Tabelle 13 sind zu den verschiedenen irrationalen Ideen entsprechende rationale Überzeugungen als Alternativen formuliert worden (vgl. Schwartz, 1987, S. 52ff.).

Irrationale Idee	Rationale Alternative
Ich muß von jedermann – zumindest von jeder Person, die mir etwas bedeutet – nahezu immer geliebt, geschätzt oder anerkannt werden; wenn dies nicht der Fall ist, so wäre das schrecklich.	Es ist wünschenswert, von anderen Menschen geschätzt zu werden. Ich bin jedoch nicht unbedingt auf die Wertschätzung anderer Personen angewiesen. Ich kann mich selbst achten und akzeptieren.
Ich bin ein Mensch ohne Wert, wenn ich mich nicht in allem – oder zumindest auf einem wichtigen Gebiet – überaus kompetent, tüchtig und erfolgreich erweise.	Ich bin ein Mensch mit Fehlern und kann mich als solcher akzeptieren, auch wenn ich mich so verhalte wie ich es nicht mag.
Wenn andere Menschen unfair oder schlecht handeln, sollte man sie streng zurechtweisen und bestrafen, denn sie sind böse und verdorbene Menschen.	Weil Menschen fehlbare Wesen sind, können sie unfair und schlecht handeln. Sie tun dies häufig aus Unwissenheit oder auf Grund psychischer Störungen. Statt sie zu bestrafen, helfe ich ihnen besser, in Zukunft anders zu handeln.
Es ist schrecklich und eine Katastrophe, wenn die Dinge nicht so sind, wie ich es gerne hätte.	Es ist wirklich bedauerlich, wenn die Dinge so sind, wie wir es nicht mögen und es ist ratsam, die verantwortlichen Bedingungen zu ändern. Wenn eine Änderung aber nicht möglich ist, so ist es besser, dies zu akzeptieren.
Emotionale Probleme haben äußere Ursachen und ich habe wenig Möglichkeiten, meine Gefühle zu verändern oder zu kontrollieren.	Emotionale Schwierigkeiten sind zu einem großen Teil durch die Sicht bedingt, die ich von den Dingen habe. Man hat enorme Kontrolle über seine destruktiven Gefühle, wenn man an der Veränderung der törichten und unwissenschaftlichen Hypothesen zu arbeiten beginnt, die diese Gefühle hervorrufen.

Irrationale Idee	Rationale Alternative
Ich muß mir große Sorgen machen oder mich angesichts von Ereignissen, die möglicherweise gefährlich sein könnten, sehr ängstigen.	Das Leben besteht zu großen Teilen aus Risiko. Ich kann nicht alles kontrollieren. Besser den Gefahren ins Gesicht schauen und *sie* ruhig bekämpfen, als *sich* ständig zu beunruhigen. Unvermeidliches besser akzeptieren.
Es ist leichter, Schwierigkeiten aus dem Weg zu gehen, als sich ihnen zu stellen. Ich muß mich immer wohlfühlen und darf keinerlei Schmerz ertragen müssen.	Der sogenannte leichte Weg ist oft der schwerere. Unannehmlichkeiten kann man ertragen, auch wenn man sie niemals mögen wird.
Man braucht jemanden, der stärker ist als man selbst, auf den man sich stützen kann.	Es ist besser, das Risiko des unabhängigen Handelns und Denkens auf sich zu nehmen. Es ist schön, Ratgeber zu haben, aber ich bin nicht auf sie angewiesen. Die letzte Entscheidung treffe ich selbst.
Meine Vergangenheit ist die Ursache für meine gegenwärtigen Probleme, weil etwas, das sich früher einmal stark auf mein Leben auswirkte, dies auch weiterhin tut.	Man kann aus der Vergangenheit lernen, aber die Vergangenheit determiniert mich nicht völlig. Emotionale Probleme haben gegenwärtige Gründe.
Die Welt sollte fair und gerecht sein.	Die Welt ist so, wie sie sein muß. Ich kann sie zu verändern trachten, aber es gibt keinen Grund, warum sie anders sein sollte.

Tabelle 13: Irrationale Ideen und rationale Alternativen

Kapitel 18: Unser Leben hat Sinn

1. New Age: Von Kopf bis Fuß auf Kosmos eingestellt

Immer mehr Menschen glauben, daß wir in einer ,,Wendezeit" leben. Die New-Age-Bewegung deutet diese Wende astrologisch als Übergang vom Fische-Zeitalter zum kreativeren Wassermann-Zeitalter. Zu dieser ,,Geburt des Wassermann-Zeitalters" schreibt Ripota (1987, S. 11): ,,Wir befinden uns derzeit tatsächlich an der Schwelle zu einem neuen Zeitalter, ähnlich wie das Römische Reich um Christi Geburt, als die ,Widder-Zeit' der Assyrer und Juden, der Griechen und Römer langsam zu Ende ging und von der ,Fische-Zeit', der christlichen Lebensauffassung, abgelöst wurde."

Die New-Age-Ideen kamen mit mehr als zehnjähriger Verspätung aus Kalifornien zu uns und sind – von ihrem Erscheinungsbild her – ein typisch amerikanisches Gemisch von individualistischem Lebensstil, säkularem Fortschrittsglauben, religiösem Synkretismus und okkulten Praktiken. Das ist auch der Grund dafür, daß kaum jemand definitiv sagen kann, was denn unter diesem ,,Neuen Zeitalter" zu verstehen ist. Seinen Ausdruck findet das ,,neue Denken" insbesondere in folgenden Bereichen: Esoterik und Okkultismus, Alternativkultur, ,,Psychomarkt" (zum Beispiel die Transpersonale Psychologie von Roberto Assagioli, Allan Watts, Stanislav Grof), Naturwissenschaft (,,Paradigmenwechsel").

Als Klassiker der New-Age-Literatur gilt immer noch der Physiker Fritjof Capra, auch wenn er in jüngster Zeit – zum Beispiel vor der Katholischen Akademie in Bayern im Oktober 1987 – New Age für ,,out" erklärt hat und sich selber schon nicht mehr als ,,New Ager" betrachtet. Fritjof Capra, der sich gerne als Schüler des Physik-Nobelpreisträgers Werner Heisenberg bezeichnet, wurde vor allem mit seinen Büchern „Wendezeit", „Das Tao der Physik" und „Das neue Denken" bekannt.

Capra wirbt für die Ablösung des Geist-Materie-Dualismus (Descartes) und des mechanistisch-kausalen Naturverständnisses (Newton) durch ein neues systemisch-holographisches Modell. Dem „Cogito, ergo sum" („Ich denke, also bin ich") schreibt Capra sowohl die Vorherrschaft des Verstandes als auch die Spaltung von Geist und Materie zu. Das systemisch-holographische Modell beruht auf der Vorstellung, daß *alle* Bausteine des Kosmos miteinander vernetzt sind und aufeinander einwirken. Capra bemüht in diesem Zusammenhang die Quantenphysik und Einsteins Relativitätstheorie und er sieht den Kosmos als materielle und spirituelle Einheit, die sich ständig wandelt.

Im folgenden beschreibt Fritjof Capra eine mystische, ganzheitliche Transzendenz-Erfahrung, in der er das Universum mit allen Sinnen, also nicht nur als Gebäude des Intellekts, erlebte. Capra saß an einem späten Sommernachmittag am Strand, beobachtete die Wellen und fühlte den Rhythmus seines Atems, als er plötzlich die ganze Umgebung – jenseits rein verstandesorientierten Erlebens – als einen „kosmischen Tanz" erfuhr: „Ich ‚sah' förmlich, wie sich aus dem Weltraum Kaskaden von Energie ergossen, in denen in einem rhythmischen Impuls Teilchen erzeugt und zerstört wurden. Ich ‚sah', wie sich die Atome der Elemente und jene meines Körpers an diesem kosmischen Tanz der Energien beteiligten; ich fühlte dessen Rhythmus, und ich ‚hörte' dessen Klang, und in diesem Augenblick wußte ich, daß dies der Tanz Shivas war . . ." (Capra zitiert nach Ferguson, 1982, S. 432).

Materie, Leben und Geist sind für Capra nur verschiedene Grade von Komplexität und Selbstorganisations-Dynamik. Der Mensch ist für ihn nur die „Identität eines Rhythmus" des Ganzen. Capra gelang es mit seiner „Physik für Esoteriker" nicht, die wissenschaftliche Physik zu einem „Paradigmenwechsel" zu bewegen; wobei der Begriff „Paradigma" in diesem Zusammenhang für die in einer bestimmten Epoche gültigen Grundlagen der herrschenden Weltsicht steht.

Die New-Age-Bewegung entspricht einem ebenso intensiven wie umfassenden Krisenbewußtsein: „Zu Beginn der beiden letzten Jahrzehnte unseres Jahrhunderts befinden wir uns inmitten einer tiefgreifenden, weltweiten Krise. Es handelt sich um eine vielschichtige, multidimensionale Krise, deren Facetten jeden Aspekt unseres Lebens berühren – unsere Gesundheit und Lebensführung, die Qualität unserer Umwelt und unsere gesellschaftlichen Beziehungen, unsere Wirtschaft, Technologie und Politik. Es ist eine Krise von intellektuellen, moralischen und spirituellen Dimensionen, von einem Umfang und einer Eindringlichkeit, wie sie in der aufgezeichneten menschlichen Geschichte ohne Beispiel dasteht. Zum ersten Mal sind wir von der sehr realen Gefahr der Auslöschung der menschlichen Rasse und des gesamten Lebens auf diesem Planeten bedroht" (Capra, 1983, S. 15).

Die New-Age-Bewegung versucht – im Rahmen einer deutenden Bewältigung der Krise – für diesen deprimierenden Befund, bei dem es um „Sein oder Nichtsein" der Menschheit geht, eine Diagnose zu stellen und mit daraus abzuleitenden Verhaltensempfehlungen Mut und Vertrauen zu stiften und ein sinnvolles Weiterleben zu ermöglichen.

Drei Deutungsmuster werden hierzu angeboten: Neben der bereits erwähnten astrologischen Deutung („Geburt des Wassermann-Zeitalters") eine erkenntnistheoretische (Notwendigkeit eines Paradigmen-Wechsels) und eine evolutionäre (Transformation des Bewußtseins).

Eine auf der Basis der Wissenschafts- und Erkenntnistheorie basierende Deutung liefert Capra:

„Wir leben heute in einer global interdependenten Welt, in der biologische, psychologische, soziale und Umweltphänomene aufeinander bezogen sind und voneinander abhängen. Um diese Welt angemessen beschreiben zu können, benötigen wir eine ökologische Perspektive, die uns die kartesianische Weltsicht nicht bietet. Was wir deshalb brauchen, ist ein neues Paradigma, eine neue Sicht der Wirklichkeit, einen grundlegenden Wandel unseres Denkens, unserer Wahrnehmung und unserer Wertorientierung. Der Beginn dieses Wandels, des Übergangs von der mechanistischen zur ganzheitlichen oder ökologischen Sicht der Wirklichkeit ist schon überall sichtbar, und dieser Paradigmenwechsel wird vermutlich das ganze Jahrzehnt beherrschen" (Capra, o.J., S. 74).

Der dritte Versuch einer deutenden Bewältigung der Krise fordert die Transformation des Bewußtseins, um die aus der Sicht des New Age verhängnisvolle Vorherrschaft der mentalen Bewußtseinsstruktur durch eine mutative Veränderung zu brechen:

„Das Dilemma der heutigen Erde und Menschheit läßt sich durch keinerlei menschliche Machenschaften lösen, solange sie innerhalb der Grenzen des mentalen Bewußtseins liegen. Die einzige Möglichkeit ist eine Mutation, die jedoch das magische, mythische und mentale Element miteinschließt. Dies gilt auch dann, wenn die großen Probleme wie Übervölkerung, Rohstoffmangel und Umweltverschmutzung auf anderem Wege bewältigt werden sollten . . .

Den Grund unserer gegenwärtigen Not dürfen wir nicht nur in den Bedrängnissen aller Art suchen, die uns zu schaffen machen. Denn diese Bedrängnisse sind Symptome, nicht aber die Ursache unserer Not. Sie sind Symptome der sich anbahnenden Mutation. Viele der bisherigen Versuche, der Menschheit zu helfen, sind dieser Versuchung erlegen und beschränken sich darauf, den Bedrängnissen entgegenzuarbeiten. Das ist selbstverständlich gut, ja unbedingt notwendig. Aber es ist nicht die endgültige Lösung . . .

Das Warum unserer Weltstunde läßt sich also nicht allein in äußeren Gründen und Ursachen finden" (Enomiya-Lassalle, 1981, S. 68 – 70).

Das Interesse der breiten Öffentlichkeit für spirituelle Themen ist seit einigen Jahren immer stärker gewachsen. Die Erkenntnis, daß sich der Sinn des Lebens schwerlich nur in der Befriedigung von Bedürfnissen erschöpfen kann, greift wie ein Lauffeuer um sich. Viele haben im ersten Eifer intellektueller Expansion die Kirchen verlassen und *zweifeln* sich ihr Weltbild zusammen. Die Entdeckungsreise zum eigenen Selbst mit dem

Ziel: „Bewußtwerdung des Menschen" wird zum größten Abenteuer des Lebens hochstilisiert.

„New Age" steht dafür, daß eine „neue Zeit" kommt (Ablösung des Zeitalters der Fische durch das Wassermann-Zeitalter), während der Begriff „Esoterik" die Richtung andeutet, in die das neue Zeitalter gehen soll (griechisch „esoterikos": innen). Im antiken Griechenland wurde das Wort „esoterikos" für Gruppen von Eingeweihten (Esoteriker) verwendet, die mystisch-religiöse Praktiken ausübten. Die neuzeitliche Deutung des Begriffs Esoterik beinhaltet mehr die Entdeckung und Erfahrung der verborgenen Gesetze des menschlichen und kosmischen Daseins.

Ursache der Krise der Menschheit ist nach Capra das rationalistische und mechanistische Denken der neuzeitlichen Aufklärung (Descartes, Newton). Die New-Age-Bewegung erweckt den Eindruck, als ob die Kritik am Weltbild der Aufklärung etwas völlig Neues ist . . . Dem ist sicher nicht so, denn bereits die Romantik begriff sich zum Beispiel als Gegenbewegung zur Aufklärung. Die Kritik an der mechanistischen Vorstellung von Welt und Mensch, an der Beschränkung auf das Faßbare und an der Reduktion der Dinge auf ihren Nutzwert haben die „New Ager" nicht erfunden, sondern allenfalls wiederentdeckt.

Die mechanistische Starrheit will die Esoterik durch eine Wendung nach innen überwinden, indem sie die geistig-seelischen Dimensionen des Menschen mit Hilfe von Meditation, Mystik und psychologischen und okkulten Praktiken wahrzunehmen und zu pflegen versucht.

Im Gegensatz zur New-Age-Idee setzt die christliche Theologie der rationalistischen Reduktion nicht den Begriff der Verinnerlichung entgegen, sondern den der „Offenbarung". Dieser zunächst vage erscheinende Begriff kann tatsächlich all das einschließen, was Verinnerlichung bedeutet, und geht doch darüber hinaus. Für den Christen ist „Offenbarung" der *Grund* des Glaubens. Wer Verinnerlichung und Esoterik als eine Form der Selbsterlösung propagiert, steht im Widerspruch zum christlichen Offenbarungsverständnis. Der Offenbarungsglaube und

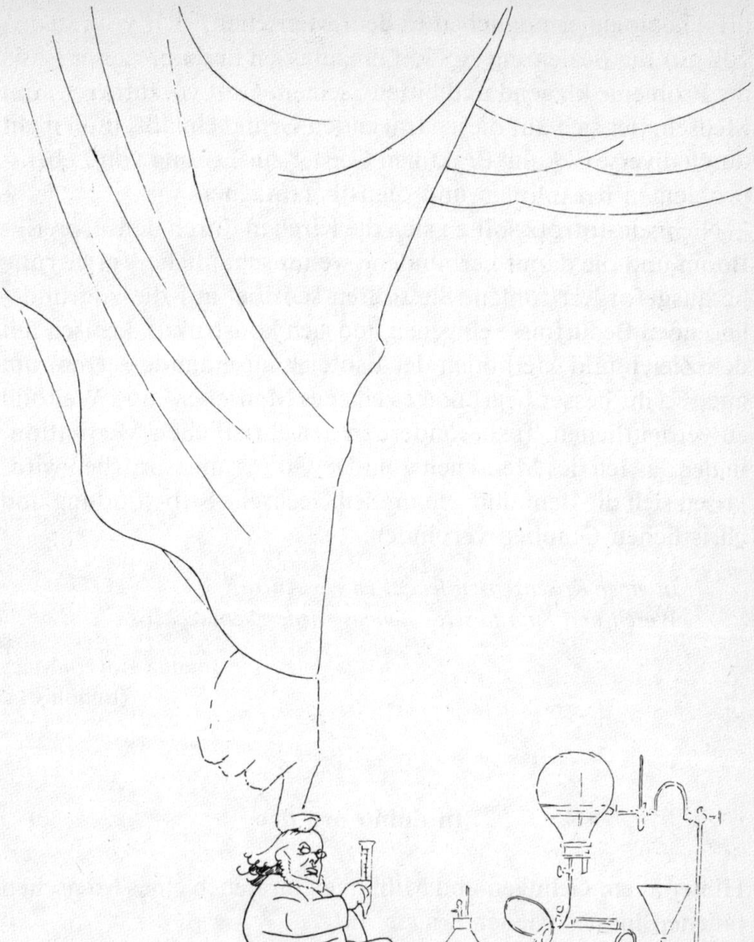

„Der Mensch denkt – Gott lenkt."

Quelle: Gulbransson, O.: Sprüche und Wahrheiten. Albert Langen Georg Müller Verlag in der F.A. Herbig Verlagsbuchhandlung GmbH, München 1986

die Theologie ermöglichen es dem Menschen, sich vertrauensvoll auf die Beziehung zu Gott einzulassen und auf dieser Basis die Probleme klagend und bittend seinem Gott vorzutragen. Ein Mensch, der sich auf diesen tragenden Grund einläßt, muß nicht durch diverse okkulte Praktiken Geister zur Lösung von Lebensproblemen heranholen und dienstbar machen.

Nichtsdestotrotz sollten sich die Kirchen durch den Esoterik-Boom und die damit verbundene weltanschauliche Verwirrung herausgefordert fühlen. Sie sollten sensibel auf die zugrundeliegenden Bedürfnisse eingehen und sich konstruktiv-kritisch mit den Zielen und Methoden der Esoterik auseinandersetzen, um auch so ihr besser begründetes eigenes Menschen- und Weltbild zu verdeutlichen. Insbesondere in der christlichen Meditation, in der das Ich des Menschen vom Du Gottes angesprochen wird, lassen sich die Bemühungen um leib-seelische Selbstfindung und christlichen Glauben verbinden.

In einer Krisenzeit zu leben, ist ein Aufruf,
Wesen und Sinn unseres Lebens wiederzuentdecken.

Joanna Rogers Macy
(Buddhistin)

2. In dubio pro deo

Hinter allem Gelingen und Mißlingen im Leben eines Menschen tauchen immer wieder Fragen auf:

- Was soll's?
- Wohin führt's?
- Worin liegt eigentlich der Sinn von allem?

Solche Fragen an das Leben gehen über unser zeitliches Dasein hinaus. Vieles von dem, was der Mensch im Laufe seines Lebens gewinnt, zerfällt wieder, vieles wird vergessen, wird unwichtig. Wo nichts Bestand hat und alles vom Zufall bestimmt wird, entsteht ein Gefühl der Leere und Angst. Für sinnvolles

Dasein brauchen wir eine innere Richtung, ein Ziel. Es gibt im Menschen eine Sehnsucht, die über irdische Erfüllung hinausgeht. Für Dietrich Bonhoeffer ist „Sinn" eine Übersetzung dessen, was die Bibel „Verheißung" nennt. „Das was dem Leben einen Sinn gibt, gibt auch dem Tod Sinn" (Antoine de Saint-Exupéry).

Die Naturwissenschaft seit Galilei beschränkt sich auf die Beantwortung von Fragen nach dem „Wie?" und dem „Wieviel?". Zu ihrem Wesen gehört es, daß sie Fragen nach dem Sinn des Lebens *nicht* beantworten kann.

Gott steht für den Gläubigen am Anfang,
für den Physiker am Ende alles Denkens.

Max Planck

Die Erkenntnis von Wahrheit und Sinn ist mit dem Verstand allein nicht zu schaffen. Dem überzeugten Christen gibt sein Glaube Antwort auf die Frage nach dem Sinn des Lebens und dem Sinn des Todes.

In der Welt habt ihr Angst . . .

Joh. 16,33

Ängste sind Indikatoren dafür, daß ein Mensch sich ungeborgen fühlt. Wer vertraut, hat keine Angst mehr. Geborgenheit heißt: Freisein von Angst, sich verlassen auf den tragenden Grund, sich einlassen in den tragenden Grund.

Der Glaube sagt wohl, was die Sinne nicht sagen,
aber er sagt nicht das Gegenteil dessen, was sie wahrnehmen;
er ist darüber, nicht dagegen!

Blaise Pascal

Vielleicht kennen Sie die folgende Legende:

Einem Menschen wird im Traum gewährt, noch einmal sein ganzes Leben zu überschauen. Er sieht es im Bild zweier Fußspuren im Sand. Dabei wird ihm bewußt: die zweite Spur ist die Spur Gottes, der neben ihm ging. Immer wieder bemerkt er Abschnitte, in denen die Doppelspur endet und nur als einfache Spur weiterführt. Er erinnert sich, daß dies besonders schwierige Phasen in seinem Leben waren. Traurig fragt er Gott, warum er ihn gerade in den Phasen, in denen er ihn so nötig als Begleiter gebraucht hätte, verlassen habe. ,,Mein Kind'', antwortet ihm Gott, ,,wie kannst du denken, ich sei nicht bei dir gewesen? Dort, wo du nur eine Spur im Sand entdeckst, habe ich dich auf meinen Armen getragen'' (vgl. Döffinger, 1988, S. 26).

Die große Schuld des Menschen ist,
daß er jeden Tag die Umkehr tun kann
und nicht tut.

Martin Buber

Nachwort

,,Gesundheit ist nicht alles – aber ohne Gesundheit ist alles nichts.'' An diesem Spruch ist viel Wahres. Gesundheit setzt das harmonische Zusammenspiel von Körper, Geist und Seele, die eine unlösbare Einheit bilden, voraus. In der Satzung der Weltgesundheitsorganisation der Vereinten Nationen wird für Gesundheit folgende Definition gegeben: ,,Gesundheit ist ein Zustand völligen körperlichen, seelischen und sozialen Wohlbefindens und nicht nur das Freisein von Krankheit oder Gebrechen.''

Gesundheit ist ein nicht selbstverständlicher Zustand. Wer gesund bleiben will, muß sich unaufhörlich an die sich ständig verändernden inneren und äußeren Lebensbedingungen anpassen und er muß permanent dafür Sorge tragen, störende Einflüsse zu bewältigen. Dabei kommt es heute – mehr denn je – auf die Eigenverantwortung des einzelnen an. Dieses Buch versteht sich als eine Hilfe zur Selbsthilfe für jeden, der die ersten Schritte auf diesem Weg gehen will. Einige der beschriebenen Methoden sind aus der alten kontemplativen Tradition des Ostens abgeleitet, anderen liegt westlich-abendländische Erkenntnis zugrunde. Manche Techniken sind einfach zu praktizieren, andere erfordern eine Reise in das eigene Ich. Was hier zu Papier gebracht wurde, sollte nicht nur gelesen werden, sondern es muß *erübt* werden. Es gilt die Parole: ,,Do it yourself!''; entscheiden und handeln müssen Sie selbst. Wenn Sie vielleicht auch im Moment keine gesundheitlichen Probleme haben, so denken Sie doch daran: Die beste Medizin ist und bleibt die Vorbeugung. Suchen Sie systematisch nach Ihren Verhaltensfehlern und lernen Sie um. Denken Sie an die Devise Erich Kästners: ,,Es gibt nichts Gutes – außer man tut es.''

Und jedem Anfang wohnt ein Zauber inne,
der uns beschützt und der uns hilft zu leben.

Hermann Hesse

Quelle: Gulbransson, O.: Sprüche und Wahrheiten. Albert Langen Georg Müller Verlag in der F.A. Herbig Verlagsbuchhandlung GmbH, München 1986

Texte

1. Johannes B. Lotz:
„Der technische und der meditierende Mensch"[1]

2. John Main:
„Meditieren mit den Vätern"[2]

3. Aristoteles:
„Übermaß, Mangel und Mitte"[3]

4. Antoine de Saint-Exupéry:
„Das ist eine große Zeitersparnis"[4]

---

1 Lotz, J.B.: Kurze Anleitung zum Meditieren, Frankfurt am Main 1973, S. 26 – 29, Josef Knecht Verlag

2 Main, J.: Meditieren mit den Vätern. Gebetsweise in der Tradition des Johannes Cassian, Münsterschwarzach 1983, S. 10f., 18f., 38, 41f., Vier Türme Verlag, Benediktinerkloster

3 Aristoteles: Die Nikomachische Ethik, übersetzt und herausgegeben von Olof Gigon, München 1978[3], S. 91ff., dtv

4 Saint-Exupéry, A. de: Der kleine Prinz, Düsseldorf 1988[43], S. 56, Karl Rauch Verlag

1. Johannes B. Lotz
„Der technische und der meditierende Mensch"

Der Meditation . . . kommen wir näher, wenn wir den meditierenden Menschen von dem heute vorherrschenden und das Leben prägenden *technischen* Menschen abheben. Letzterer hat die *Brauchbarkeit* der Welt und aller Dinge in ihr für seine Unternehmungen im Blick; auch der Mensch wird an dieser Brauchbarkeit gemessen, weshalb man ihn schon als Fehlkonstruktion bezeichnet hat, weil er sich für bestimmte technische Ziele nicht eignet. Der Brauchbarkeit entspricht das *rational-berechnende Denken*, das alles auf die Werke der Technik ausrichtet und ihnen einfügt, das alles zur Verwirklichung seiner Pläne ausnutzt und oft verbraucht; damit überwiegt das *aktive* Verhalten gegenüber der vorgegebenen Wirklichkeit. Insofern der Techniker dabei seine eigenen Vorstellungen und Entwürfe über die Dinge legt und einzig jene ihn interessieren, kümmert er sich nicht um das innere Wesen der Dinge und geht er an deren eigentlichem Geheimnis vorbei; dieses *entzieht* sich ihm in dem Maße, wie die technische Einstellung alles andere in ihm verdrängt.

Hierher gehört das Wort *Nietzsches:* „Die Wüste wächst", und zwar in einem zweifachen Sinne. Eine *äußere Wüste* entsteht dadurch, daß die Welt in weiten Bereichen durch die Technik ver-wüstet wird; dazu kommt die *innere Wüste*, in die der Techniker gerät, insoweit er den Kontakt mit dem, was die Dinge wirklich sind, einbüßt und so aus dem Reichtum der Welt herausfällt. Das hat seine Folgen auch für die Brauchbarkeit, weil diese im Wesen der Dinge gründet und daher verfehlt wird, sobald jenes Wesen dem Menschen entschwindet. Wenn er sogar den wahnwitzigen Versuch unternimmt, die Dinge ohne Rücksicht auf ihr Wesen und sogar gegen dieses seinen Plänen dienstbar zu machen, müssen seine Unternehmungen scheitern, da durch das Wesen der Dinge das vereitelt wird, was der Techniker aufzubauen versucht.

Im Gegensatz dazu lebt der *meditierende* Mensch im Vernehmen dessen, was sich meldet; er ist aufgeschlossen oder offen für das Wesen der Welt, für das innerste Geheimnis der Dinge und des Menschen. An die Stelle der rationalen Berechnung, die leicht vergewaltigt, tritt das ehrfurchtsvolle Hören oder Schauen, das *Erfahren* und Betroffen-werden von dem, was in Wahrheit ist. Zugleich wird das aktive Zugreifen durch das Sich-Auftun abgelöst, das *passiven* Charakter hat; in ihm geschieht das, was *Marcel* ‚présence' nennt, nämlich die Anwesenheit alles Wirklichen in seiner vollen Mächtigkeit, in seiner überwältigenden und beglückenden Tiefe. Für diesen Zusammenhang ist ein Wort aufschlußreich, das *Heraklit* von den Alltagsmenschen sagt: „Anwesend sind sie abwesend". Der Techniker ist zwar anwesend der Brauchbarkeit der Dinge und doch abwesend ihrem innersten Geheimnis, während dem Meditierenden die Anwesenheit gerade bezüglich dieses Geheimnisses gewährt wird. Die Voraussetzung dafür, daß das Wirkliche so aus seiner Tiefe zum Meditierenden sprechen kann, ist das *Schweigen* seiner eigenen Gedanken; der Techniker hingegen drängt genau diese den Dingen auf und verdrängt dadurch das Erklingen ihrer tieferen Stimmen.

Unsere Bemerkungen über den technischen und den meditierenden Menschen enthalten keineswegs ein Verdammungsurteil über die Technik, die uns vielmehr großartige Errungenschaften gebracht hat und ohne die heute keiner mehr leben könnte. Auch treibt sie durch ihre Herausforderung Seiten an der Welt, an den Dingen und am Menschen in die Entfaltung, die ohne sie nie zum Vorschein kämen; deshalb trägt sie auf ihre Weise ebenfalls zur Enthüllung des Wesens der Dinge bei, wie *Heidegger* herausarbeitet. Fragen wir nach dem genaueren Verhältnis, in dem der technische und der meditierende Mensch zueinander stehen, so schließen sie lediglich in ihren *Extremformen* einander aus. Der Techniker, der ganz in der Brauchbarkeit versinkt, und der Meditierende, der sich ganz von den Weltaufgaben abwendet, sind miteinander unvereinbar und haben einander nichts zu sagen. Sobald jedoch beide die ausgewogene Mitte anstreben, können sie sich gegenseitig auf ihre Weise zum Ganzen eines reifen Menschentums vollenden.

2. John Main
„Meditieren mit den Vätern"

Ich begann regelmäßig zu diesem heiligen Mann zu gehen, und beim ersten Besuch sagte er: „Um zu meditieren, müssen Sie ganz ruhig werden. Sie müssen still sein. Und Sie müssen sich konzentrieren. In unserer Tradition gibt es einen bestimmten Weg, um zu dieser Stille, dieser Konzentration zu gelangen: Wir benutzen ein Wort, das wir als Mantra bezeichnen. Meditieren bedeutet: solch ein Wort zu wählen und es dann, voll Vertrauen und in Liebe, stetig zu wiederholen. Mehr ist das Meditieren nicht. Das ist wirklich alles, was ich Ihnen sagen kann. Und nun wollen wir meditieren."

Und so bin ich dann etwa anderthalb Jahre lang einmal in der Woche zu diesem heiligen Mann Gottes gegangen, habe mich neben ihn hingesetzt und eine halbe Stunde lang mit ihm meditiert. Er sagte mir, daß, vorausgesetzt, ich nähme mein Suchen ernst, es unbedingt notwendig sei, zweimal an jedem Tag eine halbe Stunde lang zu meditieren, und dann fügte er noch hinzu: „Nur dann zu meditieren, wenn Sie zu mir kommen, ist leichtfertig und sinnlos. Auch nur einmal täglich zu meditieren ist leichtfertig. Wenn Sie es wirklich ernst meinen, wenn dieses Mantra in Ihrem Herzen Wurzeln schlagen soll, dann ist es das mindeste, daß Sie am Morgen als allererstes und dann nochmal im Laufe des Abends, jeweils eine halbe Stunde lang, meditieren. Und während der Meditation dürfen sie keine Gedanken, keine Worte, keine Vorstellungen im Kopf haben. Dann wird der einzige Klang in Ihnen der Klang Ihres Mantras, Ihres Wortes sein. Das Mantra", so fuhr er fort, „ist wie ein harmonischer Klang. Wenn wir diesen Ton innerlich anstimmen, dann lassen wir eine Resonanz entstehen. Diese Resonanz führt uns zu der uns eigenen Ganzheit. Allmählich erfahren wir die tiefe Einheit, die wir alle in unserem Innersten haben. Und dann beginnt diese Harmonie eine Resonanz zu bilden, die Sie mit allem Lebendigem, mit der ganzen Schöpfung verbindet, und die Sie zur Einheit mit Ihrem Schöpfer führt."

* * *

Danach gibt Cassian Isaaks Anweisungen wieder, in welcher Weise wir das Mantra, diesen Vers, sprechen sollen.

Und er empfiehlt jenen Vers, den Benedikt so sehr schätzte, daß wir, nach seiner Regel, jedes Stundengebet damit einleiten: ,,*Deus in adjutorium meum intende*" (= O Gott, komm mir zur Hilfe). Cassian sagt über dieses Mantra:

,,Ununterbrochen sollt Ihr diesen Vers in Eurem Herzen wiederholen. Pflegt das Sprechen dieses Verses im Innern, wenn Euch der Schlaf überkommt, bis Ihr, durch seine unaussprechliche Übung geformt, ihn selbst im Schlafe zu wiederholen gewöhnt seid."

,,. . . Beim Erwachen nehme er alle Gedanken des Wachseins vorweg" und während des ganzen Tages soll er unaufhörlich ,,im Innersten Eures Herzens" singen.

* * *

Vor einigen Monaten kam eine liebenswerte Dame aus Irland zu einem unserer Gruppentreffen. Ich erklärte den Anwesenden ganz kurz, was zu tun sei, und empfahl als Mantra das Wort ,,Maranatha". (Unser Herr, komm!", der Verf.) Warum? Weil es aramäisch ist, also die Sprache, die Jesus selbst gebrauchte, und weil es wahrscheinlich das älteste Gebet der Kirche darstellt. Paulus beendet den Korintherbrief damit, Johannes die Offenbarung, wir finden es in der Didache usw. Wiederholt fordert uns der Autor der ,,Wolke des Nichtwissens" mit Nachdruck dazu auf, ein Wort zu wählen, das voller Bedeutung ist, dann aber die Bedeutung einschließlich aller Assoziationen zu vergessen, um nur seinem Klang zuzuhören. Unter diesem Gesichtspunkt ist ,,Maranatha" ein perfektes Mantra.

* * *

Pater John: Die Kunst des Meditierens besteht darin, das Mantra zu sagen. Und das ist sowohl einfach als auch schwierig. Das wirklich Einfache ist selten leicht.

Als wir in London anfingen, besuchte ich einmal einen Freund, einen Ramakrischna-Mönch. „Oh, das interessiert mich sehr," sagte er, „daß Ihr Katholiken jetzt Meditationsunterricht geben wollt. Aber erkläre mir doch genau, was Ihr den Leuten sagen wollt?"

Was ich ihm antwortete entsprach in etwa dem, was ich Euch hier gesagt habe: Setz' Dich hin, sitz' aufrecht, sage das Mantra, das ist alles. „Pater John", gab er zurück, „das ist genau unsere Meditationstradition. Das ist Ramakrischnas Meditationslehre, die uns durch Swami Vivekananda übermittelt wurde. Wenn Ihr das aber einer Gruppe von westlichen Menschen erzählt, wird man Euch kaum glauben, weil es einfach zu simpel erscheint. Ich rate Euch, die Sache etwas komplizierter zu machen. Wenn die Leute also kommen, dann sprecht von einem esoterischen Wissen, das durch die Ordenstradition überliefert wurde und seinen Ursprung in Johannes Cassian habe – der Name klingt gut – und das wird das Interesse der Leute wecken. Ihr müßt ihnen aber sagen, dies Wissen sei von solcher Bedeutung, daß Ihr es ihnen erst dann weitergeben könnt, wenn sie mindestens 10 Wochen lang regelmäßig zu Eurem Meditationszentrum gekommen sind, oder irgend so etwas Ähnliches. Dann könnt Ihr sie endlich in die Sache einführen." – Die Leute von der Transzendentalen Meditation machen es tatsächlich so, wie er es beschrieb.

Mein Freund hatte sicherlich die Hauptursache für unsere westlichen Probleme mit der Meditation erkannt: Uns fehlt der Glaube daran, daß Meditation von Grund auf durch und durch einfach ist. Das Mantra zu sagen ist ja die Einfachheit selbst und hat gar nichts von komplizierten Methoden oder Techniken an sich. Aber sollte ich doch genauer beschreiben, welche Entwicklung sich bei den meisten Leuten vollzieht, würde ich folgendes sagen: Die meisten von uns beginnen damit, das Mantra im Kopf zu sagen. Und zwar sagen wir es so: Ma – Ra – Na – Tha.

3. Aristoteles „Übermaß, Mangel und Mitte“

Die Tugend ist also ein Verhalten der Entscheidung, begründet in der Mitte im Bezug auf uns, einer Mitte, die durch Vernunft bestimmt wird und danach, wie sie der Verständige bestimmen würde. Die Mitte liegt aber zwischen zwei Schlechtigkeiten, dem Übermaß und dem Mangel. Während die Schlechtigkeiten in den Leidenschaften und Handlungen hinter dem Gesollten zurückbleiben oder über es hinausgehen, besteht die Tugend darin, die Mitte zu finden und zu wählen. Darum ist die Tugend hinsichtlich ihres Wesens und der Bestimmung ihres Was-Seins eine Mitte, nach der Vorzüglichkeit und Vollkommenheit aber das Höchste.

* * *

Bei Furcht und Mut ist die Tapferkeit die Mitte. Beim Übermaß hat dasjenige in der Richtung auf die Furchtlosigkeit keinen eigenen Namen (dies ist oftmals der Fall), dasjenige in Richtung auf den Mut heißt Tollheit; das Übermaß der Angst und der Mangel an Mut heißt Feigheit.

Bei Lust und Schmerz, freilich nicht in jedem Falle und weniger beim Schmerz, heißt die Mitte Besonnenheit, das Übermaß Zügellosigkeit. Mangelhaft in Richtung auf die Lust sind die Menschen kaum. Darum haben solche auch keinen eigenen Namen. Man mag sie stumpf nennen.

Bei Geben und Nehmen von Geld ist die Mitte die Großzügigkeit, Übermaß und Mangel sind Verschwendung und Kleinlichkeit. Übermaß und Mangel verhalten sich da auf entgegengesetzte Weise: denn der Verschwender ist übermäßig im Ausgeben und mangelhaft im Nehmen, der Kleinliche ist übermäßig im Nehmen und mangelhaft im Ausgeben. Dies sei jetzt als Skizze und im allgemeinen gesagt, und wir begnügen uns damit. Später werden wir uns genauer darüber äußern. Hinsichtlich des Geldes gibt es andere Verhaltensweisen: die Mitte ist die Großartigkeit (denn der Großartige unterscheidet sich vom Großzügigen; dieser betrifft geringe Dinge, jener große). Das Übermaß ist Geschmacklosigkeit und Spießigkeit, der Mangel die Knauserigkeit. Dies unterscheidet sich von den Eigenschaften bei der Großzügigkeit. Wie, das werden wir später sagen.

Hinsichtlich der Ehre und Ehrlosigkeit ist die Mitte die Großgesinntheit, das Übermaß ist eine Art von Eitelkeit, der Mangel die Kleinmütigkeit.

Wie wir nun sagten, daß sich die Großzügigkeit zur Großartigkeit verhalte, dadurch daß sie sich im Kleinen bewährt, so gibt es auch eine Eigenschaft, die der auf große Ehre bezogenen Großgesinntheit gegenübersteht und sich vielmehr in Kleinem bewegt. Denn man kann nach Ehre streben, wie man soll oder zu viel oder zu wenig. Wer zuviel darnach strebt, heißt ehrgeizig, wer zuwenig, heißt ehrgeizlos, der Mittlere aber hat keinen Namen. Ohne Namen sind auch die entsprechenden Verhaltensweisen, nur daß der des Ehrgeizigen Ehrgeiz heißt. Darum werden auch die beiden Enden für den mittleren Platz in Anspruch genommen: zuweilen nennen wir den Mittleren ehrgeizig, zuweilen auch ehrgeizlos; und zuweilen loben wir den Ehrgeizigen und zuweilen den Ehrgeizlosen. Aus welcher Ursache wir dies tun, werden wir später sagen. Jetzt sei das übrige in der entsprechenden Weise verfolgt.

Es gibt auch im Zorn Übermaß, Mangel und Mitte. Doch diese sind zumeist ohne Namen. Immerhin, da der Mittlere mild heißt, so werden wir die Mitte eben Milde nennen. Von den Extremen sei der Übermäßige jähzornig genannt und die zugehörige Schlechtigkeit Jähzorn, der Mangelhafte dagegen schwächlich und der Mangel Schwächlichkeit.

Es gibt auch andere drei Mittelmaße, die eine gewisse Ähnlichkeit miteinander aufweisen und dennoch voneinander verschieden sind. Sie beziehen sich alle auf die Gemeinschaft in Worten und Taten, unterscheiden sich aber darin, daß sich die eine auf die Wahrheit in diesen Dingen bezieht, die andere auf das Gefällige; hiervon gilt wieder das eine für das Spiel, das andere für alle Zustände des Lebens. Es soll also auch über sie geredet werden, damit wir noch besser erkennen, daß in allen Dingen die Mitte zu loben ist, die Extreme aber weder richtig noch lobenswert sind, sondern zu tadeln. Auch hiervon ist die Mehrzahl ohne Namen, es sei aber versucht, wie beim anderen, ihnen Namen zu geben, der Klarheit wegen und damit man gut folgen kann.

Was die Wahrheit betrifft, so heiße der Mittlere wahrhaftig und die Mitte Wahrhaftigkeit, das Übertreiben dagegen Unverschämtheit, und wer sie besitzt, unverschämt, das Zuwenig-Tun dagegen Ironie und Ironiker. Was das Gefällige beim Spiel betrifft, so ist der Mittlere der Gewandte und die Mitte Gewandtheit, das Übermaß aber Ungezogenheit und der Übermäßige der Ungezogene, der Mangelnde dagegen der Tölpel und dazu als Verhaltensweise die Tölpelhaftigkeit.

Was die sonstige Gefälligkeit im Leben betrifft, so ist der in richtiger Weise Gefällige liebenswürdig, und die Mitte heißt Liebenswürdigkeit, der Übermäßige dagegen, wenn er ohne Absicht so ist, heißt gefallsüchtig, und wenn er damit seinen Vorteil verfolgt, schmeichlerisch; der Mangelhafte, der überall unliebenswürdig ist, heißt streitsüchtig und grob.

Es gibt auch in den Leidenschaften und im Bezug auf sie Mittelzustände. Denn die Schamhaftigkeit ist zwar selbst keine Tugend, aber der Schamhafte wird gelobt. Denn auch hier gibt es Mitte, Übermaß und Mangel. Übermäßig ist der Schüchterne, der sich vor allem scheut; der Mangelhafte oder wer sich überhaupt nicht scheut, ist der Schamlose, der Mittlere der Schamhafte.

Entrüstung ist die Mitte zwischen Neid und Schadenfreude; diese betreffen Schmerz und Freude über das, was unseren Nächsten zustößt. Der Entrüstete ärgert sich über jene, die unverdient Glück haben, der Neidische übertrifft diesen und empfindet Schmerz über alles; der Entrüstete empfindet andererseits auch Schmerz über die, die unverdient Unglück haben, der Schadenfreudige dagegen empfindet nicht nur keinen Schmerz, sondern freut sich darüber.

4. Antoine de Saint-Exupéry
„Das ist eine große Zeitersparnis“

„Guten Tag“, sagte der kleine Prinz.

„Guten Tag“, sagte der Händler.

Er handelte mit höchst wirksamen, durststillenden Pillen. Man schluckt jede Woche eine und spürt überhaupt kein Bedürfnis mehr zu trinken. „Warum verkaufst du das?“ sagte der kleine Prinz.

„Das ist eine große Zeitersparnis“, sagte der Händler. „Die Sachverständigen haben Berechnungen angestellt. Man erspart dreiundfünfzig Minuten in der Woche!“

„Und was macht man mit diesen dreiundfünfzig Minuten?“

„Man macht damit, was man will . . .“

„Wenn ich dreiundfünfzig Minuten übrig hätte“, sagte der kleine Prinz, „würde ich ganz gemächlich zu einem Brunnen laufen . . .“

Zitate, Aphorismen

In vielen Sprichwörtern, Aphorismen, Maximen und Redensarten „kondensieren" sich jahrhundertealte Erfahrungen, tiefe Weisheiten und Denkanstöße in reicher Fülle, die es verdienen, als Impulse im Bewußtsein der Gegenwart lebendig zu bleiben.

Aphorismen als „Gedankensplitter" sagen einerseits zuviel, andererseits zuwenig über einen Sachverhalt oder ein Problem aus. Zu viel, weil sie oft übertreiben und überzeichnen, um dem Leser einen herausfordernden „Denk-Reiz" zu bieten; zu wenig, weil sie meist nur einen Teilaspekt einer Sache aufzeigen und nicht die ganze Breite und Tiefe einer Thematik erfassen können. Aphorismen laden den Leser zum Weiterdenken dessen ein, was lediglich angedeutet wurde. Verweilen Sie nach einem „überfliegenden" Lesen der Zitate eines Abschnitts mit Muße dort, wo Sie sich persönlich angesprochen fühlen.

Der Aphorismus ist wie die Biene – mit Golde beladen und mit einem Stachel versehen.

Carmen Sylva

1. Du bist zu schnell gelaufen für dein Glück.

2. . . . erst Gegensätze machen die Dinge sichtbar.

3. Freiheit sei der Zweck des Zwanges . . .

4. Toleranz heißt, . . .

5. So ihr Glauben habt . . .

1. Du bist zu schnell gelaufen für dein Glück.

Du bist zu schnell gelaufen
für dein Glück. Nun, da du
müde wirst und langsam gehst
holt es dich ein.

Friedrich Nietzsche

Einmal wieder leben
Einmal wieder tief durchatmen
Einmal wieder haltmachen
Einmal wieder in sich hineinleuchten
Einmal wieder mit sich ins reine kommen
Einmal wieder Bilanz ziehen vor Gott
Einmal wieder ausruhen
Einmal wieder Distanz gewinnen
Einmal wieder verdauen und verarbeiten
Einmal wieder danken und beten
Einmal wieder schauen und hören
Einmal wieder riechen und schmecken
Einmal wieder tasten und fühlen
Einmal wieder leben

Manfred Frigger

Die Ruhe ist eine liebenswürdige Frau
und wohnt in der Nähe der Weisheit.

Epicharm

Menschen sterben nicht an Überarbeitung.
Sie sterben an Unkonzentriertheit und
innerer Unruhe.

Dale Carnegie

Ich sitze am Straßenrand.
Der Fahrer wechselt das Rad.
Ich bin nicht gern, wo ich herkomme.
Ich bin nicht gern, wo ich hinfahre.
Warum sehe ich den Radwechsel
Mit Ungeduld?

Bertolt Brecht

Ungeduld ist die einzige Eigenschaft,
deren Verlust man im Alter nicht beklagt.

Frank Thiess

Am Anfang war die Ewigkeit.
Dann kam die große Zeit der Zeit.

Werner Mitsch

Nicht die Zeit drängt,
sondern der Mensch.

Werner Mitsch

Je mehr Hilfsmittel der Mensch entwickelt,
um Zeit einzusparen, um so weniger Zeit hat er.

Thorwald Dethlefsen

Ich habe mein Berufsleben zum
Privatleben erklärt, seitdem habe
ich nur noch Freizeit.

Michael Schirner

Besser, man gibt seinen Stunden
mehr Leben, als seinem Leben
mehr Stunden.

Curd Jürgens

Halt an, wo läufst du hin!
Der Himmel ist in dir;
Suchst du ihn anderswo,
Du fehlst ihn für und für.

Angelus Silesius

Alles hat seine Stunde
und eine Zeit ist bestimmt
für jedes Vorhaben unter
dem Himmel.

Prediger 3,1

Je älter man wird, desto
schneller verfliegen die Jahre.
Es ist eine große Gnade, nicht
zu erschrecken, wenn man das
Abendrot sieht.

Joachim Fernau

Jeden Abend sind wir
um einen Tag ärmer.

Arthur Schopenhauer

2. . . . erst Gegensätze machen die Dinge sichtbar.

Genauso, wie zuviel Licht die Augen blendet,
stumpft zuviel Vergnügen die Sinne ab;
erst Gegensätze machen die Dinge sichtbar.

Allan Watter

Das Gefühl der Gesundheit
erwirbt man sich nur durch Krankheit.

Georg Chr. Lichtenberg

Ich, die ich blind bin,
kann den Sehenden
nur dies eine ans Herz legen:
Gebraucht eure Augen so,
als ob ihr morgen erblinden müßtet.

Helen Keller

Der Himmel scheint uns schön,
weil es Häßliches gibt.
Das Gute scheint uns gut,
weil es Böses gibt.
Doch Hell und Dunkel
ergänzen einander.

Lao-tse

Und das Sinken geschieht
um des Steigens willen.

Buch Sohar

Ein Mensch bemerkt
mit bitterm Zorn,
Daß keine Rose ohne Dorn.
Doch muß ihn noch viel
mehr erbosen,
Daß sehr viel Dornen
ohne Rosen.

Eugen Roth

Mit dem Überfluß hat der
Mensch seine liebe Not.

Werner Mitsch

Betrachte immer die helle Seite aller Dinge –
und wenn sie keine helle haben, dann reibe die dunkle,
bis sie glänzt.

Nikolaus Enkelmann

3. Freiheit sei der Zweck des Zwanges . . .

Freiheit sei der Zweck des Zwanges
Wie man eine Rebe bindet,
Daß sie – statt im Staub zu kriechen –
Froh sich in die Lüfte windet.

Friedrich Wilhelm Weber

Wisset, daß das Ge-
heimnis des Glücks die
Freiheit, der Freiheit
Geheimnis aber der Mut ist.

Perikles

Es ist leichter, die Gesetze
einzuhalten, als die Freiheit
auszuhalten.

Richard Rogler

Es sind nicht alle frei,
die ihrer Ketten spotten.

Gotthold Ephraim Lessing

Der eine fragt: Was kommt danach?
Der andere fragt nur: Ist es recht?
Und also unterscheidet sich
Der Freie von dem Knecht.

Theodor Storm

Frei ist nicht, wer tun kann, was er will,
sondern wer wollen kann, was er tun soll.

Matthias Claudius

Niemand ist frei, der nicht
über sich selbst Herr ist.

Matthias Claudius

Die Krankheit unserer Zeit
ist die falsche Idee von Freiheit,
bei der man Freiheit mit Beliebigkeit verwechselt.

Kardinal Ratzinger

Freiheit war niemals gleichbedeutend
mit einem Freibrief für Willkür.

Mahatma Gandhi

Freiheit ohne Gerechtigkeit
ist eine Witwe.

Günther Weisenborn

Freiheit ist immer die Freiheit des
Andersdenkenden.

Rosa Luxemburg

Die Liebe ist das Kind
der Freiheit, niemals das
der Beherrschung.

Erich Fromm

Freiheit ist ein Kaugummibegriff geworden –
an jedem Schlagbaum versteht man etwas
anderes darunter.

Oskar Kokoschka

Der Unterschied zwischen
Freiheit und Freiheiten
ist so groß wie zwischen
Gott und Göttern.

Ludwig Börne

Die Freiheit besteht in erster Linie nicht
aus Privilegien, sondern aus Pflichten.

Albert Camus

Der Gottheit zu gehorchen
ist Freiheit.

Seneca

4. Toleranz heißt, . . .

Toleranz heißt, die Fehler
des anderen entschuldigen.
Takt heißt, sie nicht bemerken.

Arthur Schnitzler

Die meisten Menschen können zwar
vergeben und vergessen, legen aber
großen Wert darauf, daß die Vergebung
nicht in Vergessenheit gerät.

National Enquirer

Wenn wir ohne Fehler wären,
würde es uns nicht soviel Vergnügen bereiten,
sie an anderen festzustellen.

Horaz

Toleranz ist ein Beweis
des Mißtrauens gegen ein
eigenes Ideal.

Friedrich Nietzsche

Toleranz ist der Verdacht, daß der andere
recht haben könnte.

Deutsches Sprichwort

Wir lieben Menschen, die frisch heraus sagen,
was sie denken. Vorausgesetzt, sie denken
dasselbe wie wir.

Mark Twain

Manche Menschen muß man
wie Brillanten tragen:
mit Fassung.

Unbekannt

Jeder Mensch ist fehlbar,
Irrtum ausgeschlossen.

Werner Mitsch

Urteile nicht über Dinge,
von denen du nur Echo und
Schatten kennst.

Japanisches Sprichwort

Nur wer sich sicher fühlt,
ist tolerant.

Carl Carstens

Nachsicht ist die höflichste
Form der Gleichgültigkeit.

Abel Bonnard

Auf der Welt ist nur eine Sache
schlimmer als der Klatsch, nämlich
daß man von einem Menschen keine
Notiz nimmt.

Oscar Wilde

Toleranz sollte eigentlich
nur eine vorübergehende
Gesinnung sein: sie muß zur
Anerkennung führen.
Dulden heißt beleidigen.

Johann Wolfgang von Goethe

Die Bergpredigt ist eine Predigt
gegen den moralischen Dünkel,
nicht für den moralischen Rigorismus.

Manfred Hättich

5. So ihr Glauben habt . . .

So ihr Glauben habt . . . wird
euch nichts unmöglich sein!

Matthäus 17,20

Alles ist möglich, dem der glaubt!

Markus 9,23

Der Glaube versetzt Berge.

Nach 1. Korinther 13,2

Jeder, der glaubt, stimmt
der Aussage eines Jemand zu.

Thomas von Aquin

Dem Menschen einen Glauben schenken
heißt, seine Kraft verzehnfachen.

Gustave Le Bon

Alles wanket, wo der Glaube fehlt.

Friedrich von Schiller

Die Natur kennt keine Vernichtung.
Es ist daher logisch, daß dieses Prinzip
auch Anwendung findet, wenn es um die
Seele des Menschen geht.

Wernher von Braun

Es gibt gewaltige Gründe,
um an Gott zu glauben –
aber keine zwingenden Gründe.

Ernst Hofmann

Ich bediene mich der Mathematik,
aber ich glaube nicht an sie.
Ich glaube an Gott.

Albert Einstein

Wuchern wird der Aberglaube,
wo man weg den Glauben warf.

Friedrich Rückert

Nie haben die Menschen
so viel geglaubt,
als da sie nichts glaubten.

Las Casas

C.G. Jung wurde in einem Interview
gefragt, ob er an Gott glaube.
Antwort C.G. Jung: „Nein, ich weiß!“

Das Amen unseres Glaubens
ist nicht der Tod, sondern
das Leben.

Kardinal Faulhaber

Halte du den Glauben fest,
daß dich Gott nicht fallen läßt:
Er hält sein Versprechen.

Rudolf Alexander Schröder

Unser Wissen geht mit uns zu Grabe,
unser Glaube geht mit uns zur Herrlichkeit.

Rudolf Alexander Schröder

Ich glaube, daß Gott uns in jeder Notlage
so viel Widerstandskraft geben will, wie wir
brauchen.
Aber er gibt sie nicht im voraus, damit wir
uns nicht auf uns selbst, sondern allein auf ihn
verlassen.
In solchen Glauben müßte alle Angst
vor der Zukunft überwunden sein.

Dietrich Bonhoeffer

Gott bewahrt nicht vor dem Leid,
wohl aber im Leid.

Anton Kner

Du kannst nicht tiefer fallen,
als nur in Gottes Hand, die er
zum Heil uns allen barmherzig ausgespannt.

Arno Pötzsch

Wenn Gott dir eine Türe zuschlägt,
dann öffnet er dir ein Fenster.

Russisches Sprichwort

Ich würde mich weigern,
an einen Gott zu glauben,
den ich erfassen könnte.

Graham Greene

Unser Intellekt
reicht nicht aus, um
Gott zu beweisen,
aber er reicht aus,
um ihn zu erkennen.

Max Thürkauf

Nichts soll dich ängstigen,
Nichts Dich erschrecken,
Alles vergeht,
Gott bleibt derselbe,
Geduld erreicht alles.
Wer Gott besitzt,
Dem kann nichts fehlen.
Gott allein genügt!

Theresa von Avila

Quellenangaben der Abbildungen

S. 21 Halbritter, K., Gesellschaftsspiele. Carl Hanser Verlag,
S. 181 München/Wien 1978

S. 63 Marcks, M.: Krümm' dich beizeiten! Quelle & Meyer Verlag, Heidelberg/Wiesbaden 1980[3]

S. 117 Gulbransson, O.: Sprüche und Wahrheiten, Albert Langen
S. 227 Georg Müller Verlag in der F.A. Herbig Verlagsbuch-
S. 232 handlung GmbH, München 1986

S. 202 Fink, A. in: Schulkalender 1989, Ansichten und Einsichten aus Oberschwaben. Gewerbliche Schule Ravensburg/Gewerbliche Schule Saulgau

Literaturverzeichnis

Aaken, E. van: Dauerbewegung als Voraussetzung der Gesundheit, Düsseldorf 1974

Aaken, E. van: Programmiert für 100 Lebensjahre, Celle 1974

Alexander, F.: Psychosomatische Medizin, Berlin 1951

Alexander, F.M. (Hrsg. Maisel, E.): Die Grundlagen der Alexander-Technik, Heidelberg 1985

Alexander, F.M.: Der Gebrauch des Selbst, München 1988

Alexander, G.: Eutonie – Ein Weg zur körperlichen Selbsterfahrung, München 1981

Anand, B.K./Chhina, G.S./Singh, B.: Some aspects of EEG studies in Yogis, in: EEG Clin. Neurophysiol., 13, Limerick/Iveland 1961, S. 452–456

Aristoteles: Die Nikomachische Ethik, übersetzt und herausgegeben von Olof Gigon, München 1978[3]

Axt, I. und P.: Fitneß und Gesundheit, Ravensburg 1984

Banquet, J.P.: Comparative study on the EEG spectral analysis during sleep and Yoga meditation, 1st Europ. Congr. Sleep Res., Basel 1973, S. 389–394

Benson, H.: The Relaxation Response, New York 1975

Blackwell, B.: Minor tranquilizers, misuse or overuse?, in: Psychosomatics, 16, Greenwich Jan./Febr. 1975

Bloss, H.A.: Fitness-Lexikon. Gesundheitssport von A–Z, Düsseldorf 1989

Blum, B./Wöllzenmüller, F.: Stretching: Bessere Leistungen in allen Sportarten, Oberhaching 1985

Bortner, R.W./Rosenman, R.H.: The Measurement of Pattern A Behavior, in: Journal of Chronic Diseases, Elmsford N.Y. 20/1967, S. 525–533

Brown, B.: Awareness of EEG-subjective activity relationships detected within a closed feedback system, in: Psychophysiology, 7, Madison 1970, S. 451–468

Buchmann, K.E.: Die Kunst der Gelassenheit, Freiburg im Breisgau 1990

Capra, F.: Wendezeit. Bausteine für ein neues Weltbild, Bern u.a. 1983

Capra, F.: Die Geburt eines neuen Menschen, in: Begegnungen. Alte Traditionen – Neues Bewußtsein, o.O. und o.J., S. 73–83

Ceh, J.: Vergleichende, empirische psychologisch-pädagogische Analyse der Auswirkungen unterschiedlicher Organisationsformen einer Fachschule, Frankfurt am Main 1977

Ceh, J.: Prüfungsangst überwinden, Therapieprogramm mit Toncassette, München 1984

Ceh, J.: Optimales Lernen. Tips und Kniffe für geistiges Arbeiten, München 1985

Ceh, J.: Gelassenheit trainieren. Das Anti-Streß-Programm: Entspannung, Eutonie, Meditation, München 1989[2]

Ceh, J.: Selbstbewußtsein lernen. So trainieren Sie Selbstsicherheit und Selbstbehauptung, Therapieprogramm mit Toncassette, München 1990[2]

Ceh, J.: Konflikte und Aggressionen bewältigen, München 1988[2]

Ceh, J.: Besser denken, besser lernen. So meistern Sie jede Prüfung, München 1988

Ceh, J.: Ihr Weg zu mehr Selbstbewußtsein. So bringen Sie sich wirksam auf Erfolgskurs, München 1989

Cooper, C.L.: Streßbewältigung, München 1987

Cooper, K.H.: Bewegungstraining, Frankfurt am Main 1970

Diem, L.: aktiv bleiben, Lebenstechnik ab 40, Stuttgart 1974

Döffinger, G.: Krisen – Verhängnis oder Herausforderung?, Wuppertal 1988

Dürckheim, Graf K.: Hara – Die Erdmitte des Menschen, Weilheim 1972

Dürckheim, Graf K.: Vom doppelten Ursprung des Menschen, Freiburg im Breisgau 1973

Dürckheim, Graf K.: Meditieren, wozu und wie, Freiburg im Breisgau 1977

Dürckheim, Graf K.: Mein Weg zur Mitte, Gespräche mit Alphonse Goettmann, Freiburg im Breisgau 1985

Ellis, A.: Die rational-emotive Therapie, München 1977

Ellis, A.: Training der Gefühle. München 1990

Enomiya-Lassalle, H.: Die Zen-Meditation, in: Reiter, U. (Hrsg.): Meditation – Wege zum Selbst, München 1976

Enomiya-Lasalle, H.M.: Am Morgen einer besseren Welt. Der Mensch im Durchbruch zu einem neuen Bewußtsein, Zürich – Freiburg i.Br. u.a. 1981

Feldenkrais, M.: Bewußtheit durch Bewegung, Frankfurt am Main 1978

Feldenkrais, M.: Abenteuer im Dschungel des Gehirns. Der Fall Doris, Frankfurt am Main 1981

Feldenkrais, M.: Die Entdeckung des Selbstverständlichen, Frankfurt am Main 1987

Ferguson, M.: Die sanfte Verschwörung. Persönliche und gesellschaftliche Transformation im Zeitalter des Wassermanns, Basel 1982

Friedman, M.: Type A Behavior: A progress Report, in: The Sciences, New York 2/80, S. 10ff.

Friedman, M./Rosenman, R.H.: Type A Behavior and Your Heart, New York 1974 (Knopf)

Friedman, M./Rosenman, R.H.: Rette Dein Herz, Reinbek bei Hamburg 1985

Geissmann, P.: Zur Frequenzanalyse des Elektroencephalogramms von Versuchspersonen während des Autogenen Trainings (1965a), in: Langen, D. (Hrsg.): Der Weg des Autogenen Trainings, Darmstadt 1968

Geissmann, P.: Zum Elektroencephalogramm von Versuchspersonen während des Autogenen Trainings (1965b), in: Langen, D. (Hrsg.): Der Weg des Autogenen Trainings, Darmstadt 1968

Hennenhofer, G./Heil, K.D.: Angst überwinden. Selbstbefreiung durch Verhaltenstraining, Reinbek bei Hamburg 1975

Hoffmann, N.: Wenn Zwänge das Leben einengen, Mannheim 1990

Holmes, Th./Rahe, R.: Holmes-Rahe Social Readjustment Rating Scale, in: Journal of Psychosomatic Research, Elmsford N.Y. 2/1967

Jacobson, E.: Progressive Relaxation, Chicago 1958

Juli, D./Engelbrecht-Greve, M.: Streßverhalten ändern lernen, Reinbek bei Hamburg 1978

Kasamatsu, A./Hirai, T.: An EEG study on the Zen meditation, in: Fol. Psychiat. Neurol., 20, Tokyo 1966, S. 315 – 366

Khoury, A.Th./Hünermann, P. (Hrsg.): Wer ist Gott?, Freiburg im Breisgau 1983

Kondas, O.: Reduction of Examination Anxiety and Stage-Fright by Group Desensitization and Relaxation, in: Behav. Res. Ther., 5, Elmsford N.Y. 1967, S. 275 – 281

Kretschmer, E.: Gestufte Akivhypnose, in: Handb. Neurosenl. Psychother., Bd. IV, München/Berlin 1959

Kriegel, R./Kriegel, N.: The C-Zone, New York 1984

Kugler, J.: Meditation und Naturwissenschaft, in: Reiter, U. (Hrsg.): Meditation – Wege zum Selbst, München 1976

Langen, D. (Hrsg.): Der Weg des Autogenen Trainings, Darmstadt 1968

Langen, D.: Psychotherapie, Stuttgart 1971

Lay, R.: Meditationstechniken für Manager, Reinbek bei Hamburg 1979

Lazarus, R.: Kleine Probleme/Großer Streß, in: Universität Berkeley Kalifornien Gesundheitsreport „Intern“, Bd. 1, Ausgabe 2, Health Letter Ass., N.Y. Mai 1985

Legler, E.: So kann Leben gelingen, Ulm 1984

Leitner, S.: So lernt man leben, München/Zürich 1977

Lenk, H.: Eigenleistung. Plädoyer für eine positive Leistungskultur, Zürich 1983

Lotz, J.B.: Kurze Anleitung zum Meditieren, Frankfurt am Main 1973

Lüscher, M.: Der 4-Farben-Mensch, München 1981

Luthe, W.: Autogenic therapy, Vols. I – VI, New York, London 1969

Maharishi Mahesh Yogi: On the Bhagavad-Gita – A new translation and commentary, Ch. 1 – 6, Baltimore 1971.

Main, J.: Meditieren mit den Vätern. Gebetsweisen in der Tradition des Johannes Cassian, Münsterschwarzach 1983

Maslow, A.J.: Toward a Psychology of Being, Princeton N.J. 1962

Meier, A.: Kneippkur im Trend der Zeit, in: Heilbad und Kurort, 42. Jg., Gütersloh 15. Jan. 1990, S. 14 – 16

Meier, E.: Wer ist Gott für den Buddhisten?, in: Khoury, A.Th./Hünermann, P. (Hrsg.): Wer ist Gott?, Freiburg im Breisgau 1983

Meinhold, W.: Spektrum der Hypnose, Genf 1980

Olvedi, U.: Buddhismus – Religion der Zukunft?, München 1973

Poiré, R./Deveny, J.M.: L'E.E.G. au cours de la méditation réligieuse dans les ordres chrétiens. XVI. Réun. Europ. d'Inform. E.E.G., Marseille, 2. – 14. 9. 1968

Reiter, U. (Hrsg.): Meditation – Wege zum Selbst, München 1976

Ripota, P.: Die Geburt des Wassermann-Zeitalters, München 1987

Saint-Exupéry, A. de: Der kleine Prinz, Düsseldorf 1988[43]

Schaarschuch, A.: in Zeitschrift „Hippokrates“, Jg. 9; Stuttgart 1938 in Zeitschrift „Der Atem“, Jg. 7, Bad Homburg 1965

Schaarschuch, A.: Der atmende Mensch, Bietigheim 1979

Schulte, W./Tölle, R.: Psychiatrie, Berlin/Heidelberg/New York 1971

Schultz, J.H.: Übungsheft für das Autogene Training – Konzentrative Selbstentspannung, Stuttgart 1972

Schultz, J.H.: Das Autogene Training – Konzentrative Selbstentspannung, Stuttgart 1973

Schwartz, D.: Gefühle erkennen und positiv beeinflussen, München 1991

Selye, H.: The Stress of Life, New York 1956

Selye, H.: Streß. Lebensregeln vom Entdecker des Streß-Syndroms, Reinbek bei Hamburg 1977

Severus, E.v.: Das Wort „Meditari“ im Sprachgebrauch der Heiligen Schrift, in: Geist und Leben, 26, Würzburg 1953

Sieber, F.: Die Kneippkur, München 1980

Silva, J./Stone, R.: Die Silva Mind-Control-Methode für Führungskräfte München 1990

Snider, J.G./Oetting, E.R.: Autogenic Training and the Treatment of Examinations Anxiety in Students, in: J. Clin. Psychol., 22, Brandon 1966, S. 111–114

Stemme, F./Reinhardt, K.-W.: Supertraining. Mit mentalen Techniken zur Spitzenleistung, Düsseldorf, Wien und New York 1989[2]

Tilmann, K.: Die Führung zur Meditation, Zürich, Einsiedeln, Köln 1974

Tilmann, K.: Weg in die Mitte, Glaubensmeditation: Erfahrungen, Vollzüge, Reifung, Freiburg im Breisgau 1982

Vester, F.: Phänomen Streß, München 1978

Voit, R.: Script zum Seminar „Zeit gewinnen durch bessere Arbeitstechnik“, München o.J.

Wallace, R.K./Benson, H.: The Physiology of Meditation, in: Scientific American, New York Febr. 1972

Weber, A.: Laufen – Motive und Wirkungen, in: Sportwissenschaft, 12. Jg., Schorndorf 1982/2

Weber, A.: Seelisches Wohlbefinden durch Laufen, Oberhaching 1985[3]

Weiss, H.: Yoga Meditation, Schulung zur Selbstverwirklichung, Düsseldorf 1984

White, R.: A Preface to a History of Hypnotism, in: Journal of Abnormal and Social Psychology, 36, Washington 1941, S. 477ff.

Whittlesey, M.: Streß. Der Umgang mit Streßsituationen / Techniken zur Streßreduzierung /Hilfen bei Streßkrankheiten, München 1989

Namensregister

Sachregister